作者简介

何小宛 女，安徽桐城人，博士，研究方向为近代汉语词汇、语法，在《中国语文》、《语言科学》等期刊发表论文数篇，《禅宗大词典》副主编。

2012年度国家社科基金项目："唐宋禅录口语词研究"，编号：12BYY076；

山西省高等学校哲学社会科学研究项目："唐宋禅录词语研究"，编号：2013260；

运城学院院级课题"《祖堂集》语言研究"，编号：YQ-2014028；

山西省高校人文社科重点研究基地：运城学院河东文化研究中心出版资助。

大学经典文库

禅宗语录词语研究

何小宛／著

中国文史出版社

图书在版编目（CIP）数据

禅宗语录词语研究 ／ 何小宛著 . —北京：中国文史
出版社，2016.9

ISBN 978-7-5034-8332-5

Ⅰ. ①禅…　Ⅱ. ①何…　Ⅲ. ①禅宗—汉语—词汇—研究
Ⅳ. ①H13

中国版本图书馆 CIP 数据核字（2016）第 257638 号

责任编辑：李晓薇

出版发行：中国文史出版社
网　　址：www. wenshipress. com
社　　址：北京市西城区太平桥大街23号　邮编：100811
电　　话：010 - 66173572　66168268　66192736（发行部）
传　　真：010 - 66192703
印　　装：北京天正元印务有限公司
经　　销：全国新华书店
开　　本：170mm×240mm　1/16
印　　张：18
字　　数：323 千字
版　　次：2017 年 1 月北京第 1 版
印　　次：2017 年 1 月第 1 次印刷
定　　价：68.00 元

目　录
CONTENTS

引 言

一、中国古代的禅录词语研究

我国的禅录词语研究可以上溯到北宋时代。在这里,我们着重介绍有关禅录词语的两本古代禅籍。

(一)北宋睦庵善卿的《祖庭事苑》

《祖庭事苑》,宋释善卿编撰。善卿,浙东人,俗姓陈,字师节,号睦庵,幼年出家为僧,曾访道诸方,后因母老不忍远游而归隐乡里。约于十一世纪下半叶及十二世纪上半叶在世。

该书对二十余种禅宗文献里的字词进行校勘订正,并训释难解词语的意义,共二千四百余条。全书共分八卷,各卷内容及校勘训释的禅籍如下:

第一卷:四明法英序,睦庵略传。云门录(上、下),云门室中录,雪窦洞庭录,雪窦后录

第二卷:雪窦瀑泉集,雪窦拈古,雪窦颂古

第三卷:雪窦祖英集(上)

第四卷:雪窦祖英集(下),雪窦开堂录,雪窦拾遗

第五卷:怀禅师前录,怀禅师后录,池阳百问

第六卷:风穴众吼集,法眼录

第七卷:莲华峰录,八方珠玉集,永嘉证道歌

第八卷:十玄谈,释名谶辨,语缘,杂志

第八卷中"释名谶辨,语缘,杂志"属于词语解说札记,体例与前稍异。

《祖庭事苑》于北宋大观二年(1108)刊行。其内容屡为后代禅家著作如《佛果圆悟禅师碧岩录》《禅苑蒙求》《敕修百丈清规》《翻译名义集》和日僧无著道忠(1653—1745)所撰《禅林象器笺》等所引用。该书是禅宗典籍中较早出现的语言

文字著作,对于今人阅读唐宋禅录、研究禅宗语言具有一定的参考价值①。下面举几个例子说明此书的作用及存在的不足。

1. 謘速,謑速

《景德传灯录》卷二七,诸方杂举微拈代别语:

> 有僧亲附老宿,一夏不蒙言诲。僧叹曰:"只恁么空过一夏,不闻佛法,得闻正因两字亦得也。"老宿闻之乃曰:"阇梨莫謑(音西)速。若论正因,一字也无。"

此则禅语亦见于《明觉禅师语录》卷一,"謘速"写作"謑速":

> 往日有老宿一夏不为师僧说话。有僧自叹云:"我只恁么空过一夏,不望和尚说佛法,得闻正因两字也得。"老宿聊闻云:"阇黎莫謑速,若论正因,一字也无。"

两段记载相对照,可以看出"謑"即"謘"。《集韵》平声齐韵:"謘,《说文》悲声也,一曰善也。或书作謑。先齐切。"《祖庭事苑》卷三"謘速"条下音释曰:"謘音西,声振也,一曰呻叹。谓何呻叹之频速也。"袁宾师主编之《禅宗大词典》"謘速"条据此释义为:"感叹之声急速。謘:感叹声。"

2. 鸟道

《祖堂集》卷六,洞山和尚:

> 问:"承和尚有言,教人行鸟道,未审如何是鸟道?"师曰:"不逢一人。"

又《筠州洞山悟本禅师语录·玄中铭(并序)》:

> 寄鸟道而寥空,以玄路而该括。然虽空体寂然,不乖群动。于有句中无句,妙在体前;以无语中有语,回途复妙。

《祖庭事苑》卷四"鸟道"条:"鸟道犹虚空也。"按"虚空"系禅家行业语,指万法皆空的真如境界。用"虚空"来诠释同为禅家行业语的"鸟道"是适当的。

3. 杓卜,杓卜听虚声

禅录中多见"杓卜听虚声"一语,例如:

> 冬夜,小参。僧问:"德山昔日小参不答话,赵州小参却答话。未审答底是,不答底是?"师云:"总不是。"进云:"好音在耳,人皆聋去也。"师云:"杓卜听虚声。"(《圆悟佛果禅师语录》卷一一)

---

① 衣川贤次(2002)指出《祖庭事苑》作为"一种禅语辞典",在指出书中所见语句典故、解说禅林用语、考证禅僧言行等的同时,还"致力于校讹工作"。由书中"列出的四百四十二条校勘记载,我们可以窥知在十二世纪初流布的禅籍的文字表达情况"。

问:"三玄三要即不问,五位君臣事若何?"师曰:"非公境界。"曰:"恁么则石人拊掌,木女呵呵。"师曰:"杓卜听虚声,熟睡饶谵语。"(《续传灯录》卷十,大洪报恩禅师)

《祖庭事苑》卷六"杓卜"条:

风俗抛杓以卜吉凶者,谓之杓卜。

依据《祖庭事苑》对"杓卜"的解释,再来观察禅录中"杓卜听虚声"语的诸条用例,可知此语意谓占卜的结果虚而无信,为人占卜者的话不可凭信,比喻通过言语说教不能领悟禅法。

4. 双陆

双陆是古代的一种赌博游戏。禅录中多见其例:

全表却问石霜:"如何是短?"霜云:"莫屈曲。"进曰:"如何是长?"霜云:"双陆盘中不喝彩。"(《祖堂集》卷一九,径山和尚)

若识得释迦,即者凡夫是。阿尔须自看取。莫一盲引众盲,相将入火坑。夜里暗双陆,赛彩若为生?(《景德传灯录》卷一四,丹霞天然禅师)

《祖庭事苑》卷七"双陆"条:

双陆,博戏也,如樗蒲,雉卢是也。

这是对于"双陆"的较早的解释。

5. 摩竭掩室

《祖庭事苑》也有一些失误之处,如卷一注释《云门广录》卷上"摩竭掩室"一语云:

梵云摩竭陀,此云文物国。掩室,言世尊禅定于普光法堂也。《西域记》云:昔如来于摩竭陀国初成正觉,梵王建七宝堂,帝释建七宝座,佛坐其上,于七日中思惟是事,义同掩室也。

日僧无著道忠在他的《瓮云灵雨》卷一二"质正部"中,对此释语提出了批评:

忠按:释迦掩室于摩竭者,本出《诸佛要集经》,经曰:佛游摩竭国奈丛树间,于其乡土北有山,名因沙旧(此言帝树石室),与大比丘众俱。乃至,尔时四部弟子各往诣佛,虽欲听经,不能专精,厌所讲法,各各忽忽多所慕求,追逐五浊以为事业。佛心念言:众人患厌所宣道教,不肯复来咨受法言,不见如来,不闻正法,不入心耳,心不思维,不能修立。吾欲示现如像宴处不自现形,到他方佛土与诸佛具宣讲诸佛之要集。佛复观之,东方去是八万四千亿诸佛世界,国名普光,佛号天王如来,现在说法,诸佛会彼佛。佛告阿难,如来当入因沙旧室宴坐三月,诸天龙神乃至人与非人,若有来者解喻其意,勿令入室。

乃至，复告阿难，汝诣石室，当布座席，唯用刍草，过去佛如来，皆用刍草以为座席，不以柔软服饰重坐。乃至，佛从座起入于石室，无量妓乐不鼓自鸣，天雨众华，大千世界积至于膝。佛适宴坐，三昧正受化其石室，皆如水精。三千世界诸有众生德本纯淑，悉见如来坐于石室，广说。

忠依此按：释尊见众生懈怠相，入石室隐形不说法，令生难遭之想也。非云初成道观树思维事也。（转引自柳田圣山《无著道忠的学术贡献》）

（二）《人天眼目》卷六"禅林方语（新增）"南宋晦岩智昭《人天眼目》的主要内容为阐述禅宗五家之宗旨及门风特点，但其中有关禅录词语的一些内容可供参考。如卷六载"禅林方语（新增）"收集了一批熟语：

蜡人向火	大象渡河	趁狗跳墙	德山罗汉	封后先生	徐六檐板
清平渡水	把髻投衙	半夜教化	金山塼岸	质库典牛	木匠檐枷
嘉州石像	湖南长老	檐枷过状	矮子泥壁	常州打耶	阔角水牛
尼寺里发	青平卖油	腊月扇子	急水打球	巩县茶瓶	澧州鱼羹
水浸金山	石人腰带	昌州海棠	简州石匠	云居罗汉	凤林吒之
纸马入火	张良受书	太公钓鱼	梁山颂子	猫儿带槌	李靖三兄
乞儿拄杖	狗咬枯骨	波斯持咒	新昌石佛	马吃菜子	矮子看戏
黄犬渡河	兔子望月	罗公照镜	波斯落水	萧何制律	驴唇先生
新罗草鞋	矮子渡河	茆山土地	云居土地	道士打槌	秀才使牛
壁上棋盘	果州饭布	火烧香船	蛇入竹筒	投子道底	云门道底
兴化道底	汾阳道底	沩山道底	雪峰道底	仰山道底	玄沙道底
赵州道底	金牛道底	普化摇铃	洞庭秋月	江天暮雪	烟寺晚钟
山市晴岚	平沙落雁	渔村夕照	远浦帆归	潇湘夜雨	仙陀婆
猩猩著草鞋	黑地里穿针	一马生三寅	峨眉白长老	未明三八九	
深山里土地	蚊子上铒牛	闹市里大虫	老鼠搬生姜	泗洲见大圣	
驴拣湿处尿	乌龟陆地行	莫径人设斋	谢三娘秤银	邓道士磨墨	
胡孙倒上树	赤土涂牛奶	军营里大王	饭店里匙筋	赤士画簸箕	
胡孙吃毛虫	市袋里老鸦	十字街头碑	壁上画风车	胡孙骑鳖背	
胡孙入布袋	四八郎象棋	郑州出曹门	天津桥上汉	辩才逢萧翼	
闹市里老鼠	东村王大姊	盘陀石上藕	波斯吃胡椒	猫儿吃彩凤	
馊饭泥茶炉	藕丝牵大象	大虫看水磨	马道人卖墨	十八亩肥田	
小巫见大巫	王小破草鞋	豆八布彩穿	小慈访大慈	波斯入闹市	
半夜放乌鸡	兔子吃牛奶	十二丈钟楼	老鼠吃生姜	鲍老送灯台	

邯郸学唐步	韩信临朝底	古庙里狮子	临崖看浒眼	波斯照古镜
海上明公秀	瓜洲买瓜汉	普州人送贼	从来柳下惠	六日桦成唇
苏郎中脑盖	潘阆倒骑驴	秦时轹镀钻	大虫裹纸帽	堂前卖果子
真州问长芦	和尚扛木头	君子可八	布袋里盛锥子	大食波斯索渡船
功德天黑暗女	百尺竿头五两垂	赤洪厓打白洪厓	谢三娘不识舍字	
许一嫂不识林禽	刹竿头上风车子	泊合打破蔡州	铜沙罗里满盛油	
太山庙里纸钱	赤脚波斯入大唐	十字街头碌砖	孔明庙里弹指	
福州人吃荔枝	谢三娘不识四字	此地无金二两	俗人沽酒三升	

这应该是当时禅林习用的一批熟语。值得注意的是"禅林方语"后的"新增"二字,究竟何时何人新增?上文所引据《大正藏》第四十八册《人天眼目》,原本系承应三年(1654)刊大谷大学藏本,甲本系大谷大学藏五山版,甲本无"禅林方语(新增)"。《中国佛教丛书·禅宗编》十一册用明代嘉兴藏本复印,有"禅林方语(新增)"。按卷六"禅林方语(新增)"下收有署名灵隐慧昭大师可光的《真性偈》,查可光系明代僧人(据《中国佛教人名大辞典》),如此则可推知该书中确有后人增笔。《人天眼目》卷六的"禅林方语(新增)"的内容及条目排列方式(大抵按字数,由少到多编排)与日本禅界流行的多种《禅林方语》《宗门方语》类似。考虑历史上中、日禅界多有往来交流,两国此类熟语资料与辞书之间有何渊源关系,值得细加探究。

据梁晓虹(2008:347)之介绍:

(日本)镰仓(1192—1333)末期,特别是进入南北朝室町时代(1333—1568)以后,因为交通的便利,中日两国禅僧的交流进一步加强。如赴日传禅的著名汉僧有一山一宁、大休正念、竺仙梵仙等。他们不仅带来了大批内外典籍、诗作文集,还在实际的说法传教过程中,口传了很多方言俗语。如一山一宁(1247—1317)本是中国临济宗杨岐派虎丘系禅僧,道誉广远,深受幕府和皇室的崇信,而于其门下得法的弟子很多,著名的有梦窗疏石、虎关师练、雪村友梅等,都是南北朝时期临济宗派硕僧,而且是"五山文学"运动的中坚。一山一宁不仅是禅学高僧,而且学问广博。他在传禅之余,还就"儒道百家,稗官小说,乡谈俚语"等方面回答僧俗信徒的咨询。故一山被公认为是当时汉语语学方面的权威。如虎关师练禅师在注释"祖录"时,就常加以"一山曰"作注。同时许多日僧也都入宋、入元,学习并掌握了汉语,他们回国时不仅带回了大批典籍资料,而且还成为汉语和汉文化的热心传播者。

正是在这样的背景下,日本中世禅林开始流行一类可冠之以《方语集》的辞书,所谓"方"乃乡谈俚语,即方言俗语,也有"方便之语"之义。

根据早苗宁生考察,室町至江户时期,在日本编纂的方语类辞书,或名为《方语》,或称作《禅林方语》《禅林方语集》等,多达十多种;还有如《禅林方语新增》《禅林方语并注》等五种则是明清时代编纂而由中日禅僧携带来日的。这些《方语集》,因为实用而被重视,禅僧相互传抄,故颇为流行。

如收于《禅学典籍丛刊》第十卷下的《方语》(又名随方乡谈,东福寺灵云院本),写于室町末期,就收录了约七百条禅典中出现的民间方言俗语,从一字到十字以上均有。

又如《禅语辞书类聚》第一册中收录了《宗门方语》、《禅林方语》(清僧雷音将来本、无著道忠自笔写本)、《禅林方语》(无著道忠)、《碧岩集方语集》(服部天游撰)、《俗语解》等。其中宗门方语就多见"一山曰"、"一山云"或"山曰"、"山云"等字样,可见多引一山一宁的解说为证。

日本禅林流传的这些《宗门方语》《禅林方语》等禅录辞书中的相当一部分应源自中国或赴日的中国禅僧,日本花园大学禅文化研究所编《禅语辞书类聚》第一册所收《禅林方语》标明"清僧雷音将来本",可以为证。比较《人天眼目》卷六的"禅林方语(新增)"与日本诸辞书,后者条目远多于前者,且后者多有解释。可能《人天眼目》的"禅林方语(新增)"是日本诸禅录辞书的一种原始形态,因为中国僧人大多理解这些禅林方语的意义,故无须附加释义。

二、中国现代的禅录词语研究

(一)丁福保《佛学大辞典》

丁福保编著的《佛学大辞典》初版于1922年,是我国较早也较多地收释禅录词语的佛学专科辞书,许多条目至今还颇有参考价值。如"先陀"是禅录中的多见词,义为机灵或机灵者:

劝君险处好看蛇,冲著临时争奈何?欲得安身免负物,向南看北正先陀。(《祖堂集》卷七,雪峰和尚。参袁宾《禅宗著作词语汇释》"先陀,仙陀"条)
《佛学大辞典》"先陀"条介绍了此词源自佛经:

先陀婆Saindhava之略。《涅槃经》九曰:"先陀婆者一名四实:一者盐,二者器,三者水,四者马。如是四法,皆同其名。有智之臣,善知此名。若王洗时,索先陀婆即便奉水。若王食时,索先陀婆即便奉盐。若王食已,将欲饮浆索先陀婆即便奉器。若王欲游,索先陀婆即便奉马。如是智臣,善解大臣四种密语。

又如"老古锥"条：

老古锥能为钻物之用，老古者尊称，言师家说得机锋峭峻也。

引例为："版齿生毛老古锥，夜深听水炉边坐。"（《虚堂和尚语录》卷三）日本无著道忠《葛藤语笺》卷六《人伦》章也有"老古锥"条：

锥元锐利，而古锥则尖退锋秃，无复颖脱之能，以比老来无聪敏之机智也。

引例也有"版齿生毛老古锥。"梁晓虹（1998）谓：

同词、同例，无著道忠的解释却绝然不同。……两个结论，从《虚堂柏岩录》之例，尚难以确误。我们只有再"赘引"几例：《法演禅师语录》卷中："上堂：三处移场定是非，顽心不改在家时。呼兄唤弟长如此，且作隈蓬老古锥。"《大慧普觉禅师语录》卷二十："国师三唤侍者话，瑞岩唤主人公话，睦州担板汉话，投子漆桶话，雪峰辊球话，风穴佛话，这六个老古锥，各欠悟在。妙喜恁么道，大似掉棒打月，旁观看之不为分外。"《宏智禅师广录》卷二："堂堂坐断舌头路，应笑毗耶老古锥。"《碧岩录》四十五颂："编辟曾挨老古锥，七斤衫重几人知？如今抛掷西湖里，下载清风付与谁？"《五灯会元》卷十七《三圣继昌禅师》："泥佛不度水，一道灵光照天地。堪美玄沙老古锥，不要南山要鳖鼻。"

从以上所引例看，无著对"老古锥"的释义才是确切的。（《禅宗词语辨析（一）》，《禅学研究》第三辑，江苏古籍出版社，1998 年）

应当怎样看待这个词及诸家之释义呢？我们的认识如下。

"老古锥"是禅家特有的词语，是对于老禅师（包括已逝禅师）的称呼。被称作"老古锥"者，必是禅林著名师匠，如：

药之作病鉴乎前圣，病之作医必也其谁。白头黑头分克家之子，有句无句分截流之机。堂堂坐断舌头路，应笑毗耶老古锥。（《宏智禅师广录》卷二。此例指维摩诘。）

烹佛烹祖大炉鞴，锻凡锻圣恶钳锤。起曹洞于已坠之际，针膏肓于必死之时。善说法要，罔涉离微。不起于座，而变荆棘林为梵释龙天之宫，而无作无为神澄定灵雪顶庞眉。良工幻出兮不许僧繇知，虚堂张挂兮梁宝公犹迷。个是天童老古锥，妙喜知音更有谁？（《大慧普觉禅师住径山能仁禅院语录》卷四《天童觉和尚颂》）

飞来峰下，打失护身符子。南明山中，骂詈三平祖师。阐提薄福，俗眼难窥。夫是之谓不庵老古锥。（《虚堂和尚语录》卷六《南明不庵悟和尚颂》）

上堂："木佛不度火，甘露台前逢达磨。惆怅洛阳人未来，面壁九年空冷坐。金佛不度炉，坐叹劳生走道途。不向华山图上看，岂知潘阆倒骑驴？泥佛不度水，一道灵光照天地。堪美玄沙老古锥，不要南山要鳖鼻。"（《续传灯录》卷二二，三圣继昌禅师）

　　题郁山主像偈云：策骞溪桥蹉跌时，误将豌豆作真珠。儿曹不解藏家丑，笑倒杨岐老古锥。（同上，卷三五，明州天童派禅师）

将著名师匠称为"老古锥"，这多少带有一些戏谑口气。有时，老禅师自称"老古锥"，如：

　　模子中脱出，佛果老古锥。万缘休歇处，端坐不言时。移刻定动，奋迅全威。为人到彻骨，不惜两茎眉。（《圆悟佛果禅师语录》卷二十，《禅人写真求赞（二十首之三）》）

　　道不在丹青，禅不在面相。强自貌将来，赞之作何状。且就个现成，为汝说一上。赤水求神珠，得之由罔象。圆悟老古锥，老来没伎俩。英禅把将去，滔天滚白浪。（同卷，《禅人写真求赞（二十首之十七）》）

　　开炉，上堂，举："古德道：法昌今日开炉，行脚僧无一个。惟有十八高人，缄口围炉打坐。"师云："法昌解使不由家富贵，风流岂在著衣多？柏岩今日开炉，不用聚集泥像，暗地里胜他一筹。何故？版齿生毛老古锥，夜深听水炉边坐。"（《虚堂和尚语录》卷三）

自称"老古锥"，明显含有自我嘲谑语气，有时也有自谦的意思。当然，能够自称"老古锥"者，大抵也应是禅林名家。

在批评某禅师之作略言句时，用"老古锥"来指称该禅师，似有讥贬之意味，但实际上是禅林特有的"呵佛骂祖"风气，与称释迦牟尼佛为"黄面老汉"，称初祖菩提达摩为"老臊胡"一样，都是含有戏谑口气的。《大慧普觉禅师住径山能仁禅院语录》卷四的几个用例便是如此：

　　示众，举，招庆问罗山："有人问岩头，尘中如何辨主？头云：铜沙锣里满盛油。意作么生？"山召大师，庆应诺。山云："猕猴入道场。"山却问明招："或有人问尔作么生？"招云："箭穿红日影。"师云："还会么？猕猴入道场，箭穿红日影。两个老古锥，担雪共填井。"喝一喝。

　　复举，三圣道："我逢人即出，出则不为人。"兴化道："我逢人即不出，出则便为人。"真净和尚云："这两个老古锥，窃得临济些子活计，各自分疆列界，气冲宇宙，使明眼人只得好笑。"师云："真净老人大似欺诳亡没，杲上座即不然。豁开三要三玄路，坐断须弥第一峰。且道，在三圣分上耶？在兴化分上耶？具眼者辨取。"

　　佛眼和尚读灵源《十二时歌》有偈云：一日日一时时，龙门老心自知。颂云：日日日日，时时时时。违时失候，个老古锥。

　　国师三唤侍者话，瑞岩唤主人公话，睦州担板汉话，投子漆桶话，雪峰辊球话，风穴佛话。这六个老古锥，各欠悟在。妙喜恁么道，大似掉棒打月，旁观看之不为分外。

回头再来看《佛学大辞典》与《葛藤语笺》对"老古锥"的释例，便可知道两书作者对此词的认识是各有侧重的。

(二)《汉语大词典》

《汉语大词典》作为大型语文词典，也收释了一部分禅录词语，吸取了较新的研究成果，如"闹篮"条：

　　热闹多事的场合。《五灯会元·临济宗·万年昙贲禅师》："闹篮方喜得抽头，退鼓而今打未休。"《五灯会元·昭觉勤禅师法嗣·大沩法泰禅师》："文殊走入闹篮中，普贤端坐高楼看。"宋李曾伯《水调歌头·幕府有和再用韵》词："休诧穿杨妙手，乘早闹篮抽脚，谁拙又谁才。"元刘致《满庭芳·自悟》曲："撮艳处从今怕揽，闹篮中情愿妆憨。"

此条释义与书证采自袁宾《禅宗著作词语汇释》"闹篮"条。又如该典"老老大大"条：

　　【老老大大】古代口语。谓年事已高。《景德传灯录·鄂州茱萸山和尚》："赵州谂和尚先到云居，云居问曰：'老老大大汉，何不觅个住处？'……后到师处，师曰：'老老大大汉，何不住去？'谂曰：'什么处住得？'师曰：'老老大大汉，住处也不知。'"宋朱弁《曲洧旧闻》卷八："颍叔老老大大不能以前辈自居，尚何求哉！"

按"老老大大"一语习见于唐宋禅宗语录，该典能设此条，正确指出系"古代口语"，释义亦近是，并且举出较早的禅录用例，均令人钦佩。后来江蓝生、曹广顺编著的《唐五代语言词典》(1997)将此语归并入"老大"条，释义为："年龄大，年老。也重叠作'老老大大'。"举例为《筠州洞山悟本禅师语录》："伯曰：'不湿脚！老老大大作这个语话。'"以上两部词典都准确地注意到禅录中"老老大大"用例，但在解释时似应补充说明这个重叠式词语一般含有讥讽义，讥讽对方偌大年纪，犹不明悟。上引诸书用例均明显含有此义，兹再举几例：

　　僧问明教："新年头还有佛法也无？"教云："无。"僧云："年年是好年，日日是好日，为什么却无？"教云："张公吃酒李公醉。"僧云："老老大大，龙头蛇尾。"教云："老僧今日失利。"(《黄龙慧南禅师语录》)

预搔待痒,果然起模画样,老老大大,作这去就!(《佛果圆悟禅师碧岩录》卷二,第一八则)

老老大大,诳惑人男女,有甚了期!(《密庵和尚语录》)

老老大大,话头也不照顾!(《五灯会元》卷一二,龙华晓愚禅师)

据我们观察,"老老大大"语禅录之外用例较少,除上面《汉语大词典》已引《曲洧旧闻》例外,又如下例亦含讥讽义:

（净白）院子,你伏事老相公,公的又撞着公的。我伏事小娘子,雌的又撞着雌的。（末白）又道是凤只鸾孤。老姥姥,惜春年纪小,也怪他伤春不得。你老老大大也这般说,甚么样子!(《琵琶记》第三出。据《元本琵琶记校注》)

以《汉语大词典》的规模,似乎还可多收一些唐宋时期的禅录词语。

(三)其他

此外,收释禅录词语较多的辞书还有台湾《佛光大辞典》(1989年第五版,星云监修,慈怡主编),《唐五代语言词典》(1997年,江蓝生、曹广顺编著),《宋语言词典》(1997年,袁宾等编著),《佛教大辞典》(2002年,任继愈主编),《禅宗大词典》(2010年,袁宾、康健主编)等,限于篇幅,不能一一详细介绍。

从上世纪八十年代起,我国汉语史学界明显加大了对禅录词语的关注度,禅录词语的研究进入了新的阶段。较早专文专书训释禅录词语的有蒋绍愚、袁宾等先生:

蒋绍愚:《祖堂集》词语试释(中国语文,1985年第2期)

袁　宾:《五灯会元》词语释义(中国语文,1986年第5期)

　　　　《五灯会元》词语续释(语言研究,1987年第2期)

　　　　禅宗著作词语汇释(江苏古籍出版社,1990)

进入二十世纪九十年代以后,"不仅更多的禅宗词汇和语法现象得到深入的探讨,禅宗的思维和语言的关系受到更多的重视,而且在大量个案积累的基础上,出现了一些初具体系的禅宗语言研究专著,并初步奠定了禅宗语言研究的主要三个方向,即词汇学方向、语法学方向、语言哲学方向。"(详参周裕锴2009)

三、日本的禅录词语研究

中国与日本的佛教、佛僧交流往来源远流长。日本僧人来中国学习禅法的事迹在禅籍中时见记载。如《嘉泰普灯录》卷二十记载的觉阿(1143—?)就是南宋时期日本来华习禅的著名僧人:

觉阿上人，日本国藤氏子也。十四得度受具。习大小乘，有声。二十九，属商者自中都回，言禅宗之盛。阿奋然拉法弟金庆航海而来，岁余始至（乾道辛卯夏也）（按乾道辛卯系南宋孝宗七年，1171）。袖香拜灵隐佛海禅师。海问其来，阿辄书而对。复书曰："我国无禅宗，唯讲五宗经论。国主无姓氏，号金轮王。以嘉应改元，舍位出家。名行真，年四十四。王子七岁，令受位，今已五载。度僧无进纳，而讲义高者赐之。某等仰服圣朝远公禅师之名，特诣丈室礼拜。愿传心印，以度迷津。且如心佛及众生，是三无差别，离相离言，假言显之。禅师如何开示？"海曰："众生虚妄见，见佛见世界。"阿书云："无明因何而有？"海便打。即命海升座决疑。明年秋，辞游金陵。抵长芦江岸，闻鼓声，忽颖悟，始知佛海垂手旨趣。旋灵隐，述五偈叙所见，辞海东归。偈曰：

航海来探教外传，要离知见脱蹄筌。诸方参遍草鞋破，水在澄潭月在天。（其一）

扫尽葛藤与知见，信手拈来全体现。脑后圆光彻太虚。千机万机一时转。（其二）

妙处如何说向人？倒地便起自分明。蓦然踏著故田地，倒裹幞头孤路行。（其三）

求真灭妄元非妙，即妄明真都是错。堪笑灵山老古锥，当阳抛下破木杓。（其四）

竖拳下喝少卖弄，说是论非入泥水。截断千差休指注，一声归笛啰啰哩。（其五）

海称善，书偈赠其行。阿少亲文墨，善诸国书。至此未数载，径跻祖域。其于华语能自通。淳熙乙未，与其国僧统遣僧讯海，副以水晶降魔杵及数珠二臂，彩扇二十事，贮以宝函。壬寅夏，王请住持其国叡山寺。复遣僧通嗣书，时海已入寂矣。

觉阿来华师从临济宗杨岐派高僧佛海慧远禅师，禅悟后归国弘扬禅法，系日本临济宗早期名僧。稍后也有不少中国禅僧赴日传法，如宋元之际，赴日传禅的著名汉僧有大休正念（1215—1289）、一山一宁（1247—1317）、竺仙梵仙（1292—1348）等。如此，中国禅宗逐渐传播于日本。

日本僧人学习中国禅法，阅读唐宋禅录，必然要克服语言文字的障碍。因此有关禅录词语的解释书籍流传于日本禅林。1991 年，日本京都花园大学禅文化研究所编集了《禅语辞书类聚》共三册，收入日本的禅录辞书八种：

册一:宗门方语

　　禅林方语(清僧雷音将来本·无著道忠自笔写本)

　　禅林方语(无著道忠撰)

　　《碧岩集》方语解(服部天游撰)

　　俗语解(禅学俗语解)

　　禅林句集辨苗(无著道忠撰)

册二:《葛藤语笺》(无著道忠撰)

册三:《碧岩集》不二抄(岐阳方秀撰)

　　花园大学禅文化研究所将这三册《禅语辞书类聚》寄赠给中国有关学者。其中《禅林方语》标明系"清僧雷音将来本",现在又由日本编印出版赠送给中国,供中国同行研究参考。这真是中日两国在禅录词语研究方面的一则佳话。

　　日本江户时代(1600—1868)对于汉语及汉语俗语词的研究受到重视,出现了一批在唐宋语言研究方面造诣较高的学者(据日本·盐见邦彦,1993)。其中,临济宗学僧无著道忠(1653—1745)在禅录词语研究方面作出了卓越贡献。柳田圣山在《无著道忠的学术贡献》(1993)一文中说(摘录):

　　　　无著道忠留下了255部、873卷的巨著。可惜的是知道这一事实的人极少。究其原因,大概是无著圆寂以后,没有继承他的学问的人吧。无著的众多著作大部分是手稿,只有少数几部经抄写而流传,很少有对一般学者公开的机会。历来,学问被当作禅门之贼,文献学者被认为是禅门不入流的弟子。长期以来,他的学术成果被一些人从宗门禁止外学的立场出发而加以特殊对待,因而和尚的伟大的学术成果,始终未得到公正的评价与重视。低下到连学问都害怕、科学性的研究都排斥的宗门,故意无视称得上空前绝后的无著和尚的功绩,使应当珍惜的宝藏白白地腐烂,这难道不令人十分遗憾吗?无著继承了妙心寺第三百十四代住持职务,是妙心寺分寺——龙华院的二世。他的学问领域涉及整个佛教史,进而与中国文献研究相关。特别是中国古籍的校勘、近代汉语口语的研究方面,甚至有在当时中国本土也尚未出现的成果。并且,在学术研究的立场、方法上,也完全是出于与近代西方人文科学相同的纯学术性的自觉,仅从这一点来看,也应该说是科学研究的先驱。无著是用近代意识自由的研究禅学的开创者。他一生研究的中心课题,主要是从文献学角度来解明唐宋时期的禅宗典籍。打破了从印度传来的古佛教教义形式,用日常口语来自由讨论的唐宋禅学,竟然成了只有宗门专家才能理解的东西,应当进一步从更广泛的社会、历史角度出发,努力作出普遍性的人文学的解明。他的学问体系,是对多方面的古人学说批判修正的综合。他在作为毕生事业之一的巨著《敕修百丈清规左觿》开头作序道:"世所刊布录云章、桃源之讲说,故有题云桃抄本。但此抄引本据以和字书,又引古语失典证,为可撼焉。况笔误刀讹,多文不成义乎?虽然,抄中容有中岩诸老从中华传来口授事迹,故实不忍废之书也。"他彻底批倒古来颇有权威的中国的《祖庭事苑》等类学说,追究《祖庭事苑》的谬误,在无著的训诂中随处可见。但一遇到属于正确的理论,如同时代日人家山及中国僧人齐云的学说,就非常尊重,将它们铭记、保存下来。在他一生的著作中,常各附一册尚未解决的疑难问题,列举自己未有结论的课题,留待后贤解决。作为无著毕生大作的《葛藤语笺》《禅林象器笺》两部,是汇集了《敕修百丈清规》《临济录》《虚堂录》《大慧书》《五家正宗赞》等七部书的研究结论的著作。

无著道忠的部分著作,如《禅林象器笺》已出版,《葛藤语笺》、《虚堂录犁耕》、《〈五家正宗赞〉助桀》等手稿本也有影印版流传于学界。阅读了上述著作,我们强烈地感觉到,无著道忠确实是一位令人尊敬的禅录词语研究大家①。然迄今就我们所知,无著的著作,已公开出版的仍然仅是少数。我们盼望日本学界尽快整理出版更多无著的著作,让我们能够充分地享受这位禅籍语言学大师的卓越的学术成果。

现将无著道忠考释禅录词语的代表性著作《葛藤语笺》简介如下。

(一)作者,作年。作者无著道忠生活在日本的江户时代。书首自序落款:"甲子仲夏日,九十二瓮葆雨忠题。"全书末尾谓:"葛藤语笺,总十一卷。元文四年己未九月五日脱稿。八十七翁无著道忠识。"可见此书初步脱稿于1739年(乾隆四年)九月,最后完成于1744年夏季,作者的晚年(乾隆九年)。第一卷下署:"皇都花园龙华释道忠无著辑。"

(二)分卷,体例。首列目录。目录后记:"葛藤语笺,十卷,目录毕。"然全书末尾却谓:"葛藤语笺,总十一卷。元文四年己未九月五日脱稿。八十七翁无著道忠识。"可能作者于脱稿时曾将书前目录视作一卷。

全书分十卷。全部词目两级排列。第一级,按词目字数多寡,自一言至八言为序排列。第二级,字数相同的词目,又按词义分为"宗乘、师接、学修、人伦"等二

---

① 近年来,国内有学者在研究中开始注意吸收和采纳无著道忠的研究成果,并借鉴其研究方法,如四川大学雷汉卿教授、丽水学院王闰吉副教授等。关于无著道忠的禅学研究成果,另参入矢义高(1998)、雷汉卿(2013)。

十五类,依次排列。其中以二至四言词目为多,占第二至第九共八卷,第一卷为一言(单音词),第十卷安排五言至八言的词目。

词条结构。词头下,一般首先列举用例,后在"忠曰"或"忠按"下讨论词义。也有首出释语者,如80页【一等】条下先出释语:"一列义,一齐义。"然后举例。又如同页【一味】条亦然。又如113页【饱丛林】先在"忠曰"下释义,后举例。间有介绍"旧解"者,如80页【一等】条,先出释语:"一列义,一齐义。"然后举例,并于首例下谓:"旧解曰一向义。"所举书例既有禅录,又有佛经,亦有外典。间有介绍所释词语之来源,如112页【蟭螟】条指出"本出《列子·汤问》"。有些条目还有辨识文字、注音、旧解商榷等内容。有些条目未出释语,盖存疑之意。

(三)性质。无著道忠曾分别笺注过《五家正宗赞》《虚堂录》等多部禅录作品,《葛藤语笺》是集中概括了作者大量笺注成果的禅录词典。

近现代的日本汉学界十分重视禅录词语研究,名家迭出,著述丰富,在典籍整理、文本角度、词义考释、研究视角等方面颇有成就,非常值得我们借鉴。尤为重要的是,日本学者在禅宗基本典籍的搜集与整理、辞典工具书的编撰等方面形成了非常良好的传统,例如入矢义高监修、古贺英彦编著的《禅语词典》(1991年由日本思文阁出版),是日本近期问世的一部现代意义的禅录词典,收释了中国禅宗语录中大量口语词、熟语及行业语,比较全面地反映了日本汉学界在禅录词语诠释方面的研究成果。这些为中国学者研究禅宗语言提供了极大的方便。

第一章

禅录词语的研究价值与本文的研究方法

第一节 禅录词语的研究价值

禅宗崛起于中唐,至晚唐五代、北宋,进入全盛时期。唐宋时代的禅僧语录在同时代的诸多文献中,以其较强的口语色彩,受到汉语史研究者的关注。元代以后的禅宗,逐渐失去其全盛时期的一系列特点,禅僧语录的口语化特点也有所减弱。加上明清时代小说、戏曲等口语作品的大量出现,此时禅僧语录对于汉语史研究的重要价值不如唐宋。我们以唐宋时代的禅僧语录作为主要研究对象。

一、唐宋禅录拥有大量新词新义

据詹绪左先生博士论文《〈祖堂集〉词语研究》(上海师大,2006 年,未刊)的考察,仅《祖堂集》一书中便可检出唐代新生的如下词语(按音序排列):

阿那个 安清 安身立命 安下 按山 屙屎 抱倒 本贯 毕手 闭门造车,出门合辙 操为 草鞋 岑崟 策筇 茶饭 茶堂 畅月 沉累沉坠 趁讃 撑触 吃茶 匙筯 初首 词状 此个 搓搽 寸步不离 打过 大家 大须 得便 得难 抵敲 巅遥 彤荣 叮嘱 恶发 方样 分头 粪扫 个 个今 供须 姮仙 胡梯 护身符 隳珍 回光返照 勒绝 既若 家破人亡 将言 看待 瞌睡 诳敕 诳諕 廓市 累害 了手 沦亡 驴年 掠虚 迈止 梦感 免得 命若(县)[悬]丝 魔魅 磨塼作镜 蓦地 目瞪口呿 泥猪疥狗 宁闲 宁可 宁当 被毛戴角 七颠八倒 迁止 欠阙 欠少 青山绿水 轻恸 却问 拳头 若于 僧伦 僧俗 烧茶阁 设誓 十万八千里 十字路头 时长 收稻 死马医 四方八面 唐言 体会 统霸 头上安头 退屈 稳审 卧瞑 卧单 无头无尾 乡谈 携筇 行檀度 须送 眼泪

　　佯痴　叶落归根　愿不好　杂食　在孤　张三李四　障隔　真骨　只管　只没　掷投　转去　自作自受　作贵　作贱　作契

　　詹文又考察出《祖堂集》书中一批旧词形的新生义：

爱：经常、频频。

出头：出面。

辞违：离别。

当直：当场、当下。

刀刀：多语，啰唆。

戈铤：指战争。

家常：僧人向施主乞食时口叫"家常"。

降下：出生。

金枝玉叶：喻皇族子孙及出生高贵的人。

举意：犹言起意。

看客：招待客人。

可笑：非常。甚词。

摩：如此。指示代词。

蓦：突然。

南朝：指南方朝廷。

男女：孩童，子弟。

起居：拜见、问候。

切要：务必。

取次：草草、随便。

施张：显示本领。

似：介词，用于动词之后，相当于"给"。

汰：滑。

殄灭：消失。

头头：事事、处处、样样。

疑：担心。

因循：随便，轻率。

应供：应需而供养、供奉。

下口：开口。

心造：心中郁闷不畅。

展转:更加。

遮栏:即遮拦,遮蔽。

直下:当下,当即。

行檀度:布施。

祖祖:高祖之父。

以上詹文所考《祖堂集》书中的新词新义,个别条目或容再加推敲,然而逐条均与《汉语大词典》《唐五代语言词典》等新出高质量词典比较、对勘,并证以相关用例,应具一定的可信度。

下面分类看几个具体的例子。

(一)唐宋禅录拥有大量的新生口语词

1. 新生的口语词

《唐五代语言词典》《宋语言词典》的编撰者努力收录唐宋口语新词新义,十分重视使用禅录作为检词文献,收到了较好的效果。两典设立了大量的新词新义条项,所引书证,禅录占了较高比例。下面所举的例子,有些是我们的考察结果,有些摘自这两本词典。

(1)瞌睡:打盹;倦极思睡。《汉语大词典》引后蜀欧阳炯《贯休应梦罗汉画歌》。禅录用例如:

　　其僧待师去后,打破家具杀却火,长伸瞌睡。师小时归,见僧睡。师向他身边伴睡,其僧便起发去。(《祖堂集》卷一六,南泉和尚)

　　疏山参见师,师才见,却低头佯佯而睡。疏山近前立久。师并不管。疏山便以手拍禅床引手一下,师回头云:"作什摩?"山云:"和尚且瞌睡。"师呵呵大笑云:"我三十年弄马骑,今日被驴子扑。"(又,卷七,岩头和尚)

(2)大家:众人。《汉语大词典》引唐杜荀鹤《重阳日有作》诗。禅录用例如:

　　报慈拈问师:"忽然放下扫帚时作摩生道?"师云:"大家吃茶去。"(《祖堂集》卷一二,荷玉和尚)

(3)到头:最后,结果。《汉语大词典》引唐张碧《农夫》诗。禅录用例如:

　　色类自有道,离道别觅道。觅道不见道,到头还自恼。(敦煌本《坛经》,据《敦煌写本坛经原本》)

(4)照顾:小心,注意。《汉语大词典》引《朱子语类》。禅录用例如:

　　三世诸佛向火焰里转大法轮,热发作什么? 火焰为三世诸佛说法,三世诸佛立地听,也须照顾眉毛。(《圆悟佛果禅师语录》卷二)

(5)指示代词:这,者,遮,那

据《唐五代语言词典》"这"、"者"、"遮"条,三者均用作近指性指示代词,在唐宋时期有混用现象。例如:

> 师曰:"洎错放过这个汉。"(《祖堂集》卷五,云岩和尚)

> 师曰:"有一人不从飞猿岭便到者里作摩生?"(又,卷六,洞山和尚)

> 遂拈拂子云:"遮个是山僧拂子。"(《黄龙慧南禅师语录》)

"那"是与"这"相对的远指性指示代词。例如:

> 某甲祖公在南岳,欲得去那里礼觐,只是未受戒,不敢去。(《祖堂集》卷五,长髭和尚)

(6)句末疑问语气词:尼,你,尔,聻

> 师问云岩:"作什摩?"对曰:"担水。"师曰:"那个尼?"对曰:"在。"(《祖堂集》卷一六,药山和尚)

> 师问黄檗:"笠子太小生?"黄檗云:"虽然小,三千大千世界总在里许。"师云:"王老师你?"黄檗无对。(同卷,南泉和尚。王老师:南泉的外号。)

> 上堂云:"真如凡圣,皆是梦言。佛及众生,并为增语。或有人出来道:盘山老尔? 但向伊道:不因紫陌花开早,争得黄莺下柳条? 若更问道:四面老尔? 自云:喏,惺惺著!"(《法演禅师语录》卷上)

> 师因倚遇上座来参,问:"庵主在么?"师曰:"谁?"曰:"行脚僧。"师曰:"作甚么?"曰:"礼拜庵主。"师曰:"恰值庵主不在。"曰:"你聻?"师曰:"向道不在,说甚么你我!"拽棒趁出。(《五灯会元》卷一二,芭蕉谷泉禅师)

(7)表祈使语气:取,且,但

助词"取"置于动词之后,表示嘱咐、劝诫等祈使语气。例如:

> 师云:"分明记取,已后举似作家。"(《祖堂集》卷一六,南泉和尚)

"且"表祈使语气,多置动词前。例如:

> 学道如钻火,逢烟且莫休。直得金星现,归家始到头。(《祖堂集》卷一一,惟劲和尚)

"但"表祈使语气,常置句首。例如:

> 吾有一《无相颂》,各须诵取。在家出家,但依此修。(宗宝本《坛经·般若第二》。据《大正藏》48 册,下同)

(8)"老婆"的妻子义

"老婆"在唐代是老妇之义,何时用来称呼妻子,多年来是个令人感兴趣的问题(参袁宾 1992b:43)。讨论至今,多以《梦粱录》一例作为最早例,并据此认为

"老婆"的妻子义产生于南宋。《汉语大词典》"老婆"条第3义项反映了这种观点：

> 【老婆】……3.妻子的俗称。宋吴自牧《梦粱录·夜市》："更有叫'时运来时，买庄田，取老婆'卖卦者。"元无名氏《陈州粜米》第一折："我做斗子十多罗，觅些仓米养老婆。"《初刻拍案惊奇》卷二九："这老婆稳取是我的了。"《红楼梦》第七五回："贾政因说道：'一家子一个人，最怕老婆。'"曹禺《雷雨》第三幕："她是个穷人的孩子，她的将来是给一个工人当老婆，洗衣服，做饭，捡煤渣。"

然而吴自牧由宋入元，《梦粱录》作于宋亡之后，否则决不会以"梦粱"来作书名（详袁宾2000）。所以，《梦粱录·夜市》此例，记载南宋临安（杭州）夜市盛况，虽有参考价值，但毕竟成书于元，且属孤例，据此一例便断定"老婆"的妻子新义产生于南宋，稍感未安。今考《联灯会要》卷二十一，卷末有作者晦翁悟明关于禅录中"捞波"、"老婆"与"妻子"相混淆的记载，上述"老婆"新义产生时代之问题遂可迎刃而解。这段记载如下：

> 余乾道初，客建康蒋山，邂逅泉州一老僧。有《岩头录》，因阅之。见其问僧：甚处去？僧云：入岭礼拜雪峰去。岩头云：雪峰若问偁，岩头如何？但向他道，岩头近日在湖边住，只将三文买个捞波子，捞虾摝蚬，且恁么过时。因问老僧，余阅《岩头录》，他本尽作老婆，此云捞波，何也？渠笑云：老婆误也！岩头、雪峰皆乡人。吾乡以捞虾竹具曰捞波也，乡人至今如是呼之。后人讹听，作老婆字，教人一向作禅会。《岩头录》他本作买个妻子，《雪峰录》作买个老婆。后来真净举了云：我只将一文钱，娶个黑妻子。所谓字经三写，乌焉成马。于宗门虽无利害，不可不知。雪峰空禅师颂，有云：三文捞波年代深，化成老婆黑而丑。盖方语有所不知，不足怪也。如福州谚曰"打野堆"者，成堆打哄也。今《明招录》中作打野桿。后来圆悟（克勤）《碧岩集》中解云：野桿乃山上烧不过底火柴头。可与老婆一状领过也！

此段叙述的主题本是方言词"捞波"。由"捞波"谐音讹作"老婆"，又由"老婆"换成同义词"妻子"，牵涉到《岩头录》《雪峰录》的不同版本，牵涉到真净、雪峰空、《联灯会要》的作者晦翁悟明以及他乾道初年遇到的"泉州一老僧"等多人，这样的记载，其客观性与可信度是很高的，远非《梦粱录》单一用例可比，且年代也明显早于《梦粱录》。按《联灯会要》撰于南宋孝宗淳熙十年（1183），上文首句"乾道"也是孝宗年号（1165—1173）。根据《联灯会要》此记载，可以确知，十二世纪口语中，"老婆"已经常用来称呼妻子。

关于唐宋禅录中的新词新义,更多的论述见第二、三、五章。

2. 新生的方言词

(1)那

唐宋禅录里的"那"可以作句尾疑问助词,相当于"吗,啦",与元曲等北方作品中也作句尾疑问助词但相当于"呢"的"那"不同:

> 僧问:"佛界与众生界相去多少?"师曰:"道不得。"曰:"真个那?"师曰:"有些子。"(《五灯会元》卷九,兴阳词铎禅师)

"真个那"意为"真的吗?"这是具有南方方言色彩的句式,详见第四章第二节。

(2)还

禅录中有许多以疑问副词"还"为标记的疑问句,例如:

> 又谒夹山真首座。真曰:"还见么?"对曰:"万事全无。"曰:"还不见么?"对曰:"千般皆在手。"(《禅林僧宝传》卷一五,法华举禅师)

疑问副词"还"产生于唐代,"还"字句具有南方方言色彩,详见第四章第三节。

3. 新见的民间俗语

避溺投火

彻骨彻髓

闭眼作夜

称杨称郑

灯心皂角铺

拨火觅浮沤

从门入者非宝

瘥病不假驴驼药

丙丁童子来求火

捕得老鼠,打破油瓮

不许夜行,投明须到

趁得老鼠,打破油瓮

痴人面前,不得说梦

匙挑不上,甑蒸不熟

入市乌龟(得缩头时且缩头)

以上禅录里新生新见的口语词、方言词、民间俗语,并非禅林独用,只是因禅录口语性强,使用了这些口语词,而同时代其他文献较少使用这些口语词。

(二)唐宋禅录拥有大量的新生行业语

该时代的禅僧所要表达的是崭新的宗教理念,他们的思维与表达方式也是超常出格,有时甚至是惊世骇俗的。例如为了表达所谓悟道实质上是回归自我,禅僧们创造了一批"自家"系列的新词新语:

自家田园,自家城廓,自家桑梓,自家境界,自家宝藏,自家库藏,自家活计,自家事,自家珍,自家春,自家底,自家屋里事,自家屋里物

为了阐明直指人心、心心相印等禅宗教旨,禅僧们创造了一批"本分"系列的新词新语:

本分人、本分汉、本分事、本分话、本分地、本分宗乘、本分正宗、本分田地、本分草料、本分种草、本分家风、本分宗师、本分作家、本分手段、本分钳锤、本分衲子、本分衲僧、本分兄弟、本分相见、本分力量、本分提持

禅录里的"草"常用来比喻俗情尘念,这是禅悟的障碍。为了破除俗情尘念,禅僧们又创造了"草"系新词新语:

草贼、落草、荒草、无根草、草里汉、依草附木、草深一丈、入草求人、拨草瞻风、拨草参玄、万里无寸草、出门便是草、春来草自青、百草头上、万里无寸草、寸草不生、草窠、入草、落路入草、落路下草、出草

禅录里的"泥、水"常用来比喻言句及情识的纠缠。为了直截爽利地获得禅悟,摆脱一切虚妄之象及义理言句的阻碍,禅僧们创造了一批与"泥、水"相关的新词新语:

入泥水、入泥入水、涉泥水、泥洗泥、泥弹子、惹泥带水、拖泥带水、和泥合水、弄泥团汉、泥中洗土、将水洗水、土上加泥、不惹泥水、离泥离水

这些前人从未使用过的新词新义在禅录中泉水一般地涌流出来,让我们感受到唐宋禅僧们在语言创新方面的勇气与激情。拥有大量的新词新义无疑提升了禅录文献在词汇学研究上的价值。

二、禅录词语拥有许多新的研究课题

禅录里出现了大量的新的词语现象,提出了许多新的研究课题,对于加强汉语词汇史学科的建设大有益处。下面略说三个问题。

(一)框架词语群及其框架语义

1."七 A 八 B"式四字语

禅录里出现了较多的有固定结构的框架词语,前代文献比较少见,值得我们

注意。如"七 A 八 B"式四字语:

(1)七穿八穴

形容悟道透彻明白,运用通畅无碍。穴:穿透。其例如:

> 宗门下无有不管底法,无有不透底事,问著便要七穿八穴,不问一点也瞒他不得,此是本分参学人分上事。(《嘉泰普灯录》卷二五,径山别峰印禅师)

> 其或见谛不真,影像仿佛,寻言逐句,受人指呼,驴年得快活去! 不如屏净尘缘,竖起脊梁骨,著些精彩,究教七穿八穴,百了千当。向水边林下长养圣胎,亦不枉人天供养。(《五灯会元》卷一七,宝华普鉴禅师)

(2)七穴八穿

义同"七穿八穴"。其例如:

> 结夏时左眼半斤,解夏时右眼八两。谩云九十日安居,赢得一肚皮妄想。直饶七穴八穿,未免山僧拄杖。(《五灯会元》卷二十,荐福休禅师)

(3)七通八达

形容悟法透彻明白,运用通畅无碍。

> 问:"如何是龙境水?"师曰:"腥臊臭秽。"曰:"饮者如何?"师曰:"七通八达。"(《景德传灯录》卷二二,龙境伦禅师)

> 子入处真实,得坐披衣,向后自看,自然七通八达去。(《五灯会元》卷一七,沩潭善清禅师)

> 今日足见老师七通八达。(又,卷二十,大沩善果禅师)

(4)七纵八横

形容领悟禅法明白彻底,运用自在通畅无碍。

> 明眼汉没窠臼,突然地荡荡无依,七纵八横,一切临时,把来便用。(《嘉泰普灯录》卷二五,太平佛鉴勤禅师)

> 殊不知,直透过三句底人,解心既绝,千机顿发,自然七纵八横,天回地转。无滴水而作浪兴波,没寸丝而罗天网地。(《永觉元贤禅师广录》卷二九《瘇言》)

(5)七出八没

形容悟法透彻,运用无碍。其例如:

> 到龙门,上堂云:"有舌胡利? 无舌非哑。七出八没,风流儒雅。"便下座。(《法演禅师语录》卷上)

"七 A 八 B"式四字语的结构框架是:第一、三字固定为"七、八",第二、四字则为两个同义或反义的动词或形容词,上举"七穿八穴"、"七通八达"等五个四字语是禅宗行业成语,其语义有一定的范围,多形容悟道处处透彻明白,运用处处通畅无碍。"七 A 八 B"实含"处处 AB"的语义框架,如"七穿八穴"含有"处处穿穴"(穴义同穿)之义,"七通八达"含有"处处通达"之义。"七穿八穴"、"七通八达"等五个四字语构成了具有固定结构框架与语义框架的词语群。

2."放……"式词语

(1)放憨

谓露出傻样子。其例如:

> 上堂,拈拄杖曰:"临济小厮儿,未曾当头道著。今日全身放憨,也要诸人知有。"掷拄杖,下座。(《五灯会元》卷二十,鼓山安永禅师)

> 住后上堂:"有句无句,如藤倚树。放憨作么? 及乎树倒藤枯,句归何处?情知汝等诸人卒讨头鼻不著! 为甚如此? 只为分明极,翻令所得迟。"(《续传灯录》卷三二,晦庵弥光禅师)

(2)放痴憨

谓做出又痴又傻的样子。其例如:

> 目瞳秋炯炯,颠发雪毿毿……白拈厘奴却知有,而今赢得放痴憨。(《宏智禅师广录》卷九《禅人并化主写真求赞》)

> 大龙老倒放痴憨,涧水山花错指南。(《密庵和尚语录》)

(3)放顽

谓装傻,佯作愚钝。其例如:

> 玄沙问镜清:"不见一法,是大过患。汝道不见是什么法?"……先应庵拈云:"镜清放顽,佛也不奈伊何。"(《密庵和尚语录》)

(4)放无端

做出傻样子,耍无赖。其例如:

> 截瞎顶门三只眼,是非佛法一齐划。竹篦头上放无端,正是徐六担片板。(《密庵和尚语录·赞大慧和尚》)

> 巴陵一句子,对面却相谩。大地平如掌,何事放无端?(《禅宗颂古联珠通集》卷三五"明眼人落井",月庵果颂)

(5)放溷涽

义为现出傻相,装糊涂。溷涽:糊涂。其例如:

> 谓汝太惺惺,时复放溷涽;谓汝太褊急,间或又容物。(《大慧普觉禅师住径山能仁禅院语录》卷四)

(6)放蘿苴

做出粗鲁的样子,不加检束。蘿苴:不整洁,不检束;粗疏,不成熟,不中用。是一个含义较为宽泛的贬义词,在禅录中有时含戏谑意味。其例如:

> 自小来打营,佛祖不奈何。放蘿苴住院,殃害杀禅和。(《嘉泰普灯录》卷二九,阐提照禅师《自赞》)

上举"放……"类词语的结构框架是:

放 + 形容词

其中形容词多是形容人的外表神态的词儿,含贬义。这类词在语义上也有范围框架,大多可释为"做出……的样子",多含贬义色彩。当然禅录中的贬义词语有时是贬词褒用,有时含戏谑语气。

3."若 A 若 B"式词语

用例如:

> 若善若恶,若怨若亲,若凡若圣,及至一切诸法,应当观察。(《楞伽师资记》卷一)

> 且以日及夜,究寻将去。忽然一日觑见,更莫以少为足。更能研穷究竟,乃至淫坊酒肆,若触若净,若好若恶,以汝所见事觑教尽。(《禅林僧宝传》卷一四,谷山崇禅师)

> 此座高广,从古若佛若祖,尽向顶𩕳上,扬尘簸土,埋没己灵。(《密庵和尚语录》)

> 尽十方世界,若凡若圣,若僧若俗,若草若木,尽向拂子下成佛作祖,无前无后,一时解脱。(《嘉泰普灯录》卷二五,真净文禅师)

"若 A 若 B"式四字语,A、B 多为反义词(如好恶,贵贱等)或同类词(如草木,佛祖等);其语义框架为:无论是 A 还是 B。

(二)禅录词语俗义与禅义

禅录中词语的意义可分为一般语文义和禅宗行业义。为称说简便,我们把前者称为俗义,把后者称为禅义。考察禅录词语的俗义和禅义及两者之间的关系,可以发现一些有规律的现象。

由俗义引申出禅义,例如"客作"一词本义为做佣工,《汉语大词典》引例:

> 今人指佣工之人为客作,三国时已有此语:"焦光饥则出为人客作,饱食而已。"(宋·赵叔向《肯綮录·客作》。按例中引三国语出《三国志·魏志·管宁传》裴松之注引《魏略》)

宋代江西方言用作詈词:

江西俚俗骂人,有曰"客作儿"。(宋·吴曾《能改斋漫录》卷二)

可见"客作、客作儿"是口语词,做佣工、佣工是其俗义。禅录里也习见此词,常用作斥责语,谓忘却自身本具佛性,不明自我本是主人公,却向外盲目追逐作佛之道。这便是由俗义而引申出的禅义,是禅录词语的"行业化"现象。例如:

况神通变化,众生本自具足,不假外求。如今人多是外求,盖根本自无所悟。一向客作,数他珍宝。都是虚妄,不免生死流转。(《续传灯录》卷一五,真净克文禅师)

僧问:"如何修行?"师曰:"好个阿师,莫客作!"(《五灯会元》卷三,若溪道行禅师)

一口吞尽三世佛,正是吾家客作儿。争似璞禅无用处,一毛头上便忘机。(《大慧普觉禅师住径山能仁禅院语录》卷四《示遵璞禅人》)

于頔相公问:"如何是黑风吹其船舫,漂堕罗刹鬼国?"师曰:"于頔客作汉,问恁么事作么!"于公失色。(《五灯会元》卷三,紫玉道通禅师)

又如"老婆"一词,本义为老年妇女。禅家接引学人,出于慈悲心肠,多用言句教说,称为"老婆"。例如:

师云:"某甲三度问佛法的的大意,三度被打,不知某甲有过无过?"大愚云:"黄檗与么老婆,为汝得彻困,更来这里问有过无过!"师于言下大悟。(《镇州临济慧照禅师语录》)

雪峰问师:"古人斩猫意作摩生?"师便打趁雪峰,雪峰便走,师却唤来云:"会摩?"对云:"不会。"师云:"我与摩老婆,你不会。"(《祖堂集》卷五,德山和尚)

此是雪窦忒杀老婆,重重为人处。(《佛果圆悟禅师碧岩录》卷一,第一则。忒杀:太。)

"客作(儿、汉)"由俗义引申出禅义,其引申的依据是:主尊客(佣工)卑,主、客意义相反。习禅者不悟自心是佛,却向外寻求佛法,恰好颠倒了主、客关系,因而可用"客作(儿、汉)"一词来斥责这种错误的习禅方法。"老婆"由俗义引申出禅义,其引申的依据是:老年妇人多啰唆、慈爱,因而禅师接引学人,出于慈悲心肠,多用言句教说,可以谓之"老婆"。这就是说,由俗义引申出禅义,两者之间须有某种相通相近的词义元素。

禅录词语还有由禅义引申出俗义的现象("去行业化"),详下文"禅录词语对后世汉语的影响"。

（三）禅宗行业语的专用化

有些普通词语获得了禅义，便成了专用的行业语，其原本具有的俗义在禅录里不再使用或罕见使用。这里举"不审"、"瞥地"两个例子。

1. 不审

"不审"在一般文献中是"不知道"的意思，例如：

> 夸郎曰："不以鄙贱，百倍行采，不审何以致之？"（唐·牛增孺《玄怪录》卷三，袁洪儿夸郎）

但禅录中的"不审"却多用作禅僧见面时的问候语，例如：

> 襄州高亭简禅师，参德山，隔江才见，便云："不审！"山乃摇扇招之。（《五灯会元》卷七，岩头全奯）

也可用为动词，例如：

> 曰："如何是出家人本分事？"师曰："早起不审，夜间珍重！"（同上，卷四，国清院奉禅师）

"不审"义为问候，请安。

"不审"在禅录中经过行业化、获得了行业义之后，就成了专用的禅宗行业词语。原来"不知道"的意思在禅录中罕见使用。也就是说，在一般文献中常见的"不审"，进入禅录词语系统后，成了行业用语，有它特殊的行业意义与用法。同时，我们注意到，同时期还有另外一个词儿"未审"，在禅录中仍用作"不知道"义。也就是说，"不审"与"未审"在禅录中有了较为明确的分工，"未审"仍是普通词语，而"不审"则成了专用的禅宗行业词语。

2. 瞥地

"瞥地"在一般文献中用作副词，意为突然、迅速地，例如：

> 岸柳丝丝青尚浅，渐春归吴苑。缭垣不隔花屏，爱翠深红远。瞥地飞来何处燕？小乌衣新翦。想芹短、未出香泥，波面时时点。（《全宋词》，仇远，《忆闷令》）

禅录中也常常使用"瞥地"，不过表示"突然"的用例却极为罕见。"瞥地"在绝大多数情况下指"领悟，大悟"。如《联灯会要》卷五，洪州水潦和尚章：

> 问马大师："如何是祖师西来意？"大师拦胸与一踏踏倒，当下大悟，起来抚掌大笑云……蒋山泉云："忽然瞥地，更是好笑。"

"当下大悟"与"忽然瞥地"，两相比照，可见"瞥地"即"大悟"之义。又如：

> （丹霞）曰："你试举我今日升座看。"师良久。霞曰："将谓你瞥地。"（《五灯会元》卷一四，长芦清了禅师）

"将谓你瞥地"意思是还以为你领悟了(其实不然)。可见,禅录中的"瞥地"也是专用作行业语的。这个专用的行业语在一般文献中也偶见用例,例如:

> 光阴转毂,况生死事大,无常迅速。学道参禅、要识取,自家本来面目。闹里提撕,静中打坐,闲看传灯录。话头记取,要须生处教熟。
>
> 一日十二时中,莫教间断,念念来相续。唤作竹篦还则背,不唤竹篦则触。斩却猫儿,问他狗子,更去参尊宿。忽然瞥地,碧潭冷浸寒玉。(《全宋词》,沈瀛,《念奴娇》)

本首词中多含禅家行业语,如"生死事大"、"学道参禅"、"自家本来面目"、"提撕"、"话头"、"唤作竹篦还则背,不唤竹篦则触"等等,都是典型的禅门用语。"斩却猫儿"、"问他狗子"也是暗用禅林南泉斩猫、赵州狗子的公案典故(参《禅宗大词典》《"南泉斩猫"、"赵州狗子"条)。很显然,这是作者有意识地以禅语入词。如此,采用专门的禅宗行业词语"瞥地"也就是情理之中,这也从另外的侧面反映了当时人的语感,认为"瞥地"是一个有特点的禅宗词语。

三、禅录词语对后世汉语的影响

唐宋禅宗不仅对后世佛教,而且对后世思想文化都产生了深广的影响。许多禅录词语进入了后世汉语,成了通用的大众词语。在此过程中,有些禅录词语的意义有所改变,有些禅录词语的词形也有所变化。考察禅录词语演变为通用词语的过程及其中发生的种种变化,对于深入理解禅宗与禅录词语的社会影响力,对于探索行业词语与通用词语之间的关系,都颇有益处。也可从特定视角认识禅录词语的研究价值。例如下文所举禅录行业语"明眼人"、"一了百了"等在后世一般口语的使用中,淡化或消除了原有的禅宗行业意义,扩大了适应面,本文称之为"去行业化"。这与上文谈到的"行业化",都是禅录词语产生和发展演化过程中带规律性的重要现象。

(一)意义变化

1. 投机

> (云居)即遍参寻,远造庐山开先暹禅师法席,投机印可。丛林拔萃,出为宗匠。(《建中靖国续灯录》卷六,云居佛印禅师)

"投机印可"指云居在开先暹禅师法会之中,领悟禅法,师徒之间相互契合,得到开先暹禅师的肯定与证明。"投机"即投合禅机,领会禅法。又如:

> 曹溪大鉴微时,新州一樵夫也,碌碌无所发明,已数十载。一旦闻客诵经,激其本愿,遂致母出乡。谒黄梅大满,才见数语间投机,隐碓坊八个月。

（《圆悟佛果禅师语录》卷一四《示材知庄》）

上堂，示众曰："觌面分付，不待文宣；对眼投机，唤作参玄。上士若能如此，所以宗风不坠。"（《景德传灯录》卷二三，兴圣重满禅师）

又，禅录中投机偈、投机颂之类极多，例如：

师《投机偈》曰："处处真，处处真，尘尘尽是本来人。真实说时声不现，正体堂堂没却身。"（《祖堂集》卷一七，岑和尚）

一日，举僧问南泉摩尼珠语以问端（白云端），端叱之。演领悟，汗流被体。乃献《投机颂》曰："山前一片闲田地，又手叮咛问祖翁。几度卖来还自买，为怜松竹引清风。"端颔之曰："栗棘蓬禅属子矣。"（《补禅林僧宝传》，五祖演禅师）

入室次，觉（指明觉）曰："恁么也不得，不恁么也不得。恁么不恁么总不得。"师拟议，觉又打出。如是者数四。寻为水头，因汲水折担，忽悟，作《投机偈》曰："一二三四五六七，万仞峰头独足立。骊龙颔下夺明珠，一言勘破维摩诘。"觉闻，拊几称善。（《五灯会元》卷一六，天衣义怀禅师）

出刺洪州，乃延晦堂问道，默有所契。因述《投机颂》曰："昼曾忘食夜忘眠，捧得骊珠欲上天。却向自身都放下，四棱塌地恰团圆。"呈堂，堂深肯之。（又，卷一七，观文王韶居士）

投机偈、投机颂，乃学人经由师家启发而开悟，与祖师之心机相契，因而将当时契悟之感受、心境以偈颂的形式表现出来。在禅师语录与各种传灯录等禅籍中，投机偈、投机颂随处可见，是禅文学中独具特色的部分。

此外，又有宋代临济宗汾阳善昭禅师将学人对禅师的问话分为十八种，丛林称之为"汾阳十八问"，其中一问为"投机问"，例如：

投机，问："和尚道枯桩，岂不是法身边事？"相投机窍而问也。（《五家宗旨纂要》卷一，汾阳十八问）

投机，问天皇："疑情未息时如何？"皇云："守一非真。"（《人天眼目》卷二，汾阳十八问）

《佛光大辞典》"汾阳十八问"条认为，这是"学人对于自己的境界如实提出请示之问法"。

可见，"投机"是一个很有禅宗特点的行业用语。此语后来进入一般口语，直至今天的现代汉语口语中仍然使用，不过义有所改变。元明时代一般文献中的"投机"有意趣相合的意思，例如：

我要做官的人，怎么劝我跟你出家？等等絮絮叨叨，好话不投机也。

（《元曲选》，元·范康《陈季卿误上竹叶舟》第一折）

　　席间，王秀才与谢天香讲论字法，两人多是青春美貌，自然投机。（明·凌濛初《二刻拍案惊奇》卷二）

这里的"投机"仍可看出与原行业义的关联，是原行业语在普通语境中淡化了宗教义理色彩，增添了大众心理因素后所产生的引申义。

《现代汉语词典》"投机"条释例如下：

　　【投机】1.（形）意趣相合；见解相同：话不投机｜我们一路上谈得很投机。2.（动）利用时机谋取私利：投机取巧｜投机分子｜投机买卖。

不难看出，现代"投机"的第一义项继承了上述元明时代的意义。第二义项则是现代新义，细加辨析，此新义仍受到"投机"原禅宗行业义一定程度的影响。

　　2. 到家

禅宗乃心宗，要体悟超越生死的禅门根本大事，获得顿悟，最为根本的就是要明见自心。禅师常把人的本来心性比作家园，以"自家田园、自家桑梓、自家屋里"隐指各人本来具有之心性、佛性。见性成佛，识取自心，也就是到家，就可以达到禅悟的最高境界。因此，禅录中的行业语"到家"往往用来喻指识见自心，回归本性。从普通口语"到家"到禅录行业语"到家"，我们将此中的变化，称为"行业化"。"到家"一语的行业化，是根据上述禅宗义理，通过比喻的修辞方式而实现的。例如：

　　上堂："秋风卷地，夜雨翻空。可中别有清凉，个里更无热恼。是谁活计？到者方知。才落见闻，即居途路。且道到家后如何？任运独行无伴侣，不居正位不居偏。"（《五灯会元》卷一四，洞山云禅师）

　　参禅要悟自心，念佛亦是要悟自心。入门虽异，到家是同。但参禅到家者，无净土之缘，似为稍异。然心光发明，已是诸佛气分交接，何必净土乎？（《永觉元贤禅师广录》卷二九《寱言》）

永觉元贤禅师关于"参禅到家"的阐释，点出了"到家"行业语的根本喻义。又如：

　　若有一毫见地未消，一毫意气未泯，一毫影迹未净，终堕半途。至于到家一句作么生道？客散云楼玉烛残，六窗虚静暗生寒。钟声何处因风至，惊起泥牛奔夜栏。（同上，卷三）

"到家一句"也就是体悟自心的禅门妙句。

《汉语大词典》收"到家"一词，有三条释义：前往他人之家；回到家中；指达到相当高的水平。释义 3 引例如：

　　文章若未到家,须到家,乃已。(明·李贽《覆杨定见书》)

　　诗家之能事不一端,而曰苍老,曰波澜,目为到家,评诗者所为造诣境也。(清·叶燮《原诗·外篇上》)

　　《现代汉语词典》也收"到家"一词,解释为达到相当高的水平或标准。这里达到相当高的水平或标准的义项,与禅录中的"到家"是有渊源联系的,是禅录词语语义引申的结果。

　　3. 棒喝

　　棒喝即棒击和吆喝,是禅僧尤其是临济宗僧人在接引学人和交流禅机时常用的施设。唐代高僧德山宣鉴喜用棒击,世有"德山棒"之称。而使用大声吆喝的方式示机最为著名的则是临济,禅家常以"临济喝,德山棒"并举:

　　德山临济,棒喝交驰。云门顾鉴,总是愚痴。唯有径山无伎俩,握拳端坐眼如眉。(《密庵和尚语录·禅人请赞》)

　　在实践运用中,禅师也常常同时使用棒打与吆喝两种方式,例如:

　　自后师于镇府匡化,虽承黄檗,常赞大愚。到于化门,多行喝棒。(《祖堂集》卷一九,临济和尚)

　　五家宗派中,曹洞则机关不露,临济则棒喝分明。苟得其由,门户易入。(《如净禅师语录序》)

　　上堂:"秋风清,秋月明,大地山河露眼睛。瑞岩点瞎重相见,棒喝交驰验衲僧。"(《如净和尚语录》卷上)

　　棒喝是两种特殊的禅家语言。禅师使用棒喝绝不是简单的责打或呵斥。棒喝作为禅门动作语言的典型,是以迅疾猛烈的方式,截断学人言路语路,断除一切情识妄解。棒喝是以奇特之方式,予学人以警醒,督促他们直达自心,获得禅悟。近代汉语乃至现代,犹以"棒喝"、"当头棒喝"比喻促人省悟的警告,其源头正在禅门的棒喝施设。例如:

　　原来谭绍闻,自从乃翁上京以及捐馆,这四五年来,每日信马游缰,如在醉梦中一般。那日程希明当头棒喝,未免触动了天良。(清·李绿园《歧路灯》第一四回)

　　4. 头头是道

　　成语"头头是道"形容说话或做事很有条理,是现代汉语中的常用语。这个成语也是来自禅宗语录。例如:

　　若然者,头头是道,句句明心。(《建中靖国续灯录》卷一七,惟白佛国)

　　达本心者,头头是道;昧真性者,处处迷方。(《楚石梵琦禅师语录》卷一

六《送高丽顺禅人归国》)

"头头"是唐宋口语词,意为事事、处处、样样。"头头是道"即处处存在道法。这是禅门"即心是佛"思想的体现,在在处处,一切事物无非都是心的外在显现。体悟到这点,则可以平常闲适之心看待生活、修行,在一切方面达到真正的自由,到达闲适自如的状态。正是基于禅门的此种理念,"头头是道"在后世引申指说话、办事等均能自如应付,做到有条不紊,例如:

> 其癖好与余同;且能察眼意,懂眉语,一举一动示之以色,无不头头是道。
> (清·沈复《浮生六记·闺房记乐》)

5. 打成一片

"打成一片"是禅宗行业用语,例如:

> 但去二六时中看个无字。昼参夜参,行住坐卧,著衣吃饭处,阿屎放尿处,心心相顾,猛著精彩。守个无字,日久月深,打成一片。忽然心花顿发,悟佛祖之机,便不被天下老和尚舌头瞒。便会开大口,达摩西来无风起浪,世尊拈花一场败缺。(《黄檗断际禅师宛陵录》)

> 上堂:"七手八脚,三头两面。耳听不闻,眼觑不见。苦乐逆顺,打成一片。且道是甚么?路逢死蛇莫打杀,无底篮子盛将归。"(《续传灯录》卷二一,佛照德光禅师)

"打成一片"即融合为一体,去除一切对立、分别,对千差万别的事物一视同仁。也就是融通无碍的禅家省悟后的境界。此语后来进入一般口语,至今仍在经常使用,然意义有所改变,指不同的部分合为一片整体,原来禅录中的特殊行业义消失了,扩大了语义的适应面,例如:

> 如金石丝竹,匏土革木,虽是有许多,却打成一片。清浊高下,长短大小,更唱迭和,皆相应,浑成一片,有自然底和气,不是各自为节奏。(《朱子语类》卷三五)

> 崔呈秀一向要报复高总宪,未得机会,听了此言,恰好与周顺昌、李应升俱是吴江人,正好打成一片。(清·佚名《明珠缘》第三四回)

6. 脚踏实地

"脚踏实地"谓禅悟者进入真实无二、清净无染的境界。其例如:

> 凡学道人,纵悟得一种玄门,又须明取玄中玄,方能不坐在脱洒路上。始得平稳,脚踏实地。(《禅林僧宝传》卷一二,荐福古禅师)

> 所以南台和尚有颂云:"南台静坐一炷香,终日凝然万虑忘。不是息心除妄想,都缘无事可思量。"此是古德脚踏实地处。(《古尊宿语录》卷四八《佛

照禅师奏对录》)

又如:

> 春风如刀春雨如膏,律令正行万物情动。尔道脚踏实地一句作么生道?
> (《杨岐方会和尚语录》)

"脚踏实地一句"也就是体悟禅法的妙句,是体现禅法至极妙理的一句。

此语进入一般口语,指做事踏实认真,不浮夸。直至现代汉语中仍在使用。
例如:

> 若信得及,脚踏实地,如此做去,良心自然不放,践履自然纯熟。(《朱子
> 语类》卷一四)

> 若谓将银子先交付与他,这也是小人脚踏实地之处。因小人家贫,无人
> 与小人合本。难得李成仁答应,若不将银子先交与他,恐他回想起来,又不与
> 小人合本,所以小人先将银子交付,使他放心。(清·佚名《施公案》卷二七
> 五)

> 他们渐渐丢了那空架子,脚踏实地向前走去。(朱自清《论书生的酸
> 气》)

7. 拖泥带水

禅门有一系列关于"泥水"的同行词语,其中有"拖泥带水":

> 如忠国师、大珠和尚说法,诸方大有疑。其拖泥带水,不径截,说义理禅。
> 愿和尚疏决真伪,解大众疑惑。(《大慧普觉禅师住径山能仁禅院语录》卷
> 四)

> 到这里,作么生请益? 道个佛字,拖泥带水;道个禅字,满面惭惶。久参
> 上士,不待言之;后学初机,直须究取。(《佛果圆悟禅师碧岩录》卷一,第二则
> 垂示)

这是比喻的用法。禅门不立文字,言句纠缠是悟道之大碍。禅师陷入言辞,
不能直截干脆地指示人心,是"义理禅",是"拖泥带水"。学人说佛说禅,欲从语
言文字上寻求悟入之处,不能当下领悟禅法,也是"拖泥带水"。又作"带水拖
泥":

> 又问:"一言相契时如何?"师曰:"丹霄显露。"僧云:"不假一言时如何?"
> 师曰:"带水拖泥。"(《续传灯录》卷一二,霍丘归才禅师)

行业语"拖泥带水"后来进入一般文献中,意义发生变化。首先,仅取字面意
义,可形容人在泥泞道路中行走的样子,例如:

> 却说陈大郎在下处,呆等了几日,并无音信。见这日天雨,料是婆子在

家,拖泥带水的进城来问个消息,又不相值。(明·抱瓮老人《今古奇观》第一七卷)

其次,比喻说话、做事不干脆利落,还与禅录行业语有某种语义上的关联,例如:

> 他从来是个丁是丁、卯是卯的人,永远没干过这种拖泥带水的事。(老舍《四世同堂》第一部《惶惑》二七)

8. 一了百了

禅家谓了悟生死大事,则一生参学事毕,这就是"一了百了"。例如:

> 上堂,举,汾阳示众云:"识得主丈子,一生参学事毕。"师云:"古人略露星儿,可谓一了百了。"(《石溪(心月)和尚语录》卷上。主丈子:即拄杖。)

> 窃谓,毗卢性海,人人具有。从上诸圣语言,及诸家公案,无非发明兹义,总在学者见解何如。居士书中超脱之见,即是此境现前。一了百了,更无二语。(《无异(元来)禅师广录》卷二八《与詹定斋廉宪》)

"一了百了"是现代汉语中常用的词语,《现代汉语词典》收"一了百了"条:

> 【一了百了】由于主要的事情了结了,其余的事情也跟着了结。

可以看出,现代口语"一了百了"的意义比之禅录用例更抽象,更能适应范围广大的社会生活。或者说,禅录"一了百了"经过"去行业化",即滤去禅宗特有的意旨成分,也就成了大众口语中的用法。像"一了百了"这样的现代四字语,也许并不能断言它直接来自禅录。但以禅录词语的影响之大,会对"一了百了"语形、语义的逐渐凝固产生一定的推动作用。

9. 回光返照,返照回光,回光,返照

现代汉语以"回光返照"喻人临死时精神的短暂好转,也比喻事物即将消亡之前短暂兴盛的现象。这个成语在唐宋时代也是禅林用语,例如:

> 言证理成佛者,知识言下,回光返照,自己心原,本无一物,便是成佛。不从万行渐渐而证,故云证理成佛。是故经云:初发心时,便成正觉。又古人云:佛道不远,回心即是。即此义也。(《祖堂集》卷二十,五冠山瑞云寺和尚)

> 人人尽握灵蛇之珠,个个自抱荆山之璞,不自回光返照,怀宝迷邦。(《黄龙慧南禅师语录》)

> 须知人人分上有一段事,辉腾今古,迥绝见知,净裸裸、赤洒洒。先没许多般,只为尔诸人从无始时来妄想浓厚,背却自己,只从他觅。若能回光返照,无第二人,终不随他起灭。若一处得脱,则千处百处一时透脱。(《圆悟佛

33

果禅师语录》卷一三）

"即心是佛"、"即心即佛"乃禅宗核心理论,人人本心就是佛性,无须向外寻觅。"回光返照"本指夕阳反射之光,禅宗多以此喻收回向外寻求的眼光,回归自心,直达本源。"回光返照"又作"返照回光",又略作"回光"、"返照",各举一例如下:

> 众生业识茫茫,心里浑如沸汤。只管随声逐色,何由返照回光? 参禅发明自性,譬似远客还乡。旷劫收归当念,当念含摄十方。触境逢缘不变,著衣吃饭如常。无明从此消灭,热恼自然清凉。(《楚石梵琦禅师语录》卷一八《明真颂二十八首》)

> 是故佛佛授手,唯授此心;祖祖相传,唯传此妙。上根种智,略请回光,可以千眼顿开,可以万缘透脱。(《圆悟佛果禅师语录》卷四)

> 为心眼未开,唯缘念诸境,不知返照,(《祖堂集》卷一四,百丈和尚)

10. 明眼人

"明眼人"一语在唐宋禅录中常见使用,指法眼明亮的禅者,例如:

> 莫道今日瞒诸人好。抑不得已,向诸人前作一场狼藉。忽被明眼人见,成一场笑具。(《云门匡真禅师广录》卷上)

> 一句绝諸讹,千里万里无消息。一尘含法界,千重百匝太周遮。若是明眼人,终不向目前觅。何故? 若向目前觅,此人未具眼。(《圆悟佛果禅师语录》卷一三)

> 若是明眼人,有照天照地底手脚,直下八面玲珑。(《佛果圆悟禅师碧岩录》卷一,第八则)

现代汉语中的"明眼人"指有见识的人,能清楚认识事物的人。现代"明眼人"的语义是禅录"明眼人"去行业化后产生的。

11. 门外汉

"门外汉"即门外之人,现代汉语以之比喻外行人。"门外汉"在唐宋时代也是禅宗行业语,指的是未领悟禅法之人。《五灯会元》卷六,天竺证悟章记载天竺证悟禅师与此庵元禅师讨论苏轼《宿东林偈》云:

> 师举东坡《宿东林偈》,且曰:"也不易到此田地。"庵曰:"尚未见路径,何言到耶?"曰:"只如他道:溪声便是广长舌,山色岂非清净身? 若不到此田地,如何有这个消息?"庵曰:"是门外汉耳。"

天竺证悟举苏轼偈,以为苏轼有所体悟。然此庵元却认为苏轼"尚未见路径",也就是连入道的路径都尚未找到,何谈悟道。"门外汉"所指也是这层含义,指尚未领悟禅法。宗宝本《坛经·行由第一》记载五祖弘忍谓神秀云：

> 汝作此偈，未见本性，只到门外，未到门内。

其实是对"门外汉"很好的注解。"门外汉"进入一般口语系统，行业意义淡化，指外行人，语义演化脉络是很清晰的。

12. 口头禅

禅宗以"不立文字，直指人心"为宗旨，提倡"顿悟"的修习方式，所谓"开口即错，动念即乖"（《楚石梵琦禅师语录》卷一）。纠缠于语言文字、概念义理是无法进入正确的悟道之径的。宋代以后，禅宗逐渐失去了其在鼎盛时期的一系列特点。一些不明禅理的禅僧末流，喜好将现成的公案、机语挂在口头，夸夸其谈，被斥为"口头禅"。例如：

> 既趣向得入，根脚洞明，当令脱洒，特立孤危，壁立万仞。佛病祖病去，玄妙理性遣。等闲荡荡地，百无知，百不会，一如三家村里人，初无殊异。养来养去，日久岁深，朴实头，大安稳，方得安乐。终不肯露出自己，作聪明，显作略，衒耀知见，趁口头禅。所以道十语九中，不如一默也。（《佛果圆悟真觉禅师心要》卷上。趁：追逐。）

> 参禅为透脱生死大事，不是为参口头禅，以求衣食。（《无明（慧）性和尚语录》）

> 顿悟心源开宝藏，逢人懒论口头禅。珍珠收向皮囊里，棒喝交驰总不然。（《无异（元来）禅师广录》卷十九《示鞠岩长居士》）

可见，丛林对"口头禅"是持贬斥之态度的。这是因为"口头禅"纠缠于语言文字，胡乱妄为地说禅说道，却不在真正本色的禅法上下功夫，完全违背了禅宗"即心即佛"、"顿悟见性"的宗旨。

后来，"口头禅"被借用指人们口头上习惯说的，但又往往没有实际意义的话。例如：

> 到了次日早晨要走，桂花送到门口，叫他晚上来。这个本来是妓女应酬嫖客的口头禅，并不是一定要叫他来的。谁知他土头土脑的，信是一句实话，到了晚上，果然走去，无聊无赖地坐了一会就走了。（清·吴趼人《二十年目睹之怪现状》第三回）

13. 野狐禅

"野狐禅"一语典出禅录。据《五灯会元》卷三，百丈怀海章记载，从前有一禅师，因与学人谈因果时错对一字，遂五百世堕身为野狐，后遇百丈怀海禅师点化，始得解脱。禅林因以"野狐禅"比喻尚未真正明心见性，而自许开悟，这是为本色禅师所贬斥的。例如：

> 死猫头话久无传,千里缄题慰老年。句句尽同师子吼,声声裂破野狐禅。华开铁树春无迹,焰发冰河雪满川。别有一机恢祖业,不愁无路可通玄。(《了庵(清欲)和尚语录》卷七《次韵答圆通约之时留天章》)

> 之子喜不兼,持身只守谦。开门临野水,为客卷疏帘。古寺如风穴,宗乘继此庵。话头元自在,今后许谁拈? 行脚走三千,探珠下九渊。倒拈苕帚柄,痛扫野狐禅。已办今生事,还思未了缘。老胡真轨在,挈履过西天。(又,《次韵悼感圣云庵》)

"野狐禅"后来作为一般口语词,泛指歪门邪道。例如：

> 八股文章若做的好,随你做甚么东西,要诗就诗,要赋就赋,都是"一鞭一条痕,一掴一掌血"。若是八股文章欠讲究,任你做出甚么来,都是野狐禅,邪魔外道。(清·吴敬梓《儒林外史》第一一回)

在现代汉语方言中,"野狐禅"也指不靠谱的言语行为。如《汉语方言大词典》第四卷"野狐禅"条:"奇谈怪论。中原官话。青海西宁。"

今吴语亦用此词,指无凭据、不可信的言谈等,贬义。

14. 单刀直入

"单刀直入"是禅家传授道法的特殊方式:直截痛快地抛开一切语言文字、俗情妄念,当下悟入,明见本心。下面是几个唐代的用例:

> 我六代大师,一一皆言单刀直入,直了见性,不言阶渐。(《神会遗集·答崇远法师问》,据《中国佛教思想资料选编》第二卷第四册)

> 若也单刀直入,则凡圣情尽,体露真常,理事不二,即如如佛。(《潭州沩山灵祐禅师语录》)

> 师向仰山云:"寂阇梨,直须学禅始得。"仰山便呏:"作摩生学?"师云:"单刀直入。"(《祖堂集》卷一六,沩山和尚)

后世口语中的"单刀直入"意义则有所变化,指说话、办事直截了当,不兜圈子。此义与禅录行业义之间的关联是明显的。例如：

> 晁无晏只得拿出自己的本领,单刀直入,千里独行,明说不许过继。(清·西周生《醒世姻缘传》第五三回)

后世亦有用"单刀直入"的字面义,用于武术的例子:

> 那女子见他来势凶恶,先就单刀直入取那和尚,那和尚也举棍相迎。(清·文康《儿女英雄传》第六回。按该女子使的是"雁翎宝刀"。)

《汉语大词典》"单刀直入"条:

【单刀直入】1. 原为佛教语。喻认定目标,勇猛精进。《景德传灯录·旻德和尚》:"若是作家战将,便须单刀直入,莫更如何若何。"宋严羽《沧浪诗话·诗辨》:"(学诗工夫)须从上做下……谓之向上一路,谓之直截根源,谓之顿门,谓之单刀直入也。"2. 喻说话直截了当,不绕弯子。周立波《暴风骤雨》第一部六:"为了缩小斗争面,萧队长单刀直入,提到韩老六家。"

按《汉语大词典》能举出较早的禅录用例作为此语的源头,是基本正确的。然而解释《景德传灯录》用例的意义未能到位,未能贴切地揭示禅语行业义。所举《沧浪诗话·诗辨》用例很有启发性,说明诗家也把禅录词语移植到了诗学领域。

(二)词形变化

15. 老婆说话——苦口婆心

"不立文字"、"教外别传"是禅门之宗旨。但是在实际的禅法授受中,面对中下之根器,使用语言文字来教导、启发的方法也并不能完全被摒弃。师家接引学人时,一再叮咛,亲切说示的禅风,被称为"老婆禅",谓其如老年妇人心肠慈悲,言语啰唆。例如:

　　又问:"什摩处来?"云:"江西来。""夏在什摩处?"云:"云居。""云居切要处作摩生?"云:"只今作摩生拈上大人?"对云:"有什摩罪过?"师云:"云居与摩道,是你与摩道?"云:"云居与摩道。"师云:"三家村里老婆禅。造主不得,自领出去。"(《祖堂集》卷一九,陈和尚)

　　上堂:"槿花凝露,梧叶鸣秋。遇景触物,随分知羞。"卓主丈:"住,住。诸方闻得,道我说老婆禅。"(《虚堂和尚语录》卷一)

禅机稍纵即逝,贵在迅疾,当下顿悟才能直达自心。"老婆禅"一味说示,不仅有违禅门"不立文字"的宗旨,也过于拖泥带水,因此受到贬斥。又例如:

　　问:"浑仑提唱,学人根思迟回,曲运慈悲,开一线道。"云:"这个是老婆心。"(《祖堂集》卷一三,招庆和尚)

"老婆心"谓禅师一片慈悲心肠,唯恐学人不能领悟,过分关切,以言句示人。

　　又古德曰:此事不可以有心求,不可以无心得,不可以语言造,不可以寂默通。此是第一等入泥入水,老婆说话。(《大慧普觉禅师住径山能仁禅院语录》卷四《答曾侍郎(天游)》)

"老婆说话"也就是心肠慈悲的教说,如老年妇人言语啰唆。

后世口语中的"苦口婆心"即由此演化而来,不过词形有所变化,同时修辞意义也有所变化。"老婆心"、"老婆说话"是被讥讽的对象,是落于言诠,妨碍学人悟道的接引之法。成语"苦口婆心"形容恳切、耐心地进行规劝,多数情况下是表示褒义的。例如：

> 这种人，若不得个贤父兄、良师友苦口婆心的成全他，唤醒他，可惜那至性奇才，终归名骣身败。（清·文康《儿女英雄传》第一六回）

16. 敲门瓦子

禅录有"敲门瓦子"语，例如：

> 初机晚学乍尔要参，无扪摸处。先德垂慈令看古人公案。盖设法系住其狂思横计，令沉识虑到专一之地，蓦然发明，心非外得。向来公案乃敲门瓦子矣。（《佛果圆悟真觉禅师心要》卷下《示印禅人》）

> 从上佛祖言教如敲门瓦子，事不获已，藉之以为入理之门。（《应庵昙华禅师语录》卷八《示宗书记》）

"敲门瓦子"即用来敲门的瓦片，敲门之后即丢弃。禅家谓古人公案、佛祖言教为"敲门瓦子"，实是喻指言句作略仅是启发学人悟道的权宜之计，非根本大法，悟道之后就不可拘泥于语言文字。"敲门瓦子"亦偶见于禅录外的文献，例如宋代曾敏行《独醒杂志》卷五有"敲门瓦砾"语：

> 东坡多雅谑，尝与许冲元、顾子敦、钱穆父同舍。一日，冲元自窗外往来，东坡问："何为？"冲元曰："绥来。"东坡曰："可谓奉大福以来绥。"盖冲元登科时赋句也。冲元曰："敲门瓦砾，公尚记忆耶？"

"敲门瓦砾"比喻士人借以获取功名的科举考试，取得功名后则可抛弃。这与禅录"敲门瓦子"喻义有相通之处。

"敲门瓦子"、"敲门瓦砾"是后世俗语"敲门砖"的原形。晚些的禅籍已偶见"敲门砖"的用例：

> 夫观于教者，而不能观于心。能观于心者，亦能会于教。教从心之所流。如来示于心而说于教，众生迷于教而不识于心。教为表显之法，心为说教之主。识于心而会于教者，更何以加一字于心乎？亦无有一字可当情。千言词组，觌面论心，了然无疑，怡然无怖，犹不能自信。而且各持所见，终不足以惬初心。比之为敲门砖，门既辟而安用之乎？（明·大韶《千松笔记》卷一《禅宗合论》）

此例"敲门砖"义同宋代禅录中的"敲门瓦子"。

一般文献中的"敲门砖"，多用来比喻士人借以获取功名的工具手段，功成名就则可丢弃。《汉语大词典》"敲门砖"条引清俞樾《茶香室丛钞·焚时文》：

> 今人以时文为敲门砖，宋人已如此矣。

这是对"敲门砖"的极好解释了。又如：

你们真变了考据迷了,连敲门砖的八股,都要详征博引起来。(清·曾朴《孽海花》第三回)

现代汉语中的"敲门砖"则在更为广泛的意义上比喻谋取名利的手段。

17. 是个汉

俗语"是个汉子"、"是条汉子",意谓是一个真正的丈夫汉。例如:

此时满京城才知道白大是个老实人,遭了屈官司;邓氏是个不长进淫妇,也该杀的;耿埴是个汉子。(明·抱瓮老人《今古奇观》卷一九)

想一想,我吴公佐也是条汉子,暂时落魄,怎受这秃驴之气! 不如且归故里,再作道理。(明·天然痴叟《石点头》第六回)

花子简直是我唯一的仇人! 我既是个汉子,如何不报此仇? (清·曾朴《孽海花》第二八回)

其实这样的用法早在唐宋禅录中即已多见,只不过在禅录中多了一层行业的附加意义。例如:

上堂云:"胡蜂不恋旧时窠,猛将不在家中死。若是个汉,聊闻举著,别起眉毛便行。"(《明觉禅师语录》卷二)

意谓若是个真正的丈夫汉,真正的参禅者,一听到举示,就能迅速地领会禅机。"是个汉"有其行业的意义,谓是一个真正的参禅者,是本色的禅人。又作"是个人"、"是个丈夫汉",例如:

若是个人,才见恁么道,撩起便行,犹较些子。若是才入思量,已被漫天网罩却也。(《圆悟佛果禅师语录》卷一二。撩起便行:形容迅速领会禅机。)

若是个丈夫汉,向千圣顶䏨,别行一路。直饶古今佛祖竟出头来,亦仰望不及。争肯受人平地活埋? (《希叟(绍昙)和尚广录》卷五。顶䏨:头顶。)

第二节　本书的研究方法

一、跨学科、跨领域的综合研究法

本书重在禅录词语的考释与研究,然而禅录词语涉及面十分宽广,我们必须拓宽研究视野,避免单一学科、单一领域封闭式的狭隘研究,以禅录词语的考释与研究为中心,联系历史文化其他相关学科,联系语言文字学内部各领域,力求以多维视角将本课题的研究做得深广、丰满一些,使之成为跨学科、跨领域的综合性研究工作。

以下略举数例来说明这种方法。

1. 还乡曲

唐宋文学作品中的"还乡"、"还乡曲"一类词语及相关描写,常常反映当时人们的一种普遍的思想情节,即流落在外者期盼返回家乡:

> 老母别爱子,少妻送征郎。血流既四面,乃亦断二肠。不愁寒无衣,不怕饥无粮。惟恐征战不还乡,母化为鬼妻为孀。(《全唐诗》卷二六,施肩吾,《古别离》二首之二)

> 将士请衣忘却贫,绿窗红烛酒楼新。家家尽踏还乡曲,明月街中不绝人。(《全唐诗》卷三零一,王建,《田侍郎归镇》)

禅录中也常见"还乡"一词,却有其独特的行业意义。禅宗倡导"见性成佛",此"性"即人人本具的自性,即本心,禅录里常喻之为"自家田园,自家桑梓",因而将悟道喻为"还乡"。例如:

> 问:"荡子还乡时如何?"师曰:"将什么奉献?"曰:"无有一物。"师曰:"日给作么生?"(《景德传灯录》卷二四,清凉文益禅师)

> 世尊未离兜率已降王宫,未出母胎度人已毕。(大慧)颂云:利刃有蜜不须舐,蛊毒之家水莫尝。不舐不尝俱不犯,端然衣锦自还乡。(《大慧普觉禅师住径山能仁禅院语录》卷四)

因而"还乡曲"也便是悟道之歌:

> 请益勤,恭敬速,不避寒喧常不足。只缘心地未安然,不美荣华不怕辱。直教见性不从他,自家解唱还乡曲。(《汾阳无德禅师歌颂》卷下《行脚歌》)

> 古路坦然谁措足?无人解唱还乡曲。(《筠州洞山悟本禅师语录·新丰吟》)

也说作"还乡曲子"、"还乡曲调"等:

> 问:"还乡曲子作么生唱?"师曰:"设使唱落汝后。"(《景德传灯录》卷二五,大智道常禅师。)

> 返本还源事已差,本来无住不名家。万年松迳雪深覆,一带峰峦云更遮。宾主穆时全是妄,君臣合处正中邪。还乡曲调如何唱?明月堂前枯树华。(又,卷二九,同安察禅师《十玄谈·还源》)

下面是北宋文殊心道禅师的一段上堂语,其中关于"步虚词翻作还乡曲子"的说法对我们颇有启发:

> 宣和改元,下诏改僧为德士。……二年九月,复僧。上堂:"不挂田衣著

羽衣，老君形相颇相宜。一年半内闲思想，大底兴衰各有时。我佛如来预谶法之有难，教中明载，无不委知。较量年代，正在于兹。魔得其便，惑乱正宗。僧改俗形，佛更名字。妄生邪解，删削经文。铙钹停音，钵盂添足。多般矫诈，欺罔圣君。赖我皇帝陛下圣德圣明，不忘付嘱，不废其教，特赐宸章，颁行天下，仍许僧尼，重新披削。实谓寒灰再焰，枯木重荣。不离俗形而作僧形，不出魔界而入佛界。重鸣法鼓，再整颓纲。迷仙酎变为甘露琼浆，步虚词翻作还乡曲子。放下银木简，拈起尼师坛。昨朝稽首擎拳，今日和南不审。只改旧时相，不改旧时人。敢问大众，旧时人是一个，是两个？"良久曰："秋风也解嫌狼籍，吹尽当年道教灰。"（《五灯会元》卷一九，文殊心道禅师）

宣和初年朝廷强令佛僧为道士，翌年又恢复佛僧身份的宗教事件，是此段语录的社会背景。"步虚词"是道家斋坛时的颂唱之词，在此例中是作为道教法曲的代表来与"还乡曲子"对举的。由"步虚词翻作还乡曲子"这句话，我们可以体会到"还乡曲子"一语浓厚的禅宗行业意味。

这是训释禅录词语须明白禅宗教义乃至道教情况之例。

2. 传口令，打传口令

禅录里时见"传口令"一语，亦作"打传口令"（"打"系动词前缀，无实义），例如：

上堂云："诸方老秃奴，曲木禅床上座地，求名求利。问佛答佛，问祖答祖。屙屎送尿也，三家村里老婆传口令相似，识个什么好恶？"（《云门匡真禅师广录》卷一）

有一般不识好恶，向教中取意度商量成于句义，如把屎块子向口里含了吐过与别人，犹如俗人打传口令相似，一生虚过也。（《镇州临济慧照禅师语录》）

例中的"口令"就是酒令，是酒席上轮流念诵诗句或绕口令等以助酒兴的一种游艺，盛行于唐宋时代。禅录里另有"相席打令"一语，也与酒令风俗有关，本谓视筵席、主宾之具体情况而行酒令，禅家用来比喻言句作略须随机应变。例如：

雪窦相席打令，动弦别曲。一句一句判将去，此一颂，不异拈古之格。（《佛果圆悟禅师碧岩录》卷四，第三九则。动弦别曲：一听到拨弦就能识别曲调，比喻敏捷地领会禅机。）

师乃云："全提单拈斩钉截铁，呵佛骂祖大用大机，犹未称衲僧本分事。何况立问立答立宾立主，涉语涉言说玄说妙，无事生事平地上起波澜？虽然如是，事无一向，理出多途，虽然看风使帆，不免相席打令。"（《圆悟佛果禅师

语录》卷九)

这是训释禅录词语须了解当时社会的风尚文化之例(详第八章第六节)。

3. 且从

中华书局1984年点校本《五灯会元》卷七,德山宣鉴禅师章:

> 玄觉云:"丛林中唤作隔下语,且从只如德山道:问话者三十棒,意作么生?"

这是禅录中常用的,也是特有的一种复句。上分句表示排除、撇开前面的话题,不作为本复句的主题,引出的后分句才是全句的主题句,且后分句多是疑问句。例中的"且从"是复句的形式标志,应置于前分句末尾(参第二章第二节)。"只如"也是禅录中常见的疑问句句首词,指示疑问的主题或前提。"……且从,只如……"构成一个完整的复句框架。因此,上例应该标点为:

> 玄觉云:"丛林中唤作隔下语且从,只如德山道:问话者三十棒,意作么生?"

这是训释禅录词语应该注意文献整理、点校的例子。

4. 肯定、否定与疑问之间的关系

A. 含肯定语气的词语演变为疑问词。

决定

"决定"有"必定,肯定"义,例如:

> 平日只管瞒人,争知道今日自瞒了也,阿鼻地狱中决定放尔不得。(《黄檗断际禅师宛陵录》)

> 迷云既开,决定见佛。(《明觉禅师语录》卷一一)

后演化为疑问词,放在问句里,表示进一步追究的语气,相当于"究竟,到底"。例如:

> 且如差别是过,不是过?若是过,一切贤圣尽有过;若不是过,决定唤什么作差别?(《景德传灯录》卷二三,明招德谦禅师)

> 祖师心印,非长非短,非方非圆,非内非外,亦非中间。且问大众,决定是何形貌?(《五灯会元》卷一六,净慈楚明禅师)

毕竟

"毕竟"可作"终究,必然"解,含肯定语气,如:

> 信我念佛将来毕竟见佛,毕竟成佛,更无疑虑也。(《无异(元来)禅师广录》卷二一《宗教答响一·净土品第二》)

也演化出表疑问用法,相当于"究竟,到底",例如:

毕竟如何结果？毕竟有何了期？(《天如惟则禅师语录》卷二)

莫非

"莫非"是两个否定词连用,双重否定常具肯定意味,例如:

随流认得本来身,遍界莫非无价珍。(《圆悟佛果禅师语录》卷一九)

师上堂曰:"山僧如今看见诸上坐,恁么行脚吃辛吃苦盘山涉涧,终不为观看州县、参寻名山圣迹,莫非为此一大事。"(《景德传灯录》卷二二,云山知默禅师)

此事无尔替代处,莫非各在当人分上。老和尚出世只是为尔证明。(又,卷一九,云门文偃禅师)

诸例"莫非"可释为"没有不是,无不是,全都(是)",含肯定语气。后世亦演化为疑问词,表示探询语气,一直用到现代,众所周知,不必举例。

B. 含否定语气的词语演变为疑问词

不可

《禅宗词典》"不可"条释义及示证如下:

难道。表示反问。《五灯会元》卷七,雪峰义存禅师:"福(指保福和尚)云:'我不可作雪峰弟子不得?'"《慧南语录》:"(临济)喝亦打,礼拜亦打,还有亲疏也无?若无亲疏,临济不可盲枷瞎棒去也?"《大慧语录》卷三:"此心此佛,悉是假名。既是假名,一大藏教所说者岂是真耶?既不是真,不可释迦老子空开两片皮掉三寸舌去也?毕竟如何?"

"不可"可以用作反诘副词,这是该词典的发明,揭示了唐宋口语中"不可"的新用法。袁宾(《禅宗词典》主编)后又作《"不可"补证》(《"啰啰哩"考》六札之一),谓"词典体例,释例从简",遂"细加考论以证成之"。该文广举唐宋禅录用例,让我们得以看到反诘副词"不可"在唐宋禅录里是个比较活跃的词。该文结尾的阐述尤可注意:

"不可"原有"不可以,不能够"等义,在句中含否定语气。其表反问语气的用法正是由其否定用法演变而来。由否定语义的词儿转变为反问副词,这种情况在汉语史上屡有所见。就唐宋而言,除上文已举"莫是"例外,又如"不成"、"不然"、"叵"等词原均含否定语义,也都引申出反问副词用法,示例如下:

10. 若无人可问时,不成便休也。【《朱子语类》卷一三三,中华书局,1986年。】

11. 百世孤芳肯自媒,直须诗句与推排,不然唤近酒边来。【辛弃疾:《浣

溪沙·种梅菊》词,转引自张相《诗词曲语辞汇释》卷四"不然"条,张氏释作"不成,难道",中华书局,1979 年。】

12. 张柬之初与杨元琰共乘舻江中,私语外家革命事。柬之执政引为右羽林将军,谓曰:"江上之言,君叵忘之?"【王若虚:《新唐书辨中》,转引自《汉语大词典》"叵"字条,该典释作"岂,难道"。】

这些同时代类似的词义引申现象,可作为考辨"不可"新义及其得义之由的旁证。尤其是第12例的"叵"字,古人认为是"不可"的合音字,《说郛》卷四九引宋代俞文豹《唾玉集·俗语切脚字》:"不可,叵字,即《释典》所谓二合字。"洪迈《容斋随笔》卷十六《切脚语》说同。"叵"与"不可"的类同用法可互为助证。

这段文字实际上提出了一个方法论问题,就是在词义演变的探考中要善于联系其它性质相同或相近的词义变化现象,找出其中共同的变化规律。"不可"与"莫是"、"不成"、"不然"、"叵"等词语原来都含有否定语义,后来都产生出反诘副词的用法,此类同步演变的事实,不仅可以给"不可"新义的训释提供有力的佐证,而且联系上文所举含肯定语气的词语演变为疑问词的事实,还启发我们思考另一个重要问题,这就是一些具肯定或否定义的词语和疑问副词之间是否存在一条语法化与词汇化的通道。我们将搜寻更多的语言事实,对此问题作进一步的探索。

这是词义考释涉及语法领域之例。

5. "打野榌"与"打野堆"

禅录中师家常用"打野榌"一语来斥责那些不思深切悟道、却到处行脚游走的僧人。宋代《联灯会要》作者晦翁悟明在该书卷二十一中指出"打野榌"就是福州谚语"打野堆"。"打野堆"是"成堆打哄"义,这与某些行脚僧成群结队到处游走凑热闹甚为相似。晦翁悟明系福州人,乡语亲切,他的说法应具可信度。从语音方面看,中世舌上音声母(知系)易与舌头音(端系)相混,现代南方多处方言仍将一些舌上音声母的字读作舌头音。"榌"是彻母字,与读端母的"堆"相混是可能的。(详第四章第二节)

这是词义考释涉及方言、语音领域之例。

二、跨时间、跨地域的纵横交叉研究法

本文考释、研究禅录语词,注意从时间与地域两个角度拓展考察范围。对于有些词语,或探索其历史来源(溯源),或寻求其后世去向(寻流);对于禅录中的南方方言词语,注意与北方方言文献中的相关现象比较考量。这种跨时间、跨地域的纵横交叉研究法不仅有助于拓宽观察视野,丰富论说层次,而且可以增加词义考释结果的可信度,提高词语研究工作的学术价值。下文举些例子作具体说明。

1. 索盐,奉马

禅录中"索盐"、"奉马"等语,源于佛教典故。《大般涅槃经》卷九《菩萨品》第一六:

> 善男子,如来密语甚深难解。譬如大王告诸群臣:"先陀婆来。"先陀婆者,一名四实。一者盐,二者器,三者水,四者马。如是四物共同一名,有智之臣善知此名。若王洗时,索先陀婆即便奉水。若王食时,索先陀婆即便奉盐。若王食已,欲饮浆时,索先陀婆即便奉器。若王游时,索先陀婆即便奉马。如是智臣善解大王四种密语。

"先陀婆"为梵语音译词,禅录中多作"先陀"、"仙陀"、"先陀客"、"仙陀客"等。"先陀婆"原指产于印度河畔之石盐,故事中用为国王密语,包括"盐"、"器"、"水"、"马"四物,有智之臣善解此密语,能准确提供国王所需之物。禅录中的"索盐"、"奉马"即用此典故:

> 举,世尊一日升座,文殊白槌云:"谛观法王法,法王法如是。"世尊便下座。师(系作者万松)云:圆收十号,出世独尊。抖擞眉毛,昂藏鼻孔。讲肆谓之升座,禅林号曰上堂。诸人未到法堂,万松未出方丈,向那时荐得,已是落三落四了也。不见雪窦道:"众中若有仙陀客,何必文殊下一槌?"点检将来,雪窦不合索盐,万松那堪奉马?(《万松老人评唱天童觉和尚颂古从容庵录》一,第一则《世尊升座》)

例中"索盐"谓提出问题、要求接机,"奉马"则谓准确应机。禅录又有"索盐奉马",需要的是盐,却奉上了马,意谓误辨来机,应机错位:

> 上堂,举,僧问赵州:"王索仙陀婆时如何?"州曲躬叉手。雪窦拈云:"索盐奉马。"师云:"雪窦一百年前作家,赵州百二十岁古佛。赵州若是,雪窦不是;雪窦若是,赵州不是。且道毕竟如何?"(《宏智禅师广录》卷四)

这是探求词语历史来源的例子。

2. 得也

《景德传灯录》卷八,齐封和尚章里有一则机语问答:

> 师云:"是多少?"居士云:"一、二、三。"师云:"四、五、六。"居士云:"何不道七?"师云:"才道七,便有八。"居士云:"得也! 得也!"

末句"得也! 得也!"相当于现代北方话"得了! 得了!",是不满意、不耐烦别人言行而加以喝断阻止的话。可以独立成句。《景德传灯录》成书于北宋初期,书内记载的禅僧语录的年代可能更早些,那时的"了"还经常用作动词(了结、完毕义),未彻底虚化为助词,所以说成"得也"。上述同一例机语在南宋成书的《五灯会元》卷三,齐峰和尚章里也有记载,"得也!得也!"改作"住得也!"作用也是喝止对方的话语,其语气亦同"得也!"。唐宋口语里更常见的句式类同"住得也",即将"得也"置于句尾,下面是几个这一类的例句:

师有一日看经次,白颜问:"和尚休得看经,不用摊人得也!"(《祖堂集》卷四,药山和尚)

一日师看经次,柏岩曰:"和尚休猱人得也!"(《景德传灯录》卷一四,药山惟俨禅师。按此例与上引《祖堂集》例是同一则机语。)

五台山秘魔岩和尚,常持一木叉,每见僧来礼拜,即叉却颈云:"那个魔魅教汝出家?那个魔魅教汝行脚?道得也叉下死,道不得也叉下死。速道!"学僧鲜有对者。玄学代云:"老儿家放却叉子得也!"(同上,卷十,秘魔岩和尚)

现代北方话也有类似的句式,如:我说这位仁兄趁早儿收场得了!

《祖堂集》成书于五代,书内记载的禅录,年代可能更早些。如此看来,现代北方话"得了"的两种句式(独立成句和置于末句)早在唐宋的口语里已见使用,只是助词"了"和"也"的不同罢了。

《汉语大词典》设"得了"条,义例如下:

1. 犹言算了,行了。《儿女英雄传》第三八回:"华忠一旁看见,口里咕囔道:'得了,我们老爷索性越交越脚高了!'"老舍《茶馆》第二幕:"得了,明天咱们开张,取个吉利,先别吵嘴,就这么办吧!"2. 犹言好了。表示肯定。张天翼《大林和小林》第十四章:"你爸爸的病准会好,不管你爸爸会活会死,这个病准会好,你放心得了。"

将"得了"一语追溯到清代。又设"得也么"条:

1. 犹言得了。元刘唐卿《降桑椹》第一折:"得也么,泼说。"元刘唐卿《降桑椹》第一折:"得也么,看这厮。"2. 应答之词。犹言明白啦。元无名氏《黄花峪》第三折:"得也么!就来。"

此条揭示了"得也"在元代的语形和句式。笔者的上文述例,则进一步溯源到唐宋,谨建议《汉语大词典》在修订时增设"得也"条,以揭明此语发展变化的源流。

3. 合头

唐宋禅录里"合头"一词有两个意思,一谓合符(禅旨),其例如:

多见学者,只言卜度下语要求合头。此岂是要透生死? 要透生死除非心地开通。(《圆悟佛果禅师语录》卷一五《示张国太》)

二是指先前已有的合符道法的语句教说,例如:

僧曰:"全肯(先师)为什摩辜负先师?"凤池云:"守著合头则出身无路。"(《祖堂集》卷六,洞山和尚)

这种用法的"合头"也就是禅录里常见的"合头语"(如"一句合头语,万劫系驴橛"),在禅家看来,是障碍学人发悟的"死句",刻意模仿这种"合头语",是难以悟道的。

同时代的敦煌本通俗作品里,也有"合头"用例:

燕子语雀儿:"好得合头痴! 向吾宅里坐,却捉主人欺。"(《敦煌变文集新书》卷七《燕子赋(二)》)

"合头痴"意谓满头满脑的痴愚,即极其愚痴,另有"合脑痴"可资比照。"合头、合脑"的"合"有"全部、整个、满"义,辞书已载。

比较南北地区两类文献中的"合头"用例,不仅词义不同,而且构词方式也不同。禅录里的"合头"就是动词"合",符合义,其中"头"是后缀;敦煌本作品里"合头"的"头"是个实词,有实义。(详第四章第三节)

三、禅籍内部比较法

禅录文献之特点,前人公案后世经常引用、拈提,致使同一则公案出现于多种禅籍,其中词句不同之处,极可对勘比较,对于考释疑难词语颇有帮助。另外,同一禅师的言句,既出现于灯录著作,又编入个人语录集,有关僧人传记等作品亦可能记载,也可比较异同。

1. 聊

《明觉禅师语录》卷一有则禅语:

往日有老宿一夏不为师僧说话。有僧自叹云:"我只恁么空过一夏,不望和尚说佛法,得闻正因两字也得。"老宿聊闻,云:"阇黎莫谦速,若论正因,一字也无。"

其中"老宿聊闻"的"聊"辞书无释,难以索解。此则禅语亦载于《景德传灯录》卷二七,诸方杂举微拈代别语:

有僧亲附老宿,一夏不蒙言诲。僧叹曰:"只恁么空过一夏,不闻佛法,得闻正因两字亦得也。"老宿闻之乃曰:"阇梨莫謷(音西)速。若论正因,一字也无。"

比较相应词句"老宿闻之"与"老宿聊闻",可以感觉到,"老宿聊闻"叙述老宿听到了那僧的叹语。"聊"置于动词前,应具副词性质,表示动作的实现。再读"老宿闻之乃曰","闻"动作实现之后,紧接着发生了"曰"动作。那么,"老宿聊闻,云"中两个动作"闻"与"云"之间也可能存在这种关系。在"聊"的位置上,能够满足上述语义要求的,在现代汉语中是用"一"来表示的。也就是说,"老宿聊闻,云"相当于"老宿一闻,(便)云"。这种用法的"聊闻",在《明觉禅师语录》中屡见,可作助证,如:

> 上堂云:"智者聊闻猛提取,莫待须臾失却头。"(卷一)

> 上堂云:"胡蜂不恋旧时窠,猛将不在家中死。若是个汉,聊闻举著,剔起眉毛便行。"(卷二)

2. 详

《祖堂集》卷四,石头和尚:

> 尚于山舍假寐如梦,见吾身与六祖同乘一龟,游泳深池之内,觉而详曰:"龟是灵智也;池,性海也。吾与师同乘灵智,游于性海久矣。"

例中"觉而详曰"的"详"作何解?此段公案见载于多种禅籍。《五家正宗赞》卷一,南岳石头禅师:

> 师一日梦与六祖乘一龟游泳深池。觉原之曰:"灵龟,智也。池,圣海也。吾与祖师同乘灵智,游于圣海也。"

《宋高僧传》卷九,唐南岳石头山希迁传:

> 梦与大鉴同乘一龟泳于深池,觉而占曰:"龟是灵智也,池是性海也。吾与师乘灵智游性海久矣。又何梦邪?"

《祖堂集》的"觉而详曰"在上两种著作中分别作"觉原之曰","觉而占曰"。

"原"、"占"都有对于梦境进行解释之义,原梦(亦作圆梦)、占梦是古代占卜术中的一种门类。如此看来,"详"亦应有此义。以下两则后世用例可为佐证:

> 详着赤心这梦,分明说得后唐国祚个本末了。(《宋元平话集·新编五代史平话》卷上)

> 详梦从来贵反详,梦凶得吉理之常。(清·李渔《风筝误·梦骇》)

唐五代敦煌变文用例亦可参考:

> 仲春二月,双燕翱翔,欲造宅舍,夫妻平章。东西步度,南北占详,但避将军太岁,自然得福无殃。(《敦煌变文集新书》卷七《燕子赋(一)》)

此例"占详"有仔细观察星相位置(以求吉祥)的意思,与占卜义相关,"占详"两字应系同义连用。

四、加大词义考释力度,解决一批禅录疑难词语的释义问题

禅录中存在一大批疑难词语,影响今人顺利阅读。这批疑难词语中,既有当时的口语词,也有禅僧们自创的带口语色彩的行业语。虽然海内外学界在训释禅录疑难词语方面已经做了大量工作,取得了许多成果,然而禅录文献卷帙浩繁,仍有大批疑难词语有待考释。前人工作中多有存疑处,亦或有可商榷处。且新发现的禅录文献数量也不少,如上世纪晚叶始在大陆流传的《祖堂集》以及各种敦煌本禅录作品等。因此禅录疑难词语的释义工作仍是非常繁重的。本文在对于禅录词语作理论思考的同时,十分注重加大词义考释力度,努力解决一批疑难词语的释义问题。

第二章

禅录词语的特性

毫无疑问,禅宗语录是极有语言个性的文献。在词语方面,它的主要特性可从以下四个角度来进行考察。

第一节　禅录词语的口语性

唐宋禅宗语录在同时代的各类文献中,以具有浓厚的口语色彩而著称,含有极为丰富的口语词。下面是晚唐五代云门宗开山祖师文偃(864—949)的两段上堂语录:

> 若是一般掠虚汉,食人涎唾,记得一堆一担搕擦,到处驰骋驴唇马觜,夸我解问十转五转话。饶尔朝问至夜、答到夜,论劫还梦见么? 什么处是与人著力处? 似这般底,有人屈衲僧斋,也道得饭吃。堪什么共语处? 他日阎罗王面前,不取尔口解说。诸兄弟,若是得底人,他家依众遣日。若未得,切莫掠虚。不得容易过时,大须子细,古人大有葛藤相为处。只如雪峰和尚道"尽大地是尔",夹山和尚道"百草头上荐取老僧,闹市里识取天子",洛浦和尚云"一尘才起大地全收,一毛头师子全身总是",尔把取翻覆思量看。日久岁深,自然有个入路。此个事无尔替代处,莫非各在当人分上。老和尚出世,只为尔作个证明。尔若有个入路、少许来由,亦昧汝不得。若实未得,方便拨尔即不可。(《云门匡真禅师广录》卷上。)

> 上堂云:"和尚子,直饶尔道有什么事,犹是头上安头,雪上加霜,棺木里眨眼,炙盘上更著艾燋。这个是一场狼藉不少也! 尔合作么生? 各自觅个托生处好。莫空游州猎县,只欲得捏搦闲言语。待老和尚口动,便问禅问道,向上向下,如何若何。大卷抄将去,埋向皮袋里卜度。到处火炉边,三个五个聚头,举口喃喃地便道:这个是公才语,这个是就处打出语,这个是事上道底语,

这个是体语。体汝屋里老爷老娘! 噇却饭了,只管说梦! 便道我会佛法了也。将知与么行脚,驴年得休歇么? 更有一般底,才闻说个休歇处,便向阴界里闭目合眼,老鼠孔里作活计,黑山下坐,鬼趣里体当。便道我得个入路也。还梦见么? 这一般底打杀万个,有什么罪过? 唤作打底不遇作家,至竟只是个掠虚汉。尔若实有个见处,拈将来看,共汝商量。莫空过,不识好恶,忽忽詞詞地聚头说葛藤。莫教老僧见,捉来勘,不相当,槌折腰。莫言不道。汝皮下还有血么? 到处自欲受屈作么? 这灭胡种,尽是野狐群队,总在这里作么?"以拄杖一时趁下。(同上)

两则语录中含有的口语实词如:

一般,掠虚(虚妄义),汉,搕撻(垃圾),解(能够),屈(请),取(依照),他家(即他,家系后缀),容易(糊涂),荐(认识),当人(本人),少许,合(应该),捏搦(摆弄),闲言语(无用的语句),噇,作家(行家),趁(驱赶)。

口语虚词与词缀如:

得(助词,置动词后,表动作完成),饶(纵然,关联词),么(句末疑问助词),什么(疑问代词),底(助词),大须(必须),取(助词,置动词后,表祈使),看(助词,置句末,表尝试),直饶(纵然,关联词),这个,作么(怎么,置句末时犹言干什么),生(后缀),好(准助词,置句末,表祈使),却(助词,置动词后,表动作完成),当(动词后缀),总(都,总括副词),一时(一齐)。

口语性的熟语如:

驴唇马嘴,头上安头,雪上加霜,棺木里眨眼,炙盘上更著艾爝,游州猎县,老鼠孔里作活计。

口语性的禅家行业语如:

十转五转话(谓多次机语问答),得底人(悟禅之人),依众遣日(谓悟禅者平常度日,众:僧众),葛藤相为(谓禅师用言句启悟学人),入路(悟禅门径),来由(指对禅法的体悟),方便(随方设便),向上向下(泛指禅语各种问题),如何若何(同上),皮袋(人的躯体),卜度(以俗情世念去猜度、议论或解释),公才语(语义待考),就处打出语(同上),事上道底语(同上),体语(同上),驴年(指无限远的时间),休歇(谓悟禅),见处(对禅法的体悟),商量(讨论禅法),勘(勘验悟禅之真假或深浅),相当(符合禅法),灭胡种(毁灭佛法者),野狐(对不合禅法者的詈语)。

并不算长的两则语录里就能随手拈出这样多的口语词和带口语色彩的行业语,确实令人瞩目。

值得注意的是,除了记录禅僧言句以外,以禅录编者口吻的记叙也往往平白

如话,例如下面两段文字:

> 师初住时,就村公乞牛栏为僧堂。住未得多时,近有二十来人。忽然有一僧来请他为院主,渐渐近有四五十人。所在迮侠,就后山上起小屋,请和尚去上头安下。和尚上头又转转师僧王(住)。其院主僧再三请和尚为人说法。和尚一二度不许,第三度方始得许,院主便欢喜,先报大众。大众喜不自胜,打钟上来。僧众才集,和尚关却门,便归丈室。院主在外责曰:"和尚适来许某甲为人,如今因什摩却不为人?赚某甲?"师曰:"经师自有经师在,论师自有论师在,律师自有律师在。院主怪贫道什摩处?"从此后从容得数日。(《祖堂集》卷四,药山和尚)

> 道吾和尚四十六方始出家,俗姓王,钟陵建昌县人也。云岩和尚是道吾亲弟也。云岩先出家,在百丈造侍者。道吾在屋里报探官。一日行得五百里,恰到百丈庄头,讨吃饭。当时侍者亦下庄头。庄主唤侍者对客。侍者来相看一切后,便问:"将军是什摩处人?"曰:"钟陵建昌人也。""贵姓什摩?"对曰:"姓王。"侍者便认得家兄,便把手啼哭云:"娘在无?"对曰:"忆师兄,哭太煞,失却一只眼,下世去。"侍者得消息,当日便上百丈。侍者领兄参一切后,侍者便谐白和尚:"这个是某甲兄,欲投师出家,还得也无?"百丈曰:"投某出家则不得。"侍者曰:"作摩生即是?"百丈曰:"投师伯处出家。"侍者领去师伯处,具陈前事,师伯便许,兄便投出家。(同上)

如此口语化的第三人称叙述,在唐五代其它作品中很少看到。这与编者在叙述中使用了许多口语化的词与词组(包括行业语)有关,例如:

初住,村公,牛栏,僧堂,未得多时,二十来人,忽然,四五十人,上头,安下,院主,一二度,(僧众)才集,关却门,造侍者,屋里,行得五百里,庄头,讨吃饭,对客,相看一切后,参一切后。

如果说,出于宗教的虔诚心理,弟子必须如实记录祖师法语,是造成禅录口语化的重要原因;那么,禅录编者口语化的第三人称叙述,就具有了更多的语言学意义。唐五代以及先唐文献向以文言雅语作为主流语体,禅录语体的高度口语化令人耳目一新,它对中国历史文献的语体变革所产生的影响是值得研究的。

纵观汉语词汇发展史,每个发展阶段、每个朝代,都会产生极大数量的新词新义,即以往未曾出现过的词语与旧有词语的新意义新用法。新词新义不仅能够鲜明地反映一个时代的词汇特点,而且与语言领域其它学科诸如语法、语音、修辞等也密切相关。新词新义往往先在口语里使用,然后渐渐进入书面作品。因此新词新义多带口语色彩。唐宋禅录里包含着极为丰富的新词新义,为了解该时代词汇发展情况提供了十分宝贵、无可替代的文献材料。我们应当重视禅录中新词新义的研究工作。例如"什么"是近代、现代汉语中重要的疑问代词,它产生于唐代,早期词无定形(参吕叔湘《近代汉语指代词·4 什么》:122),神会语录记作"是没"、"是勿"、"是物":

> 问曰:"此似是没物?"答:"不似个物。"(据《神会和尚禅话录》,下同)

> 问:"是勿是生灭法?"答:"三世是生灭法。"

> 唤作是物?——不唤作是物。

其他禅录中又可记作"什么"、"甚么"、"什摩"、"甚摩"等:

> 佛在什么处?(《镇州临济慧照禅师语录》)

> 且道,黄檗门下寻常用个甚么?(《黄龙慧南禅师语录》)

> 师曰:"适来见什摩?"(《祖堂集》卷三,牛头和尚)

> 只如当时分付二祖,是个甚摩意旨?(又,卷一三,福先招庆)

又如唐五代时期"只没"是个指示代词,早期用例也出现在禅录里:

> 会和上却问远法师:"讲《涅槃经》来得几遍?"远法师答:"三十余遍。"又问:"法师见佛性否?"法师答:"不见。"会和上云:"《师子吼品》云:若人不见佛性,即不合讲《涅槃经》。若见佛性,即合讲《涅槃经》。"远法师问:"和上见否?"会答:"见。"又问:"云何为见?复眼见,耳鼻等见?"会答:"见无尔许多,见只没见。"(敦煌本《历代法宝记》)

> 亦不知月之大小,亦不知岁之余闰。晨时以粥充饥,仲时更餐一顿。今日任运腾腾,明日腾腾任运。心中了了总知,只没佯痴缚钝。(《祖堂集》卷三,腾腾和尚《乐道歌》)

两例"只没"犹言"就这样,却这样"。

唐宋禅录里出现了许多在其它文献中少见的俗谚语(参于谷 1995;周裕锴 1999;范春媛 2007),如:

相席打令

猛虎不食伏肉

良医之门多病人

一人传虚,万人传实

泥多佛大,水涨船高

一子出家,九族升天

贼是小人,智过君子

官不容针,私通车马

　　国清才子贵,家富小儿娇

　　来说是非者,便是是非人

　　耕田人打兔,蹋履人吃臛

　　杀人须见血,为人须见彻

　　图他一斗米,失却半年粮

　　路逢剑客须呈剑,不是诗人莫说诗

　　鹞子过新罗(转瞬即逝)

　　贼入空室(一无所得)

　　鸦啄铁牛(无下口处)

　　徐六担板(只见一边)

　　在唐宋时代的文献语言中,禅宗语录的口语性很强,此特点体现于多方面的语言事实。大量的词语与日常生活里最常见的事物,如驴马牛狗、眉眼鼻口等相关,或譬喻,或象征,或借代,或用典,既形象生动,又亲切贴近,正是体现禅录口语性特点的一个重要方面。例如:

　　牛系词语群:白牛,石牛,沩山牛,心牛,寻牛,牧牛,伏牛,泥牛入海,骑牛觅牛,牛山骑牛,骑牛至家,蚊子上铁牛,步行骑水牛,等等。

　　马系词语群:石马,木马,马角,心猿意马,驴前马后,度驴度马,驴唇马嘴,驴事未去、马事到来,东家作驴、西家作马,等等。

　　驴系词语群:瞎驴,驴汉,勿毛驴,系驴橛,驴年,骑驴觅驴,驴胎马肚,香象所负　非驴能堪,三十年弄马使　今日被驴扑,等等。

　　禅僧们还常常使用一些粗鄙的词语,即便是禅林高僧也不例外。如唐代口语里有"干屎橛"一语,我们是借助于两则著名的禅宗公案才得知的:

　　　　上堂云:"赤肉团上有一无位真人,常从汝等诸人面门出入。未证据者,看!看!"时有僧出问:"如何是无位真人?"师下禅床把住云:"道!道!"其僧拟议。师托开云:"无位真人是什么干屎橛?"便归方丈。(《镇州临济慧照禅师语录》)

　　　　问:"如何是佛?"师曰:"干屎橛。"(《五灯会元》卷一五,云门文偃禅师)

　　第一例"无位真人"是超越一切修行阶位的本来面目之人,是临济义玄对于清净佛性的称呼。临济义玄是临济宗的开山祖师,云门文偃是云门宗的开山祖师,两位高僧将无位真人、佛与污浊的干屎橛相提并论,读来令人惊骇。此种禅门施设旨在破除学人分别圣凡贵贱之妄心。正如南宋的临济宗著名禅师大慧宗杲所说:

山僧在众日，沩仰、曹洞、云门、法眼下，都去做工夫来，临济下则故是。后来方知道，悟则事同一家，不悟则万别千差。既同一个达磨祖师，又何处有许多般差别来？如何是佛？干屎橛。这里有甚么差别？（《大慧普觉禅师住径山能仁禅院语录》卷四）

为了向学人指示万法一如的悟道境界，历代禅师常常拈提上述两则公案，遂使"干屎橛"成了极有代表性的禅录词语。禅宗教义、禅家超常出格的语言风格以及禅录的口语性都在这类粗鄙词语上得到了强烈的体现。

禅师说法，时常使用方言，禅录中屡见记载，如：

公发长不剪、弊衣楚音。（《禅林僧宝传》卷二一，慈明禅师）

因而禅录中有许多方言词语。例如唐宋禅录中常见的"侬"，在当时是一个南方方言词。禅录中的"侬"使用频率高，意义丰富，形式多样，不仅可以单用，也可以与"我、你、他"等三称代词组成并列式的双音复合词（我侬、你侬、他侬），或是带上前缀"阿"、后缀"家"构成附加式的双音词（阿侬、侬家，详参第四章第二节）。又如《联灯会要》卷二三，玄沙师备禅师章：

韦监军云："曹山和尚甚奇怪。"师乃问："抚州取曹山多少？"韦指傍僧云："上座曾到曹山么？"僧云："曾到。"韦云："抚州取曹山多少？"僧云："一百二十里。"韦云："与么则上座不曾到曹山。"

两处的"取"均作距、离解。据宋代程颢、程颐《二程集·河南程氏遗书》卷三《拾遗》："齐语谓某处取某处远近。"可见，"取"也是方言词语。

使用淳朴俚俗的口语词（包括方言词语），是禅宗语言观的一种表现。有位禅师曾经明确地说：

禅家语言不尚浮华，唯要朴实，直须似三家村里纳税汉及婴儿相似，始得相应。他又岂有许多般来此道？正要还淳返朴，不用聪明，不拘文字。今时人往往嗤笑禅家语言鄙野，所谓不笑不足以为道。（《嘉泰普灯录》卷二五，本觉法真一禅师）

按，法真（守）一是北宋禅师，这段话表明当时人就已经发觉禅僧们使用淳朴甚或鄙野口语的特点了。这段话也清楚地说明使用通俗口语正是禅家所主张的，禅僧们是特意地这样去做的。禅家这种语言观的形成，自然是与佛经通俗语言的巨大影响分不开的，同时也与禅宗的发展历史有关。唐代中叶至晚唐，以六祖慧能为旗帜的南禅主要活动在中国南方的偏僻地区，条件十分艰苦。禅寺的僧人（甚至包括住持方丈）都要参加以农为主的各种生产活动，以维持自己的生存，大多僧徒是社会底层没有文化或文化甚浅的劳动大众。禅师说法及与僧徒之间的问答交流,只有使用通俗口语,才能争取信徒,适应农禅环境。晚唐五代前后,本来受政府支持的北宗业已衰没,南禅进入鼎盛时期,成了禅宗乃至佛教之主流,但是禅僧使用口语说法交流的传统基本上保存了下来,两宋时代禅录词语的口语性还是比较强的。

第二节　禅录词语的行业性

行业语是社会上各个行业为适应自己的特殊需要而创造使用的词语。禅宗兴起于唐末五代,在传承与发展的过程中,形成了稳固的传承体系,在禅法思想与传法模式、教团的组织形式、参习与生活的清规等等方面,确立了独具特点的宗派风格。随着禅宗的日益兴盛以及影响力的逐步扩大,禅宗行业词语也逐渐形成并日益积累发展。

《河南程氏遗书》卷一八,伊川先生语四:"今人不学则已,如学焉,未有不归于禅也。"随着禅宗对世俗社会的逐步渗透,禅林行业词语为同时代人所熟悉并引用,这也从侧面反照出禅宗行业词语的发展状况。如宋儒语录《朱子语类》中就经常有谈禅论禅的记载:

先生戏引禅语云:"一僧与人读碑,云:'贤读著,总是字;某读著,总是禅。'沩山作一书戒僧家整齐。有一川僧最蘻苴,读此书,云:'似都是说我!'善财五十三处见善知识,问皆如一,云:'我已发三藐三菩提心,而未知如何行菩萨行,成菩萨道。'"(《朱子语类》卷一一。蘻苴:不整洁。)

这是引用禅林故事与语句。有时直接引用禅宗行业语:

凡接物遇事,见得一个是处,积习久自然贯通,便真个见得理一。禅者云:"如桶底脱相似。"可谓大悟。(卷六十)

"桶底脱"指破除迷暗,豁然明亮通畅,禅林用来比喻破除妄念,领悟道法。

至与侯世兴讲孟子"浩然之气",则举禅语为况云:"事则不无,拟心则差。"(卷九七)

禅语"事则不无,拟心则差"意思是,如此做事(参习)也是可以的,但是稍有迟疑即远离禅法。

廖子晦得书来云:"有本原,有学问。"某初不晓得,后来看得他们都是把本原处是别有一块物来模样。圣人教人,只是致知、格物,不成真个是有一个物事,如一块水银样,走来走去那里。这便是禅家说"赤肉团上自有一个无位

真人"模样。（卷一一三）

"赤肉团上自有一个无位真人"乃临济义玄禅师著名公案语（参《禅宗大词典》"无位真人"条），"无位真人"即摆脱妄执，具本来面目之人。

> 因举禅语云："寸铁可杀人。无杀人手段，则载一车枪刀，逐件弄过，毕竟无益。"（卷一一五）

禅林之"杀人"手段乃是剿除妄识之机缘施设，是禅家本分施为。以上《朱子语类》中，用"禅者云"、"禅家说"、"禅语"点明这些词句的性质，说明在当时人的语感中，这些都是具有禅宗行业色彩的词语，是禅林习语。又如：

> 曰："'活泼泼地'是禅语否？"曰："不是禅语，是俗语。今有儒家字为佛家所窃用，而后人反以为出于佛者，如'寺'、'精舍'之类，不一。"（卷一二六）

这里就明确区分了"禅语"与"俗语"。词汇是语言系统中演变最为迅速的部分。大儒朱熹明确区分"禅"、"俗"，是认识到禅宗词语行业特性的结果。

同行词语是行业内部约定俗成的结果，多具有特殊的词义。禅林同行词语意义的形成，多与禅宗教义或是禅宗传教、悟道的方式有关。禅宗文献中保存着大量的行业用语，举几组用例如下。

（一）禅宗又称心宗，所谓"识心见性"，禅师们一直都强调对自性的体悟。例如《景德传灯录》卷六，大珠慧海章：

> 初至江西参马祖，祖问曰："从何处来？"曰："越州大云寺来。"祖曰："来此拟须何事？"曰："来求佛法。"祖曰："自家宝藏不顾，抛家散走作什么？我遮里一物也无，求什么佛法？"师遂礼拜，问曰："阿那个是慧海自家宝藏？"祖曰："即今问我者是汝宝藏，一切具足，更无欠少，使用自在，何假向外求觅？"师于言下自识本心。

马祖谓慧海"自家宝藏不顾"，实际就是指慧海未能体悟人人自有之佛性，反而到处参习寻求所谓佛法。这是舍弃根本的做法，是没有悟道的表现。慧海于马祖言下"自识本心"，豁然领悟。大珠后来也反复强调宣说"即心即佛"，曾谓众曰："汝心是佛，不用将佛求佛。汝心是法，不用将法求法。佛法和合为僧体，唤作一体三宝。"（《祖堂集》卷一四，大珠和尚）谓人人自身即具佛、法、僧三宝，无须外求，但识取自性即可。大珠的这则公案后世多见拈提：

> 上堂，举，越州大珠和尚昔日参见马祖……师云："汝等诸人各有自家宝藏，为什么不得其用？只为不回头。"击禅床，下座。（《黄龙慧南禅师语录》）

"自家宝藏"是众生各人本就具备的佛性，也就是众生本来即佛的含义。基于禅林对自家心性的此种理解，禅录中"自家"系列的词语多与自心、本性相关。

例如：

　　上堂云："祖师遗下一只履,千古万古播人耳。空自肩担跣足行,何曾踏
著自家底?"(《法演禅师语录》卷中)

　　一口吸尽西江水,洛阳牡丹吐新蕊。簸土扬尘勿处寻,抬头撞著自家底。
(同上)

"自家底"即人人本有之佛性。

　　师又有《骊龙珠吟》:认取宝,自家珍,此珠元是本来人。拈得玩弄无穷
尽,始觉骊龙本不贫。若能晓了骊珠后,只这骊珠在我身。(《祖堂集》卷四,
丹霞和尚)

　　上堂,举:"先德道:吾早年来积学问,亦曾讨疏寻经论。分别名相不知
休,入海算沙徒自困。却被如来苦呵责,数他珍宝有何益?且问诸人,作么生
是自家珍宝?若也不会,拄杖子叫屈去也。"卓一下:"珍重!"(《古尊宿语录》
卷四六《滁州琅琊山觉和尚语录》)

"自家珍"、"自家珍宝"喻指自心、本性。

　　法无异辙,殊途同归。若要省力易会,但识取自家桑梓,便能绍得家业,
随处解脱,应用现前。(《天圣广灯录》卷三十,定山惟素禅师)

"桑梓"本借指故乡,这里喻指自己之心性。"自家桑梓"也就是人人具有的
佛性,本性。

　　自家田地要耕耘,勤牧牛羊莫乱群。就里灵苗须早种,及时花雨几缤纷。
(《无异(元来)禅师广录》卷一九《示陈之望居士》)

　　大凡穷生死根源,直须明取自家一片田地,教伊去处分明。然后临机应
用,不失其宜。(《五灯会元》卷一七,黄龙祖心禅师)

"自家田地"也是喻指自心本性。

　　又举三玄语曰:"汝还会三玄底时节么?直须会取古人意旨,然后自心明
去,更得变通自在受用无穷,唤作自受用身佛。不从他教,便识得自家活计。
所以南泉曰:王老师十八上解作活计。"(《永觉元贤禅师广录》卷一六)

　　所以千圣出来,无尔提掇处,无尔凑泊处。如猛火聚,近之则燎却面门;
如按太阿,拟之则丧身失命。到得恁么田地,方始会得自家活计。(《圆悟佛
果禅师语录》卷一二)

"作活计"本指为谋生而干活,在禅录中常用来比喻禅法的日常运用。因此,
"自家活计"即各人本分活计,本分大事,也就是获得禅悟,超越生死之大事。

　　山僧常常为兄弟说,参得禅了,凡读看经文字,如去自家屋里行一遭相

似，又如与旧时相识底人相见一般。(《大慧普觉禅师住径山能仁禅院语录》卷四)

　　禅和子，寻常于经论上收拾得底，问著无有不知者。士大夫，向九经十七史上学得底，问著亦无有不知者。却离文字，绝却思惟，问他自家屋里事，十个有五双不知，他人家事却知得。(同上)

"自家屋里"即各人自有的本心。"自家屋里事"也就是各人本分大事，是参禅悟道、明心见性之事。"自家屋里事"也作"自家事"、"吾家事"等：

　　炷香坐羊毡，默默心住禅。仙桂萌兔窟，神珠媚龙渊。湛照自家事，出随群动缘。应机分手眼，不翅有千千。(《宏智禅师广录》卷八《真戒大师求颂》)

　　道人欲乞一囊钱，为我成褫负郭田。浅水驾牛披晓月，深云下耒破春烟。力耕妙用吾家事，坐照真机自己禅。寄语檀那好相助，年年长得饭僧缘。(又，《道禅人发心干田乞颂》)

(二)禅宗的重要宗旨就是引导学人识见自心，顿悟真性。因此，禅录中表示省悟禅法的词语数量丰富，并且往往有着强烈的禅门行业色彩。举例如下：

　　到此须是紧提话头，忽然连话头都忘，谓之人法双忘，蓦地冷灰豆爆，始知张公吃酒李公醉。(《禅关策进·般若和尚示众》。张公吃酒李公醉：禅家奇特句，是没有区别，万法一如的禅悟境界。)

　　不因豆爆冷灰，何得云峰肉暖？(《虚堂和尚语录》卷八)

"冷灰豆爆"、"豆爆冷灰"均是比喻的形式，指妄念灭尽，顿悟真性。如此，始能进入禅悟之境。

　　上堂云："大众但看，从上古圣挑囊负钵，出一丛林，入一保社。若不得个入处，昼夜不舍，参问知识。筑著磕著，忽然蓦地，始知刀是铁作，一时放下，便乃天台普请，南岳游山，左之右之，不居惑地。"(《建中靖国续灯录》卷一八，临安居润禅师。蓦地：领悟，彻悟。)

　　筑著磕著，当头彰本地风光。应声应色，直下无私毫透漏。(《圆悟佛果禅师语录》卷一六)

"筑著磕著"本义指突然地碰着撞着，这里喻指禅僧顿然领悟禅法。如第一例，担负钵囊到处参问，实是禅门所反对的向外驰求的行为。"筑著磕著"顿然领悟之后，才能放下一切区别妄心，居于不惑之地。

　　曹山辞，悟本问："向甚处去？"云："不变易处去。"复征："不变异处岂有去耶？"答云："去亦不变异。"自非踏著实地，安能透彻如此？岂以语言机思所

可测量哉？（《圆悟佛果禅师语录》卷一六《示超然居士赵判监》）

"踏著实地"也就是透彻领悟禅法。

> 千说万说，曲说直说，只为罗孟弼疑情不破。他时后日，蓦然失脚，蹋著鼻孔，妙喜（系大慧法号）忉忉怛怛，写许多恶口，却向甚处安著？（《大慧普觉禅师住径山能仁禅院语录》卷四《示罗知县（孟弼）》）

> 小参，僧问："赵州云：至道无难，唯嫌拣择。才有语言，是拣择，是明白？老僧不在明白里，是汝还护惜也无？赵州既不在明白里，向甚么处去也？"师云："寻常无孔窍，个处绝光芒。"僧云："恁么，则处处踏著赵州鼻孔。"（《宏智禅师广录》卷五）

"鼻孔"这一寻常事物，在禅录中多用来喻指禅门道法，是参习禅法的关键之处，也是领悟禅法的入门之径（参《禅宗大词典》"鼻孔"条）。"蹋（踏）著鼻孔"也就是省悟禅法的比喻说法。

> 化士出问："促装已办，乞师一言。"师曰："好看前路事，莫比在家时。"曰："恁么则三家村里十字街头等个人去也。"师曰："照顾打失布袋。"（《续传灯录》卷一九，道场有规禅师。照顾：留意。）

> 尔时善财闻弹指声，从三昧起。于此时节，忽然打失布袋。然后弥勒示以如上境界，无有去处，亦无住处，非寂非常，远离一切。（《大慧普觉禅师住径山能仁禅院语录》卷四）

"布袋"多指行脚僧人放置钵盂衣物的包袱袋子。"打失布袋"本指丢失布袋，禅录中多用来喻指断除一切世俗妄念的束缚，进入没有挂碍的禅悟境界，即领悟禅法。

> 衲僧九十日内暂挂瓶盂。若挨拶不透，则孤负行脚大事；若挨拶得透，如白衣拜相，庆快平生。（《虚堂和尚语录》卷四）

"白衣"是没有官职的平民百姓。"白衣拜相"本义指平民百姓忽被拜为宰相，在这里喻指禅人顿悟禅法、见性成佛。关于"白衣拜相"有这样一则公案：

> 师（指洞山）与神山（指神山僧密）行次，忽见白兔走过。神山云："俊哉！"师云："作么生？"神山云："大似白衣拜相。"师云："老老大大作这个语话！"神山云："尔作么生？"师云："积代簪缨，暂时落魄。"（《瑞州洞山良价禅师语录》）

《古尊宿语录》卷三一《舒州龙门佛眼和尚小参语录》章，评论此公案云："诸人若会得白衣拜相，便乃独步丹霄，永出常流。"这佐证了我们对"白衣拜相"的理解。

灵利者,叶落知秋。(《楚石梵琦禅师语录》)

动弦别曲,叶落知秋。举一明三,目机铢两。(《五灯会元》卷二十,天童咸杰禅师)

一见到落叶就知道秋天来临,一听到拨弦就能识别曲调,成语"叶落知秋"、"动弦别曲"谓迅速敏捷地领悟禅机。

这些不同来源、不同形式的词语,在禅录中的含义均与领会禅法有关。要准确理解它们的含义,就需要把握它们的行业性质。

(三)"平常心"也是禅门重要的宗旨。高僧马祖道一在一次说法示众时这样阐述"平常心是道"的含义:

示众云:"道不用修,但莫污染。何为污染?但有生死心、造作、趣向皆是污染。若欲直会其道,平常心是道。谓平常心无造作、无是非、无取舍、无断常、无凡无圣。经云:非凡夫行,非贤圣行,是菩萨行。只如今,行住坐卧、应机接物尽是道。"(《景德传灯录》卷二一,大寂道一禅师)

"平常心是道"反对刻意、执着,强调随性自然,任运闲适的生活态度,认为日常生活中处处是禅、处处是道。在此种理念之下,一些与日常生活方式或行为相关的词语,也就获得了行业意义。例如《祖堂集》卷三,牛头和尚章记载:

汝但任心自在,莫作观行,亦莫停心,莫起贪、嗔、痴,莫怀愁虑,荡荡无碍,任意纵横,不作诸善,不作诸恶,行住坐卧,触目遇缘,总是佛之妙用,快乐无忧,故名为佛。

"行住坐卧"指人们日常生活中的一切行为举止。生活中"触目遇缘",也就隐含着处处皆有佛法的意旨。又如:

曰:"如何是道中人?"师曰:"横眠竖坐。"(《续传灯录》卷一一,谷隐蕴聪禅师)

横着眠,竖着坐,这是生活之常态。禅师以"横眠竖坐"回答禅人"如何是道中人"的提问,隐含着禅家"平常心是道"的理念。

师示众云:"道流,佛法无用功处,只是平常无事。屙屎送尿,著衣吃饭,困来即卧。愚人笑我,智乃知焉。古人云:向外作工夫,总是痴顽汉。尔且随处作主,立处皆真,境来回换不得。"(《镇州临济慧照禅师语录》)

"屙屎送尿,著衣吃饭,困来即卧",体现的也是禅门"平常心是道"的观念。所谓"平常无事",自心是佛,人人具足,无须"向外作工夫",无须刻意修行参习。

其他如"饥来吃饭,困来即眠"、"热即取凉,寒即向火"、"要眠则眠,要坐则坐"等类(参本章第三节"平常类词语"),在禅录中很是常见。这些词语所表达的,是在自然平常的生活状态中,在随性安闲的心理状态下,直达自心,获取真性。

(四)不无

北宋《河南程氏遗书》卷一《拾遗》载:

> 侯世与云:"某年十五六时,明道先生(指程颢)与某讲《孟子》……因举禅语为况云:'事则不无,拟心则差。'某当时言下有省。"

这段话在《朱子语类》卷九七中也有记载。被宋儒称为"禅语"的"事则不无,拟心则差"一语在禅录中经常出现,"则"或作"即",例如:

> 师与胜光和尚锄园。师蓦按镢,回视胜光云:"事即不无,拟心即差。"光乃礼拜,拟问,师与一蹋便归院。(《景德传灯录》卷十,子湖利踪禅师)

此语中的"不无"是什么意思?要准确回答这个训诂问题,必然牵涉到对于"事则不无,拟心则差"整句的语法认识。据袁宾(2001),唐宋禅录里,常可见到前分句末尾为"即(则)不无"的复句,如:

> 若是君王之剑,不伤万类;烈士之刀,斩钉截铁。用则不无,不得佩著。(《祖堂集》卷一二,黄龙和尚)

> 师因教僧问仰山:"今时还假悟也无?"仰山云:"悟则不无,争奈落第二头何?"师肯之。(又,卷二十,米和尚)

> 六祖问让和尚(指南岳怀让):"甚么处来?""嵩山安和尚处来。"祖云:"甚么物恁么来,说似一物即不堪。"祖云:"还假修证也无?""修证即不无,污染即不得。"祖云:"只此不污染,是诸佛之护念。汝善护持。"(《汾阳无德禅师颂古代别》卷中)

> 上堂云:"一叶落天下秋,一尘起大地收。收即不无,何人亲手?月中仙桂和根拔,海底骊龙把角牵。"(《法演禅师语录》卷上)

按,《广韵》入声职部:即,子力切;又入声德部:则,子德切。即、则两字声、调均同,韵部相近(《广韵》职、德二部"同用")。可见唐宋时代即、则两字读音极近,因此常见通用。上举诸例中的"即"和"则"在口语里实际上是同一个词。

观察以上用例,可以看出,"即/则不无"置于复句的前分句末,在复句中起着承上启下的作用。其中"即/则"的用法与"虽则,虽然"相近(辞书已载,此不赘证);"不无"是两个否定词连用,稍有肯定意味。"即/则不无"对前分句的内容给予让步性的肯定,并引出后分句表达转折性语义。如上第三例"修证即不无,污染即不得",意谓"虽然可以修证,但是不可受污染"。在唐宋禅录里,以"不无"为语法标记的"……即/则不无,……"是常见句型,在大量反复的使用中,"即/则不无"已逐渐成为转折复句中具有关联作用的固定格式。由于加上了关联词"即/

则","不无"所表肯定语气是轻微的。《禅林象器笺》第二五类《饮啖门》"罗斋"条下引《破庵先禅师录》一则句例可资比较：

> 又举临济同普化赴斋踢倒饭床因缘,云："世谛门中罗斋打供则无可不可,若是少室门风,未梦见在。"

例中"则无可不可"的意义和用法与"则不无"相近,而"无可不可"的肯定意味显然是很淡的。

含转折语气的"即/则不无"型复句始见于唐代禅录,五代及两宋禅籍里此种句式的使用即很频繁。有些句子,如"修证即不无,污染即不得","事则不无,拟心则差"等已成为著名的机缘语句而被后世禅僧不断拈举。然而这种格式的复句在禅籍以外的唐宋文献里却罕见使用(如敦煌变文里就无用例)。我们认为,以"不无"为标志的"即/则不无"型转折复句是一批主要使用于禅僧之间、带有禅宗行业语言特色的句型。

(五)禅宗同行词语是一个庞大、复杂的系统,口语词、文言词、佛经词语是其重要来源,此外还有许多词语的产生是与禅林制度以及禅录体例相关的。也就是说,禅录中有很多自创性的行业用语。禅宗在其发展过程中,逐渐形成了一套完备的规式制度,这在流传至今的各种清规当中得到反映。此外,禅宗在长期广泛的发展流传中,积累了大量的文献,这些文献在体裁、形式上也是多种多样的。禅录作为禅宗文献的典型代表,形成了特有的体例与记述格式。在这样的背景之下,禅林产生了很多专门用语,它们是禅宗同行词语的重要组成部分。体现在文献中,最为典型的莫过于禅录中的书面格式语。以下我们略举两组例子。

1. 禅宗语录的记述特点,轻生平行状,重机缘语句。也就是说,禅录以记载禅僧示众说法、机锋往来的机缘语句为主体。因此,有关禅师说法形式的书面格式语甚多。较为重要的有：

上堂——寺院住持僧上法堂、升法座为僧众说法。例如："院主报和尚:'打钟也,请和尚上堂。'"(《祖堂集》卷四,药山和尚)

开堂——禅院新任住持僧初次上堂宣说道法。例如："师初开堂时,三圣推出一僧,师便打之。"(同上,卷二十,宝寿和尚)

升堂——禅师上法堂说法。例如："师才升堂,众集。"(同上,卷一二,宝峰和尚)

升座——禅师上法堂、升法座为大众说法。例如："后升座,便有人问:'未审和尚承嗣什摩人?'"(同上,卷四,药山和尚)

结座——禅师说法结束时,按例举说公案或念诵偈诗。例如："敛衣就座。

……复举,(结座:)三圣道:'逢人则便出,出则不为人.'兴化道:'我逢人则不出,出则便为人.'"(《如净和尚语录》卷上)又:"一夕泛扫次,印(指海印禅师)适夜参,至则遇结座,掷拄杖曰:'了即毛端吞巨海,始知大地一微尘.'师豁然有省."(《五灯会元》卷一八,上封本才)

示众——禅师对僧徒说法。例如:"师示众云:'好晴好雨.'"(《祖堂集》卷十,镜清和尚)

垂示——同上。例如:"问:'曹溪的旨,请师垂示.'师云:'三十年后.'"(《云门匡真禅师广录》卷上)此外,在举说公案之前,先以简洁明了的语句揭示要义,亦称为垂示。如《佛果圆悟禅师碧岩录》《万松老人评唱天童觉和尚颂古从容庵录》的体例,均是先垂示,再举示本则公案,最后评唱。

普说——普集大众说法,一般在寝堂或法堂举行,仪式较上堂简单。例如:"今日是秦国太夫人计氏法真庆诞之辰,谨施净财,远诣当山修设清净禅众香斋,仍命山野升于此座,为众普说,举扬般若."(《大慧普觉禅师住径山能仁禅院语录》卷四)

小参——规定时间之外随时之参问、说法。上堂称为大参,小参规模较小。例如:"住成都府天宁寺,小参,师示众云……"(《圆悟佛果禅师语录》卷八)

晚参——晚间之说法、参禅或念诵。例如:"师因晚参,谓众曰:'汝等诸人未得个入头,须得个入头。若得个入头,已后不得孤负老僧.'"(《景德传灯录》卷一二,睦州陈尊宿)

入室——弟子进入师父室中参学问道,禅师对其作重点教示。例如:"洞山深器之(指曹山)。师自此入室,密印所解,盘桓数载乃辞洞山."(同上,卷一七,曹山本寂禅师)

2. 举示前人公案机语,加以阐释评议,是禅门说法、问答的重要形式,同时也是禅家语录的一种类型。相关用语如:

颂古——举说公案机语,并以简洁的偈颂加以阐述评论。例如:"雪窦一百则颂古,计较葛藤。唯此三颂直下有衲僧气息。只是这颂,也不妨难会。尔若透得此三颂,便许尔罢参."(《佛果圆悟禅师碧岩录》卷十,第九六则)

拈古——举说前人公案、机语并加以评议,是禅师说法的一种形式。例如:"师初游方从之(指明寂瑆)。请益雪窦拈古、颂古,瑆令看因缘,皆要自见自说,不假其言语."(《大慧普觉禅师宗门武库》)同时,"拈古"也是禅宗语录的一种类型,诸家语录中多有"拈古"一类,如《明觉禅师语录》卷一、卷三均有此类。

拈问——举说公案并且提出问题,是禅林问话的一种形式。例如:"六祖见僧,竖起拂子云:'还见摩?'对云:'见。'祖师抛向背后云:'见摩?'对云:'见。'师云:'身前见,身后见?'对云:'见时不说前后。'师云:'如是,如是。此是妙空三昧。'有人拈问招庆:'曹溪竖起拂子意旨如何?'"(《祖堂集》卷二,第三十三祖惠能和尚)

拈起——举说公案、机语。例如:"仰山蹋衣次,提起问师云:'正恁么时和尚作么生?'师云:'正恁么时,我这里无作么生。'仰山云:'和尚有身而无用。'师良久,却拈起问云:'汝正恁么时作么生?'"(《潭州沩山灵祐禅师语录》)

拈掇——举说公案并且加以评议。例如:"问:'德山棒、临济喝,直至如今少人拈掇。请师拈掇。'曰:'千钧之弩,不为鼷鼠而发机。'"(《黄龙慧南禅师语录》)

拈提——同上。例如:"师云:'遮个公案,丛林中少有拈提者。'"(《密庵和尚语录》)

别语——他人对公案机语已有评议,然禅师认为不合己意,另外再说机语代替,称为"别语"。例如:"师在招庆殿上,指壁画问僧:'是甚么神?'曰:'护法善神。'师曰:'会昌沙汰时,甚么处去?'僧无语。师令僧问演侍者。演曰:'偰甚么劫中遭此难来?'僧举似师。师云:'直饶演上座他后有一千众,有甚么用处?'僧请师别语。师云:'甚么处去也。'"(《联灯会要》卷二五,明招德谦禅师)"别语"也是禅家语录的一种形式,例如《景德传灯录》卷二七有"诸方杂举徵拈代别语"章。

别云——同"别语"。例如:"问:'父母未生时,鼻孔在什摩处?'(南泉)云:'如今已生也,鼻孔在什摩处?'沩山别云:'则今阿那个是鼻孔?'"(《祖堂集》卷一六,南泉和尚)

代云——上文拈举的公案话头,若是缺少答语,或在少数情况下禅师认为已有之答语不恰当,禅师代替下语,称为"代云"。例如:"俗士问僧:'某甲家中有一个铛子,寻常煮饭,三人吃不足,千人食有余,上座作摩生?'僧无对。师代云:'争则不足,让则有余。'"(《祖堂集》卷八,云居和尚)又:"因举南泉云:'文殊普贤昨夜三更各打与二十棒,一时趁出院。'赵州云:'和尚棒教什摩人吃?'师代云:'不得不道。'"(同上卷一一,保福和尚)

代曰——同上。例如:"师有时示众曰:'吾有闲名在世,谁能与吾除得?'有沙弥出来云:'请师法号。'师白槌曰:'吾闲名已谢。'石霜代云:'无人得他肯。'进曰:'争那闲名在世何?'霜曰:'张三李四他人事。'云居代云:'若有闲名,非吾先师。'曹山代曰:'从古至今,无人弁得。'疏山代云:'龙有出水之机,人无弁得之能。'"(《祖堂集》卷六,洞山和尚)

代语——同上。例如:"且道,渠过在甚么处? 老老大大不合与人代语。"

（《大慧普觉禅师住径山能仁禅院语录》卷四）

代别——"代云、代曰、代语"与"别云、别曰、别语"的合称。例如："室中请益,古人公案,未尽善者,请以代之;语不格者,请以别之。故目之为代别。"（《汾阳无德禅师颂古代别》卷中）

举——禅宗语录格式语,表示下文举说某则公案。例如："示众,举,庞居士问马祖:'不与万法为侣者是甚么人?'祖云:'待汝一口吸尽西江水,即向汝道。'"（《宏智禅师广录》卷四）

举问——举出公案的同时提出问题,是禅林问话的一种形式。例如："沩山问仰山:'过去诸圣什摩处去?'仰云:'或在天上,或在人间。'师举问长庆:'仰山与摩道意作摩生?'"（《祖堂集》卷七,雪峰和尚）

举古——举说古人公案,提出问题或者加以评议,是禅师说法的一种形式。例如："上堂,举古云:'我有一只箭,曾经久磨炼。射时遍十方,落处无人见。'师曰:'山僧即不然。我有一只箭,未尝经磨炼。射不遍十方,要且无人见。'"（《五灯会元》卷一一,风穴延沼禅师）此外,"举古"也是禅宗语录的一种类型,例如《明觉禅师语录》卷二就有"举古"一类。

有些普通词语在禅录中行业化之后,便成了专用的行业词语,其原本的意义在禅录里不再使用或罕见使用,而由另外一个近义的普通词语代替之,并且这个普通词语在禅录中没有行业性的用法。如此,行业词语与普通词语有了分工,这也体现了语言的明确与经济的原则。

1. 不审与未审

在一般的文献中,"不审"与"未审"是同义词,意为不知道,例如:

未审此经何处说,甚人闻法唱将来?（《敦煌变文集新书》卷二《长兴四年中兴殿应圣节讲经文》）

更深月朗,星斗齐明,不审何方贵客,侵夜得至门庭?（同上,卷七《下女夫词一本》）

但在禅录中,"不审"与"未审"却有着行业词语与普通词语的分别。禅录中的"未审"仍然是普通词语,是不知道的意思,例如:

侍郎又问曰:"未审佛还有光也无?"师曰:"有。"（《祖堂集》卷五,大颠和尚）

师却问:"未审和尚一夏之中作何所务?"沩山云:"日中一食,夜后一寝。"（《仰山慧寂禅师语录》）

而禅录中的"不审"则多用为僧人见面时的问候语,如:

夹山有僧到石霜,才跨门便问:"不审。"石霜云:"不必,阇梨。"僧云:"与摩则珍重。"其僧后到岩头,直上便云:"不审。"师云:"嘘!"僧云:"与摩则珍重。"始欲回身,师云:"虽是后生,亦能管带。"(《祖堂集》卷七,岩头和尚。珍重:道别语。)

度上座夜间举似诸禅客次,师近前来云:"不审。"(又,卷一二,龙回和尚)

也可以用作动词,意为"问候、请安":

一日师入浴院见僧蹋水轮,僧见师乃下不审。(《景德传灯录》卷一七,钦山文邃禅师)

僧到,不审。师曰:"阿谁?"僧喝。(又,卷一二,虎溪庵主)

动词"不审"也可以带宾语:

僧见师坐,僧近前云:"不审庵主。"师云:"是谁?"僧便喝。(《天圣广灯录》卷一三,虎溪庵主)

大于和尚与南用到茶堂,见一僧近前不审,用云:"我既不纳汝,汝亦不见我。不审阿谁?"僧无语。(《景德传灯录》卷九,百丈惟政禅师)

据于谷(1995)统计,成书于五代南唐时期的《祖堂集》共使用"不审"11例,皆为问候语。成书于南宋的《五灯会元》共使用"不审"二十余例,大都用为问候语,仅一处例外:

不审此是见上一时起用否?(《五灯会元》卷二,圭峰宗密禅师)

而作"不知道"解的"未审"在禅宗语录的问句中经常使用,未见其他用法。也就是说,在禅录中,两个原本同义的词语有了较为明确的分工。

再考察同时期禅录之外的文献,"不审"仍然是"不知道"的意思,例如:

不审诸经、诸史,何者最熟?(《朱子语类》卷十)

问:"周子令程子寻颜子所乐何事,而周子程子终不言。不审先生以为所乐何事?"(又,卷三一)

综合来看,禅录中的"不审"已经由一般的口语词转变为禅宗同行词语,而"未审"则没有发生这样的行业化的演变。

"不审"之所以发生这样的演变,是有口语背景的。唐宋时代表示问候的语句中,常可见到这样的形式:

光严才见(维摩诘),趋骤近前,五体投诚,虔恭便礼,重重礼敬,问讯起居:"不审维摩尊体万福……"(《敦煌变文集新书》卷二《维摩诘经讲经文·四》)

其罗睺从头第一礼至九百九十九尊,直至末下一尊面前,放下盘珠。拽其波罗之袖口云:"世尊六年在山间苦行,不审万福。"(同上,卷三《悉达太子修道因缘》)

"不审"成为问候语正是这种句式省略的结果。在敦煌变文中已偶见"不审"用作问候义的动词:

树神亦见,当时隐却神鬼之形,化一个老人之体,年侵蒲柳,发白叶(桑)榆,直至庵前,高声不审和尚,远公曰:"万福。"(同上,卷六《庐山远公话》)

"不审和尚"也就是问候和尚。

而同时期"未审"用于此种问候句式的例子则很少,《敦煌变文集新书》卷四《目连缘起》有一例:

自离左右经年岁,未审娘娘万福无?

可见,禅林使用"不审"为问候语,而不采用"未审",是有口语基础的。

2. 瞥地与瞥然、瞥尔

"瞥地"是禅家常用的行业词语。《五家正宗赞》卷四,洞山初禅师章记载:

(师)初参云门,门曰:"近离甚处?"曰:"查渡。"曰:"夏在甚处?"曰:"湖南报慈。"曰:"几时离彼?"曰:"八月二十五。"曰:"放汝三顿棒。"次日师上问讯曰:"昨日蒙和尚放三顿棒,不知过在甚么处?"曰:"饭袋子! 江西、湖南便恁么去!"师大悟。

按,该条后赞词云:"离报慈未出常情,见云门方始瞥地。"对应正文中内容,"瞥地"与正文末尾"大悟"相对应,"瞥地"即大悟、领悟义。

"瞥"本为目光掠过的意思,引申可表迅疾,因此"瞥地"在一般文献中用为副词,指突然、迅速地,例如:

瞥地见时犹可可,却来闲处暗思量。(《全唐五代词》,前蜀·薛昭蕴,《浣溪沙》)

禅录中也偶见这样的用法:

瞥地有个悟入处,始知不自外来,不从人得。若未得个端的悟入处,只是向人口角头寻言逐句,刺头入经里论求玄觅妙,犹如入海算沙,扪空追响,只益疲劳,终无了日。(《嘉泰普灯录》卷二五,仁王钦禅师)

禅门强调"顿悟",要求僧徒当下识见自心,领悟禅旨。切忌陷入情识妄解的纠缠,不能犹疑拖沓。"瞥地"有"领悟"之义,应与此种禅门教义有关。其他用例如:

聊闻举著已瞥地,剔起便行何俊哉!(《圆悟佛果禅师语录》卷一九)

这老汉忽若瞥地,自然不堕圣凡窠臼。(《密庵和尚语录》)

这僧将一攃蒙懂,换得个不安乐。更劳他三人尊宿入泥入水。毕竟这僧不瞥地。(《佛果圆悟禅师碧岩录》卷八,第七三则)

居士肯向著衣吃饭处,轻轻觑破,大笑一场,始瞥地耳。(《无异(元来)禅师广录》卷三十《与阮澹宇郡伯》)

但是,口语词的行业化是有选择性的。禅录中还有"瞥尔"、"瞥然",同样表示"突然、迅速地",例如:

师又曰:"汝但无事于心,无心于事,乃虚而妙矣。若毫厘系念,皆为自欺;瞥尔生情,万劫羁锁去。"(《祖堂集》卷五,德山和尚)

言犹未讫,瞥然不见。(又,卷三,破灶堕和尚)

但是"瞥尔"、"瞥然"并没有任何行业意义。也就是说,意义相近的"瞥地"、"瞥尔"、"瞥然"在禅录中有了分工,"瞥地"成为禅宗行业词语,但"瞥尔"、"瞥然"仍是普通词语。

要全面认识禅录中的行业词语,还需要了解这些词语在行业以外的使用情况,在对比中获得更全面的认识。禅宗行业词语在行业外的使用主要表现为以下几种情况。

首先,一些独具特点的行业词语在禅录外罕见使用。如上文论及的"不无",尽管在禅录中使用频率颇高,但在禅录以外的文献中却罕见使用。

其次,一些同行词语在禅录内外均可使用,但含义与用法不同。也就是说,在禅录内具有行业意义的词语,在禅录之外往往只有普通的语文意义。以禅录中常见的以"只如"开头的疑问句为例(详第六章),在唐宋时代的一般文献中,也有"只如"打头的句子:

只如林甫为相,然宠擢出宸衷,臣恐他日之后祸延宗社。(五代·王仁裕《开元天宝遗事》。然:虽然。)

人也不解无个发明处。才有些发见处,便从此挨将去,渐渐开明。只如一个事,我才发心道"我要做此事",只此便是发见开明处了,便从此做将去。(《朱子语类》卷一五)

但是这类句子中的"只如"意义较为实在,相当于"即如,就如"。无论是句子的形式,还是"只如"的语法意义与词汇意义,它们都与禅宗语录里的"只如"式疑问句有着较为明显的差异。但是,一般文献中的这种"只如"应该是禅录中"只如"式疑问句产生的句法背景。

第三,某些词语行业意义的产生与它在行业外文献中的意义有关联。例如

"啰啰哩"(有多种词形,此处均作"啰啰哩")本是诗歌中的感叹语,用于抒发思乡之情感,有时也充当调整节奏或凑足音节的作用。而禅录中的"啰啰哩",常被用来隐代禅道歌、悟道歌,有时还用来隐代还乡歌、归家歌(详第八章第五节)。禅宗"不立文字"、"不落言诠",禅宗妙旨不可言说,因此使用诗歌中的感叹语"啰啰哩"隐指禅道歌、悟道歌正符合禅旨。另一方面,禅宗关照自心本性,多将悟道喻为"还乡,归家"。"啰啰哩"语多用于抒发思乡之情,也正契合这一禅宗要旨。因此,禅师选择"啰啰哩"隐指不愿明说、不可明说的悟道本分大事,是情理之中的。

最后,禅宗词语系统与外部词语系统的影响是相互的,随着禅宗对社会文化影响的逐步扩大,不少同行词语也渐渐为一般群众所熟悉、接受,并被改造和使用,进入通语。例如:

> 乃云:"一向目视云霄,壁立千仞,则孤负诸圣;一向拖泥涉水,灰头土面,则埋没自己。"(《圆悟佛果禅师语录》卷一)

> 问:"如何是清净法身?"师曰:"灰头土面。"(《续传灯录》卷一,神鼎洪諲禅师)

这里的"灰头土面"是禅宗行业语,有不顾尘世劳碌,为大众宣示道法的含义。这个词语进入一般口语,是面容污秽的意思,原有的禅宗义理色彩淡化,仅保留字面含义。

此外,如"雪上加霜"、"打成一片"、"脚踏实地"、"回光返照"、"单刀直入"、"门外汉"、"驴年"、"投机"、"百尺竿头更进一步"、"水到渠成"、"自由自在"、"当头棒喝"等等,这些现代口语中仍很常用的词语都源于禅宗行业语,或者是受到禅宗行业语的影响而逐渐形成的。

第三节　禅录词语的修辞性

禅宗语录中有着极为丰富的修辞现象,不仅给汉语修辞史的研究提供了大量的材料,而且对这些修辞现象的考察,有助于我们认识禅录语言的特色。本节主要考察禅录中具有代表性的五类带修辞色彩的词语,希望能借此具体地了解禅录词语的修辞特性。

一、矛盾性词语

1. 无孔笛

笛子必然有孔,"无孔笛"是矛盾式词语。禅录中此语的意义是:无孔窍的笛子并非用来吹奏通常的曲调,喻指超越言句、玄妙奇特的禅法或机锋。例如:

利刃斩虚空,神箭穿红日。用吞十方口,吹此无孔笛。(《圆悟佛果禅师语录》卷二十《禅人写真求赞》)

十五日已前,开池不待月;十五日已后,池成月自来。正当十五日,吹无孔笛,唱太平歌,佛及众生,同声唱和。且超群拔萃一句作么生道?(《密庵和尚语录》)

2. 井底叫渴

身在井底水中却叫喊口渴,喻指看不到就在身边的禅法。

参禅学道,大似井底叫渴相似。殊不知塞耳塞眼,回避不及。且如十二时中,行住坐卧,动转施为,是甚人使作?眼见耳闻,何处不是路头?(《五灯会元》卷二十,石头自回禅师)

3. 拨火觅浮沤

拨开火炭寻找水泡,比喻颠倒荒唐的参习行为。浮沤:水泡。

道性如虚空,虚空何所修?遍观修道者,拨火觅浮沤。(《五灯会元》卷二,司空本净禅师)

4. 面南看北斗

面向南方看北斗星,是消除了分别对立妄心的禅悟境界。

问:"如何是佛法大意?"师云:"面南看北斗。"(《云门匡真禅师广录》卷上)

道无不是无,道有不是有。东望西耶尼,面南看北斗。(《法演禅师语录》卷中)

其他如"无烟火"、"无钥锁"(钥:锁簧)、"无底蓝子"、"好肉剜疮"、"新妇骑驴阿家牵"(阿家:婆婆)等都是带有矛盾意味的词语。

二、平常性词语

禅家提倡"平常心",含义十分丰富。着重强调随性适意,安闲无为,认为日常生活中处处有禅,头头是道,体现了禅对解放人性的理解以及直面现实世界的态度。平常生活,任运随缘,不仅是领悟禅旨的门径,也是禅悟者的生活态度。因而

禅录中许多词语只是对日常生活或自然现象的如实叙写,却隐含着禅宗"平常心是道"的旨意。例如:

1. 天是天,地是地,露柱是木头,金刚是泥塑,饥来吃饭,困来打眠

　　凡有问答,一一据实祇对。平常无事。天是天,地是地,露柱是木头,金刚是泥塑,饥来吃饭,困来打眠,更有何事?(《大慧普觉禅师住径山能仁禅院语录》卷四)

2. 要眠则眠,要坐则坐;热则取凉,寒则向火

　　问:"如何是平常心?"师云:"要眠则眠,要坐则坐。"僧云:"学人不会。"师云:"热则取凉,寒则向火。"(《祖堂集》卷一七,岑和尚。向火:烤火。)

3. 平常饮啄

意谓平常生活,任运随缘,安详闲适,是禅悟者的生活态度。饮啄:原指鸟类饮水啄食,借喻安乐闲适。例如:

　　但知十二时中,平常饮啄,快乐无忧。只此相期,更无别事。所以古人云:放旷长如痴兀人,他家自有通人爱。(《五灯会元》卷一五,育王怀琏禅师)

4. 冬寒夏热;夜暗昼(日)明;吃盐闻(知)咸,吃醋闻(知)酸

　　达磨未来时,冬寒夏热。达磨来后,夜暗昼明。诸人若下得一转平实语,吃盐闻咸,吃醋闻酸。(《法演禅师语录》卷中)

　　不见昔日子胡和尚有言:"祖师西来,也只个冬寒夏热,夜暗日明。只为尔徒无意立意,无事生事。无内外强作内外,无东西谩说东西。所以奢摩不能明了,以至根境不能自由。"(《大慧普觉禅师住径山能仁禅院语录》卷四。奢摩:禅定,止息一切杂念。)

　　僧问:"如何是祖师西来意?"师曰:"吃醋知酸,吃盐知咸。"(《续传灯录》卷二五,太平佛鉴禅师)

5. 要眠则眠,要坐则坐

　　问:"如何是平常心?"师云:"要眠则眠,要坐则坐。"(《祖堂集》卷一七,岑和尚)

6. 要行便行,要坐便坐

　　上堂,僧问:"德山托钵意旨如何?"师云:"无意旨。"进云:"因什么托钵下僧堂?"师云:"要行便行,要坐便坐。"(《密庵和尚语录》)

　　唯于衲僧分上如龙得水,似虎靠山。要行便行,要坐便坐。(《续传灯录》卷三二,玉泉昙懿禅师)

7. 遇茶吃茶,遇饭吃饭,天但唤作天,地但唤作地,露柱但唤作露柱,灯笼但唤作灯笼

直下脱却情尘意想,放教身心空劳劳地。于一切时,遇茶吃茶,遇饭吃饭。天但唤作天,地但唤作地。露柱但唤作露柱,灯笼但唤作灯笼。一切亦然。二六时中只么,平常无一星事。(《圆悟佛果禅师语录》卷八)

三、戏谑式词语

1. 黄面老子(汉,人),黄面老,黄面比丘,黄面瞿昙

这组词语均指释迦牟尼佛,因佛金色相,故谓黄面。老子:老汉。按此类称呼不含敬意,带有禅家戏谑式词语特色。其例如:

今朝乃是黄面老子胁诞令辰。(《密庵和尚语录》)

无端被黄面老汉撞出头来,刚道为物垂慈,指出许多名相。(《天如惟则禅师语录》卷九《宗乘要义》)

但看今日明朝,说甚祖师来意?翻思黄面老人,谩道灵山授记。(《法演禅师语录》卷上)

咄哉黄面老,佛法付王臣。(《五灯会元》卷一八,天童普交禅师)

记得黄面比丘道:如破镜鸟以毒树果抱其为子,子成,父母皆遭其食。(《如净和尚语录》卷下)

黄面瞿昙傍若无人,压良为贱,悬羊头卖狗肉。(《禅宗无门关·世尊拈花》。瞿昙:即释迦牟尼。)

2. 黄头,黄头老,黄头老子

这组词语亦指释迦牟尼佛。其例如:

酒妆公子面,把黄头、碧眼倒卓屎坑头;花插美人头,将文殊、普贤趁向牛栏里。(《五家正宗赞》卷四,洞山初禅师。碧眼:指禅宗初祖菩提达摩。)

事到无心不苟欺,乌玄鹤白尚怀疑。自非亲见黄头老,争敢逢人泄漏伊?(《虚堂和尚语录》卷五)

黄头老子张得口,碧眼胡僧开得眼。(《五灯会元》卷一六,投子修颙禅师)

3. 老胡,老臊胡,老臊髻

这组词语是对老年胡人之詈称,多指中国禅宗初祖菩提达摩,带戏谑语气。其例如:

诸和尚子,这个事古今排不到,老胡吐不出。(《祖堂集》卷一二,龙光和

尚）

二祖礼三拜，依位而立，已是周遮；达摩老臊胡，分尽髓皮，一场狼藉。（《五灯会元》卷二十，龙翔南雅禅师）

达磨元是老臊髻。（《虚堂和尚语录》卷四《双林夏前告香普说》）

4. 碧眼，碧眼胡，碧眼胡僧，碧眼胡儿

这组词语亦均指菩提达摩。《祖庭事苑》卷三："初祖达磨大师眼有绀青之色，故称祖曰碧眼。"其例如：

一喝不作一喝用，三世古今无别共。落花三月睡初醒，碧眼黄头皆作梦。（《人天眼目》卷一。黄头：指释迦牟尼佛。）

神出鬼没，接响承虚。这一火络，邪法难扶。互将鱼目作明珠，笑倒西天碧眼胡。（《虚堂和尚语录》卷十《庞居士阖家都去》）

有句无句，如藤倚树。碧眼胡儿，不知落处。（《大慧普觉禅师住径山能仁禅院语录》卷一）

直饶是碧眼胡僧也难辨别。碧眼胡僧尚难辨别，更教山僧说个什么？（《佛果圆悟禅师碧岩录》卷五，第四二则）

5. 老魔王，老山鬼，老野狐，老野狐精

这组词语是对老年禅师的詈称，亦可用作自称，均带嘲谑语气。其例如：

南山有个老魔王，炯炯双眸放电光。口似血盆呵佛祖，牙如剑树骂诸方。（《五灯会元》卷二十，净慈彦充禅师）

亚溪来参，师作起势。亚溪曰："这老山鬼犹见某甲在！"师曰："罪过罪过！适来失祗对。"（《景德传灯录》卷十，洛京嵩山禅师）

尝举只履西归语，谓众曰："坐脱立亡倒化即不无，要且未有逝而复出遗履者。为复后代儿孙不及祖师，为复祖师剩有这一著子？"乃大笑曰："老野狐！"（《五灯会元》卷一二，开善道琼禅师。按此例"老野狐"称初祖达摩。）

一日，将痒和子廊下行，逢一僧问讯次，师以痒和子驀口打，曰："会么？"曰："不会。"师曰："大颠老野狐，不曾孤负人。"（同上，卷五，大颠宝通禅师。此例大颠自称"老野狐"。）

师因划草次问僧："汝何处去？"云："西院礼拜安和尚去。"时竹上有一青蛇子，师指蛇云："欲识西院老野狐精，只遮便是。"（《景德传灯录》卷一二，乌石灵观禅师）

6. 白拈贼

徒手盗取他人财物，不露形迹者，谓之白拈贼。禅林常以"白拈贼"称临济宗

祖师义玄,谓其接人手段灵妙,不留斧凿痕迹,是一种诙谐、戏谑的说法。例如:

者汉走从何处来? 鼓合临济白拈贼。(《如净和尚语录》卷下《普化》)

四、粗鄙式词语

1. 屙屎送尿

除却著衣吃饭,屙屎送尿,更有什么事? 无端起得如许多般妄想作什么? (《云门匡真禅师广录》卷上)

2. 屎坑头

将这两个汉,倒卓屎坑头,使知衲僧门下,道佛一字,嗽口三年。(《希叟(绍昙)和尚广录》卷五)

3. 担屎汉

这里佛也无,祖也无。达磨是老臊胡,十地菩萨是担屎汉。(《联灯会要》卷二十,德山宣鉴禅师)

4. 拭疮脓纸

佛之一字吾不喜闻。佛之一字尚不喜闻,达磨灼然是甚老臊胡,十地菩萨是担粪汉,等妙二觉是破凡夫,菩提涅槃是系驴橛,十二分教是鬼神簿、拭疮脓纸,四果三贤初心十地是守古冢鬼。(《大慧普觉禅师住径山能仁禅院语录》卷四)

五、隐指类词语

还乡,到家,瞥地,啐地折,桶底脱,冷灰豆爆等,这组词语均隐指领悟禅法。

1. 还乡

喻指不再向外驰求,回归心源,识见自性。

问:"荡子还乡时如何?"师云:"将甚么奉献?"云:"无有一物。"师云:"日给作么生?"(《金陵清凉院文益禅师语录》)

南泉《久住投机偈》:"今日还乡入大门,南泉亲道遍乾坤。法法分明皆祖父,回头惭愧好儿孙。"(《景德传灯录》卷十,长沙景岑禅师)

2. 到家

喻指明悟自心,回归自心。

到家岂复说涂程? 万木春来自向荣。若遇上流相借问,扶桑东畔日轮生。(《大慧普觉禅师住径山能仁禅院语录》卷四)

参禅须是参无义句,不可参有义句。从有义句入者,多落半途;从无义句

入者,始可到家。(《永觉元贤禅师广录》卷二九《寱言》)

3. 瞥地

领悟,彻悟。

上堂:"昨日一,今日二,不用思量,快须瞥地。不瞥地,蹉过平生没巴鼻。咄!"(《五灯会元》卷一五,雪峰钦山主)

离报慈未出常情,见云门方始瞥地。(《五家正宗赞》卷四,洞山初禅师)

4. 啐地折,嚗地断

突然折断,隐指当下悟入,顿领禅法。啐地、嚗地:皆象声词,迸裂声。

(元昭)当晚来室中,只问渠个狗子无佛性话,便去不得,方始知道参禅要悟。在长乐住十日,二十遍到室中,呈尽伎俩,奈何不得,方始著忙。山僧实向渠道:"不须呈伎俩,直须啐地折,嚗地断,方敌得生死。呈伎俩有甚了期!"(《大慧普觉禅师住径山能仁禅院语录》卷四)

亦单说"啐地折":

每以己事扣诸禅,及开善归,结茅于其左,遂往给侍。绍兴庚申三月八日夜,适然启悟,占偈呈善曰:"元来无缝罅,触著便光辉。既是千金宝,何须弹雀儿?"善答曰:"啐地折时真庆快,死生凡圣尽平沉。仙州山下呵呵笑,不负相期宿昔心。"(《五灯会元》卷二十,吴十三道人)

5. 桶底脱

禅家常斥责痴迷愚暗者为"漆桶","桶底脱"则明亮通畅,比喻驱除妄见,领悟道法。

只如超(指慧超)禅客于此悟去,也是他寻常管带参究,所以一言之下,如桶底脱相似。(《佛果圆悟禅师碧岩录》卷一,第七则)

把个没滋味铁酸馅,劈头拈似学者,令咬嚼。须待渠桶底子脱,丧却如许恶知恶见,胸次不挂丝毫,透得净尽,始可下手锻炼,方禁得拳趯。(《嘉泰普灯录》卷二五,圆悟勤禅师)

6. 冷灰豆爆

指妄念灭尽(冷灰)、顿悟真性(豆爆)。按,这是禅家常说的大死一番、获得大活。

十月旦,上堂:"开寒冰地狱,口是祸门;发猛火铁床,身为苦具。净慈(系如净之法号)以此应个时节,莫有冷灰豆爆,暖气相接底么?其或未然,斋时三枚乳饼,七枚菜饼。"(《如净和尚语录》卷上)

到此须是紧提话头,忽然连话头都忘,谓之人法双忘,蓦地冷灰豆爆,始

知张公吃酒李公醉。(《禅关策进·般若和尚示众》)

下面一组"自家"系列的词语均隐指人人本有的佛性(另参本章第二节)。

7. 自家城廓

　　腾腾和尚嗣安国师。师有乐道歌。曰:八万四千法门,至理不离方寸。不要广学多闻,不在辩才聪隽。识取自家城廓,莫漫游他州郡。言语不离性空,和光不同尘垄。(《祖堂集》卷三,腾腾和尚)

8. 自家珍

　　见闻觉知本非因,当处虚玄绝妄真。见性不生痴爱业,洞然明白自家珍。(同上,卷五,三平和尚)

9. 自家库藏

　　示众曰:"若究此事,如失却锁匙相似。只管寻来寻去,忽然撞著,恶! 在这里。开个锁了,便见自家库藏。一切受用,无不具足,不假他求,别有甚么事?"(《续传灯录》卷三二,竺原宗元庵主)

10. 自家春

　　上堂:"桃华浪里振脩鳞,一跃龙门看化身。谛了十方三世事,无始的的自家春。"(《宏智禅师广录》卷四)

　　眸子射人,秋涧之津。颠毛衰白,霜松之晨。赤湖之林潮涨而长鲸骧浪。丹桂之影月寒而老兔推轮。明功借位,起幻入尘。百草头边有芳信,纵横指点自家春。(又,卷九)

11. 自家境界

　　古今不覆盖,见在没遮襕。一念不落诸缘,证取自家境界。何必灵山觅佛,少林问祖? 会么? 解开布袋无拘束,切更勤看水牯牛。(《圆悟佛果禅师语录》卷二)

其他如人称代词"侬,阿侬,侬家,我侬,渠侬"等一组词隐指真如法身,本来面目,又如指示代词"这、那"分别隐指尘俗世界与禅悟境界等等,分别详第八章第五节、第五章第三节。

六、禅录词语修辞性形成探因

禅录词语修辞性的形成与禅的精神息息相关。有唐一代,经济繁荣,文化昌盛,思想开放。在这样的土壤中成长起来的禅宗,乐观向上,充满自信,勇于创新,处处体现出旷达、灵动之气。例如:

　　(云门)示众云:"十五日已前不问尔,十五日已后道将一句来。"代云:

"日日是好日。"(《云门匡真禅师广录》卷下)

"日日是好日"乃云门宗开山祖师文偃的机语,不仅体现了禅者悟道之境界,也反映了悟道者对生活的达观态度。

又有金牛和尚,"寻常自作饭,供养众僧。将饭来堂前了,乃抚掌作舞,大笑云:'菩萨子吃饭来!'"(《祖堂集》卷一五,金牛和尚)此段叙述生动有趣,吃饭这一最为平常的事务,在金牛和尚的演绎之下,变得情趣盎然。

再来看大禅智通悟道的故事:

> 初在归宗会下,忽一夜连叫曰:"我大悟也!"众骇之。明日上堂,众集,宗曰:"昨夜大悟底僧出来。"师出曰:"某甲。"宗曰:"汝见甚么道理便言大悟?试说看。"师曰:"师姑元是女人作。"宗异之,师便辞去。宗门送,与提笠子。师接得笠子,戴头上便行,更不回顾。(《五灯会元》卷四,五台智通禅师。师姑:尼姑。)

禅悟不可言说,智通不得已用"师姑元是女人作"来回答,实是以简单而又奇特的话,来暗示看似平常而又充满玄妙的禅悟体验。

仅从几则公案机语,我们已经可以感受禅宗之灵动跳跃的思想,不陷于平淡,不甘受束缚。禅宗超常出格的思想,体现在语言文字上,也就造就了一大批充满灵性特点的词句。

此外,禅录词语的修辞性与佛经词语修辞性的影响也是有关联的。关于佛经的修辞性(参曾昭聪等 2008),季羡林(2006)有这样一段话:

> 根据晚于释迦牟尼的佛经的记载,他说法很有一些特点,他善于用比喻,而且比喻很多出于农牧。这些记载不一定完全可靠,可能有一部分是出于和尚代代相传的回忆,至少可以反映早期佛教徒的情况,这种例证比比皆是。……

> 犹如耕田薄地之中,下种虽多,收实甚小。(《大正大藏经》,第 3 卷,第 114 页上)

> 譬如农夫,宿有二业:一田业高燥肥沃,一田业下湿瘠薄。(《大正大藏经》,第 4 卷,第 162 页中)

> 若好田苗,其守田者心不放逸,栏牛不食,设复入田,尽驱令出。(《大正大藏经》,第 2 卷,第 312 页中)

> 过去世时,摩揭提国有牧牛人,不愚不痴者,有方便慧。(《大正大藏经》,第 2 卷,第 342 页上)

> 若复牧牛人成就十一法者,能拥护其牛,终不失时,有所饶益。(《大正大

藏经》,第2卷,第794页中)

如田家子,善治其地,除去秽恶,以好谷子著良田中,于中获子,无有限量。亦如彼田家子,不修治地,亦不除去秽恶而下谷子,所收盖不足言。(《大正大藏经》,第2卷,第827页下)

这些比喻的例子都说明释迦牟尼本人和他早期的信徒是同劳动大众有密切的联系的。他们了解人民的生活,用人民的一些喜闻乐见的、从他们生活中选取来的比喻来阐述比较难懂的佛教教义。佛教发展之所以能这样迅速,影响之所以这样大,与这种说法方式可能有些关系。

大量使用譬喻是佛典的特点之一,有《譬喻经》《杂譬喻经》《法句譬喻经》等多部经典完全是以譬喻的方式宣说教法。这种生动形象的说法方式是有利于教义的传播的。禅宗是传统佛教的延伸变革,同时它的兴起、传播与发展,是从当时的南方荒僻之地开始的,吸取传统佛教之优点,以个性的、独特的、形象的修辞性词语来宣示禅法,无疑是有助于禅宗的传播发展的。

第四节　禅录词语的系统性

在研读禅录文献的过程中,我们逐渐认识到,禅录词语事实上已经形成一个充实、完整的系统。种种词语现象并不是单零的或偶然的,而是常常显示出内在严整的系统性。例如就禅录词语的来源来看,主要来自当代实际口语;有的来自上古、中古汉语;因行业原因,也有来自于佛经。特别是随着禅宗的崛起与隆盛,在长期的宗教实践中,广大禅僧与信众自创出大量的新词新义。可以说,禅录词语包容古今中外,兼收并蓄,并加以改造创新,融汇成禅录词语系统。从禅录词语的类别来看,有口语词(实词、虚词)、成语、俗谚语、歇后语、方言词语、术语、行业语(典故语、公案语、书面格式语)等,品类齐备,蔚成体系。从词义角度看,禅录词语有一般语文义(实词义、语法义)、修辞义、佛教义、禅宗行业义;随着时代推进与禅宗发展,禅录词语的意义也呈现出有规律的多种演变现象。禅宗是中国佛教史上最重要的佛教宗派,它的影响早已超出佛教。唐代以下中国社会思想文化的许多领域,都程度不同地接收了禅宗的影响。禅者口头上宣称不立语言文字,可是事实上,他们以超常的宗教智慧与令人惊叹的思维、表达才华,创造了自成体系的禅宗语言,包括禅录词语系统。

本节拟着重探讨禅录词语特别是禅宗行业语在造词方式上的系统性。

一、"第一句"及其系列

在本章第二节,我们讨论了"第一"、"第二"及相关词语在禅录中的行业意义,它们在构词方式、语义类型等方面表现出关联性,形成了一个词语群体,这正是禅录词语系统性特征的体现。这里我们要讨论的,是与直指人心的"第一句"相关联的另一组词语,它们也形成了一个词语系统。

禅宗妙义不可言说,"第一句"乃是表述禅义的语句。在禅录中,表达"第一句"的含义,其实有着多种不同的形式。例如:

> 师夜不点火,僧立次,师乃曰:"我有一句子,待特牛生儿,即为汝说。"僧曰:"特牛生儿了也,只是和尚不说。"师便索火。火来,僧便抽身入众。后云岩举似洞山,洞山曰:"此僧却见道理,只是不肯礼拜。"(《祖堂集》卷四,药山和尚。特牛:公牛。)

"特牛生儿"是生活中不可能发生的事情,禅师如此说话,实是因为禅法玄妙不可言说。此"一句子"乃是超越言诠的禅法妙句,即"第一句"。显然,僧人"抽身入众"也是因为明悟了这一道理。

> 沩山问师:"闻子在百丈处,问一答十。佛法向上一句作么生道?"师拟开口,沩便喝。(《指月录》卷一三,袁州仰山慧寂通智禅师)

"向上"乃由迷至悟,达到无上至真的禅悟境界。"向上一句"也就是超越妄执的宗门妙句。"向上一句"不可明说,所以,仰山欲开口之时,便遭到了沩山的当头一喝。

> 放一线道,拈新罗与占波国斗额。且道,是何宗旨,是何境界?正当恁么时,当头一句作么生道?满目光辉无向背,优钵罗华火里开。(《圆悟佛果禅师语录》卷一一)

"当头一句"即当机道出的关键一句、"第一句"。

> 问:"如何是声前一句?"师曰:"恰似不道。"(《景德传灯录》卷二十,荷玉光慧禅师)

> 古人道,闻称声外句,莫向意中求。(《佛果圆悟禅师碧岩录》卷四,第三七则)

"声前一句"即未发声音之前的一句,"声外句"也就是超越言说的一句。实质上都是超越语言知解的禅法妙旨。

> 僧问:"最初说法,不知有末后句。末后说法,不知有最初句。最初句即不问,如何是末后句?"师云:"痛领此问。"(《联灯会要》卷一八,乾元宗颖禅

师）

所谓"末后句"、"最初句"，说法不同，本质相同，均是彻底领悟禅法的关键一句，是超越分别的、超越语言的一句。禅僧如此执著分别，早就已经远离悟道之正途了。"末后句"又作"末后一句"、"末后一言"、"最后句"：

> 末后一句，始到牢关，锁断要津，不通凡圣。任你天下忙忙，老僧独然不顾。（《祖堂集》卷九，落浦和尚）

> 结夏，上堂："最初一步，十方世界现全身。末后一言，一微尘中深锁断。"（《列祖提纲录》卷三六《结制提纲·默堂悟禅师》）

> 有语非关舌，无言切要词。会我最后句，出世少人知。（《玄沙师备禅师广录》卷三《因事有颂》）

"最初句"又作"最初一句"、"末头一句"、"末上一句"等：

> 问："如何是最初一句？"师便喝。（《景德传灯录》卷一二，淄州水陆和尚）

> 示众云："不离当处，咸是妙明真心。所以玄沙和尚道：我会最后句，出世少人知。争如国泰有末头一句。"（《联灯会要》卷二六，国泰瑫禅师。末头：最初。）

> 初，请住南源。时有人问："如何是和尚末上一句字？"师云："如今觅什摩？"（《祖堂集》卷一二，光睦和尚。末上：最初。）

二、"眉、眼、鼻、口"等词语群

禅录中有不少与"眉、眼、鼻、口"等寻常事物有关的词语。以"眉"为例，就有扬眉、拔眉、拨眉、扬眉瞬目、不惜眉毛、惜取眉毛、眨上眉毛、剔起眉毛、抖擞眉毛、眉须堕落等等，我们可以称之为"眉系词语群"。袁宾（2002）对"眉"系词语作了较为详细的考察，指出此系列的词语有五类较为常见的语义类型：

A类：指对言行过失的惩罚。例如：

> 如今年老，头白齿黄，只是旧时三家村里汉，与诸人何异？地上行，床上卧，钵盂里吃饭，后架里盥漱。若作佛法商量，眉须堕落！（《联灯会要》卷二八，净因道楷禅师）

"眉须堕落"是禅师警醒僧众，切勿寻言逐句，执著妄念，陷入情识分别。"眉须堕落"语义的形成，与在禅林影响极大的"丹霞烧木佛"公案有关，《祖堂集》卷四，丹霞和尚章载录了下面一则故事：

> （丹霞）后于惠林寺，遇天寒，焚木佛以御次，主人或讥，师曰："吾茶毗，觅

舍利。"主人曰:"木头有何(舍利)也?"师曰:"若然者,何责我乎?"主人亦向前(烤火),眉毛一时堕落。

同章还记载了后世禅僧对于此则公案的拈提评论:

有人问真觉大师:"丹霞烧木佛,上座(即上引公案里的"主人")有何过?"大师云:"上座只见佛。"进曰:"丹霞又如何?"大师云:"丹霞烧木头。"

这就是说,惠林寺主人烤火时被烧掉了眉毛,禅界的看法是对其言行过失的惩罚。眉系词语群A类语义的形成与此则公案的巨大影响是有关系的。又如:

你道,祖佛即今在什么处?若无人道得,山僧不惜眉毛,与汝诸人拈出。(《法演禅师语录》卷上)

翠岩示众云:"一夏与兄弟东语西语,看翠岩眉毛在么?"(《圆悟佛果禅师语录》卷一六)

例一禅师明知禅法不可言说,说破乃禅家大忌,但面对中下根器,也只能不顾惜自己的眉毛,开方便法门,隐含将遭受指责的意思。例二是禅林经常拈提的著名公案,翠岩是以诙谐的口吻启发僧徒,"东语西语"的传法方式,实在是有违禅旨的。

B类:含有集中精力、振作精神之义,多用作禅师对僧徒的劝诫、督促、鼓励语,例如:

傥若依于正令,汝向什摩处会去?何不抖擞眉毛,著些子精彩耶?(《祖堂集》卷十,安国和尚)

若未有个入头处,遇著一个咬猪狗脚手,不惜性命,入泥入水相为。有可咬嚼,割上眉毛,高挂钵囊,拗折拄杖,十年二十年,拟取彻头,莫愁不成办。(《云门匡真禅师广录》卷上)

C类:形容领会禅旨、应接禅机十分快捷,例如:

路逢同道人,杨(扬)眉省来处。(《祖堂集》卷一九,香严和尚)

道中人数相觅,瞬目扬眉便端的。(《汾阳无德禅师歌颂》卷下)

宝剑拈来便使,岂有迟疑?眉毛剔起便行,更无回互。(《联灯会要》卷一六,大沩法泰禅师)

三角和尚上堂云:"此事眨上眉毛,早已差过也!"(《祖堂集》卷一五,麻谷和尚)

末例是一种贬抑的说法,目的是为了强调禅机之稍纵即逝。有时甚至干脆用否定的说法,例如:

师颂鲁祖面壁曰:"鲁祖三昧最省力,才见僧来便面壁。若是知心达道

人,不在扬眉便相悉。"(《续传灯录》卷四,梁山善冀禅师)

D类:禅僧示机应机的特殊动作,例如:

(阿育)王乃问:"承闻尊者亲见佛来,是否?"(尊)者以手策起眉曰:"会么?"(《五灯会元》卷二,宾头卢尊者)

上堂云:"古者道:在眼曰见,在耳曰闻。且道,在眉毛唤作什么?"良久云:"忧则共戚,乐则同欢。人皆知有用之用,不知无用之大用。且道,宾头卢尊者两手拨眉意旨如何?"师拨眉云:"猫。"(《万松老人评唱天童觉和尚颂古从容庵录》二,第二十则《地藏亲切》)

马师云:"有时教伊扬眉瞬目,有时教伊不扬眉瞬目。有时教伊扬眉瞬目是,有时教伊扬眉瞬目不是。"(《圆悟佛果禅师语录》卷一三)

E类:借指禅僧之间的道法切磋、机锋敌斗,例如:

学道人若驰求心不歇,纵与之眉毛厮结理会,何益之有?(《大慧普觉禅师住径山能仁禅院语录》卷四)

所以宗师家眉藏宝剑,袖挂金锤,以断不平之事。(《佛果圆悟禅师碧岩录》卷十,第一百则)

舌上起风霜,眉间藏血刃。(《万松老人评唱天童觉和尚颂古从容庵录》一,第一六则《麻谷振锡》)

上述"眉系"同行词语群常见的五种语义类型,各类之间多有内在联系。如B类词语劝诫对方振作精神、集中精力,有时也隐含督促僧徒顿悟禅法、切莫迟疑之义(与C类相关),或者提醒听法者别陷于情识知解、误入习禅歧途(与A类相关)。又如D类词语为禅家示机应机的特殊动作,故可以用来借指禅僧之间的机锋敌斗与道法切磋(E类)。

综上,"眉"系词语数量丰富,使用频繁,且形成了独具特点的语义类型,其语义类型都与禅宗的传法方式及宗门教义息息相关,是一批特点鲜明的词语。"眉"系词语群是禅师在频繁使用的过程中,不断推出新的逻辑和组句形式的结果,是禅林自创词语的典型例子。这一系列的词语以鲜活的姿态自成系统,多表示禅宗行业的独特意义,它们在禅录里拥有大量用例,而在禅籍以外的文献里则少见使用(即便有少量用例,其含义也与禅录用例有所区别)。比如"扬眉瞬目"(或作"瞬目扬眉")指禅僧在示机、应机时的面部特殊动作,在禅录里是个常用语,但这个词语在其他文献里很少使用,在汉译佛经里也未见用例。南宋儒家语录《朱子语类》经常谈论禅宗,该书两次提到"扬眉瞬目":

(邻老问)曰:"程子又谓'会不得时,只是弄精神',何也?"曰:"言实未会

得,而扬眉瞬目,自以为会也。'弄精神',亦本是禅语。"(卷六三)

僩问:"禅家又有以扬眉瞬目知觉运动为弄精魂而诃斥之者,何也?"曰:"便只是弄精魂。只是他磨擦得来精细,有光彩,不如此粗糙尔。"(卷一二六)

可见这两处用例都是借用禅家词语。

此外,还有眼(目)系词语群,如:佛眼、道眼、心眼、衲僧眼、点眼、开眼、具眼、明眼人、正法眼、通身是眼、眼里著沙、髑髅里眼睛;触目菩提、参学眼目、捏目生花、目前底、目前事、目前意、目前机、目前生死、目前无法等等。

鼻系词语群,如:巴鼻、没巴鼻、讨头鼻、摸著鼻孔、穿却鼻孔、衲僧鼻孔、娘生鼻孔、眼横鼻直、口似鼻孔、鼻孔辽天等等。

口(嘴、舌、唇)系词语群,如:口似匾担、口似磉盘、留口吃饭、脚底著口、父母所生口、驴唇马嘴、有语非关舌、无舌人解语、弄唇嘴、弄唇舌、弄唇齿等等。

大量的同行词语群源于日常生活里最常见的事物,生动又亲切,这正是禅录词语口语性、系统性特点的重要反映。

第三章

禅录词语的来源

禅录词语个性鲜明，表现力强，处处闪现着灵慧之光。这与禅录词语的来源丰富也是有关系的。禅录词语主要来自当时实际口语，也有的来自上古、中古汉语，以及汉译佛经。尤其需要重视的是，随着禅宗的日益兴盛，在长期的宗教实践中，在禅宗创新精神的推动下，禅录词语系统中产生了大量的新词新义。

第一节　来源于口语

禅籍中最为重要的语录，是历代禅宗祖师说法开示的记录书，口语化、通俗化是其主要特征。禅录中有大量的日常生活用语，涵盖了农业、手工业等各个生活层面。

一、反映农业与乡村生活的口语词

将宗教活动与生产劳动紧密结合是丛林制度的重要特点，百丈怀海禅师曾说"一日不作、一日不食"(《祖堂集》卷一四，百丈和尚)，农禅的修习与生活方式，体现了禅宗奋发向上的精神特质，也有力地推动了禅宗的发展。因此，禅录中有很多反映农业劳作与乡村生活的语词。例如：

有一日普请开田，雪峰见一条蛇，以杖撩起，召众云："看！看！"(《祖堂集》卷十，玄沙和尚)

有一日，其道者(指南泉道者)提篮子摘梨。盛篮次，师问："篮里底是什摩?"道者便覆却篮子。(同上，卷一六，南泉和尚)

上堂云："五月半农忙乱，插田心是秋成饭。却道禾熟不临场，只么任从风雨烂。"(《宏智禅师广录》卷一)

送监主，上堂："泥泥水水一年农，收拾将来碓下舂。炊软香分千钵饭，肚

皮参饱放颟顸。"(同上,卷四)

其他如,"直草不踏,横草不拈"指不从事农田劳动:

> 先师粗衣粝食,躬秉耒耜。年至七十,未尝暂辍。时岁大饥,磨麦为羹,率众开田。……今吾辈直草不踏,横草不拈,安坐享用。每思及此,便觉藏身无地。(《永觉元贤禅师广录》卷三十《续寱言》)

"收稻"即割稻:

> 师行脚时,三人同行,逢见女人收稻次,问:"退山路何处去?"(《祖堂集》卷一七,大慈和尚)

"村草步头"谓乡村、渡口:

> 性燥衲僧,侠伴座主,抹过村草步头,直下挨肩佛祖。(《虚堂和尚语录》卷六《保宁勇和尚》)

> 有僧新到参,绕师三匝,敲禅床曰:"不见主人翁,终不下参众。"师曰:"什么处情识去来?"僧曰:"果然不在。"师打一拄杖。僧曰:"几落情识,呵呵。"师曰:"村草步头逢著一个有什么话处?"僧曰:"且参众去。"(《景德传灯录》卷一四,米仓和尚)

"村公"指乡村老汉:

> 师行脚次,问村路:"此路到什摩处?"村公对云:"脚下底是什摩?"师云:"到岳不?"村公:"如许多时,又觅在。"(《祖堂集》卷一六,南泉和尚)

"七家村"指偏僻小村:

> 岂况汝等诸处更道,遮个是平实语句,遮个是差别门庭,遮个是关棙巴鼻,遮个是道眼根尘。递相教习,如七家村里人传口令相似,有什么交涉?(《建中靖国续灯录》卷二二,荐福道英禅师)

二、反映手工业活动的口语词

唐宋时期社会生产力已有较高发展水平,手工业在社会生活中发挥重要作用。禅录中有不少反映手工业劳动的内容,如六祖慧能曾在湖北黄梅山五祖弘忍法会中踏碓舂谷(参《曹溪大师别传》),蕲州五祖法演也曾在白云守端门下担任磨头之职,负责磨房的日常事务(参《五灯会元》卷一九,五祖法演章)。

禅宗史上,有一些禅师或居士曾专门从事手工业,并由此成为其身份标志。如睦州陈尊宿(名道明),外号"陈蒲鞋"①,据《五家正宗赞》卷一,睦州陈尊宿章

---

① 参《释氏稽古略》、《古尊宿语录》卷六《睦州和尚语录》等。

记载：

> 师后归开元，以母老无亲，奉居闲房，日织蒲鞋，鬻米供奉，故号陈蒲鞋。

这是得名之由来，同书还记载了禅师以蒲鞋御敌的传奇故事：

> 巢寇至境，师标大履于城门。巢尽力不能举，叹曰："睦州有大圣人。"舍城而去。遂免扰。

又有"胡钉铰"居士，"钉铰"指的是洗镜、补锅、焗碗等手艺劳作。据《祖庭事苑》卷一"胡钉铰"条：

> 唐之散人，世不以名显，尝与保福、赵州问答，语流丛席。尝一夕梦吞五色球，既觉，遂能作句语，鲙炙人口，至今称诵不已。……其诗云：日暮堂前花蕊娇，争拈小笔上床描。宗成安向春园里，引得黄莺下柳条。○忽闻梅福来相访，笑著荷衣出草堂。儿童不惯见车马，争入芦花深处藏。○蓬头稚子学垂纶，侧坐莓苔草映身。路人借问遥招手，恐畏鱼惊不应人。

《全唐诗》卷七二七之胡令能，即"胡钉铰"，存诗四首。关于"胡钉铰"与保福、赵州之机语问答，禅录中多有记载，例如：

> 举，保寿问胡钉铰云："莫便是胡钉铰？"云："不敢。"寿云："还钉得虚空么？"云："请和尚打破将来。"寿便打，铰云："莫错打某甲。"寿云："向后遇多口阿师，与尔点破去在。"后至赵州举前话，问云："不知某甲过在甚处？"赵州云："只者一缝，尚不奈何胡钉铰。"于此有省。（《明觉禅师语录》卷二）

此外，禅录中还有庞居士卖笊篱的故事：

> 上堂，举，庞居士卖笊篱下桥吃扑，女子灵照亦倒爷边。士云："尔作什么？"女云："见爷倒地，某甲相扶。"士云："赖是无人见。"（《黄龙慧南禅师语录》）

如一副生动的素描，简洁而意趣盎然，制作、贩卖笊篱既是手工业活动的反映也是当时市场活动的反映。

一些反映手工业劳动的词语也被禅师借用来说法，例如"钳锤、炉鞴（韝）、炉锤"等。

千锤百炼，方能锻造出优质的铁器。禅师接引学人，引导其到达彻悟的境界，也必须要锤炼之。禅门常常以打铁的工具作比喻，喻指禅师对学人的引导，以及启发接引学人的手段、措施等。例如：

> 烹金炼玉，煅圣镕凡。不假钳锤，便成大器。（《虚堂和尚语录》卷十《鸣钟佛事》）

古之学者，言下脱生死，效在什么处？在偷心已死。然非学者自能尔，实

为师者钳锤妙密也。(《禅林僧宝传》卷三十,佛寿清禅师)

古之为师者,但苦其钳锤,巧其逼拶。使慕道之士不识不知,而其情自激,其神自奋。(《永觉元贤禅师广录》卷二九《寱言》)

"钳锤"喻指禅师启发接引学人的施设。"钳锤"还可与"本色"、"向上"等禅录行业词语组合:

而南昌文悦见之,每归卧叹曰:"南(指黄龙南)有道之器也,惜未受本色钳锤耳。"(《禅林僧宝传》卷二二,黄龙南禅师)

及至师家于逆顺境中示以本分钳锤,又却怕惧不敢亲近,此等名为可怜愍者。(《大慧普觉禅师住径山能仁禅院语录》卷四《答张提刑(昜叔)》)

所谓"本色钳锤"、"本分钳锤"均指禅师接引学人所使用的内行手段。又如:

衲僧家以此提向上钳锤,碎圣凡窠臼。(《密庵和尚语录》)

"向上"于禅录中有由妄至真,由迷至悟,达到禅法无上至真境界的意思。"向上钳锤"即引领学人达到禅法微妙境界的本色当行的施设。又有"作家钳锤":

看他(指雪峰)此个示众,盖为他曾见作家来,所以有作家钳锤。凡出一言半句,不是心机、意识、思量、鬼窟里作活计,直是超群拔萃,坐断古今,不容拟议。(《佛果圆悟禅师碧岩录》卷一,第五则。作家:行家。)

意为行家高手接引学人的施设。

"炉鞴(韛)"即火炉与风囊,禅录多见。能将僧人练就成为法器的禅家法会称之为"炉鞴(韛)":

师初住乌巨,普说:"某自携被入方丈,经五十日,未曾举著方丈职。无他,盖此间有数人勤旧,皆是见前辈大尊宿,经大炉鞴中锻炼过来,故乃缩手。"(《密庵和尚语录》)

引申指禅师接引学人之手段:

大沩哲云:"资福虽是本分炉鞴,争奈陈操是煅了精金。诸人要识资福么?等闲掷下钓,惊动碧龙潭。"(《联灯会要》卷一一,资福如宝禅师)

亦可指禅师引导学人之行为:

自非有明眼宗师,见处分明,行处稳实,则何以倒用横拈,得大总持,炉鞴后学,皆成法器耶?(《密庵和尚语录》卷末所附葛郯《塔铭》)

"作家炉鞴(韛)"亦可指本色当行之禅师或其主持的法会:

投子是作家炉鞴。(《联灯会要》卷二一,投子大同禅师)

(灵隐法薰)遍游诸老门庭,见灵隐松源岳、净慈肯堂充、华藏遁庵演,咸谓其从作家炉鞴中出,自不同也。(《续传灯录》卷三五,灵隐法薰禅师)

"钳锤"与"炉鞴(韛)"既紧密关联又各有侧重,在禅录中常常对举:

> 垂示云:定乾坤句,万世共遵。擒虎兕机,千圣莫辨。直下更无纤翳,全机随处齐彰。要明向上钳锤,须是作家炉鞴。且道从上来还有恁么家风也无? 试举看! (《佛果圆悟禅师碧岩录》卷五,第四三则)

> 出炉鞴而放光,入钳锤而成器。(《景德传灯录》卷三十,天童宏智和尚疏)

而禅录中的"炉锤",既可指锻炼学人之法会,又可喻指禅师对学人的启发与引导:

> 郡王赵令衿……多与禅衲游,公堂间为摩诘丈室。适圆悟居瓯阜,公欣然就其炉锤。(《五灯会元》卷一九,郡王赵令衿居士)

> 门庭峻高,而棱棱壁立,各绍其宗。枝派衍远,而浩浩岐流,终归于海。付区分于杖拂,与烹炼于炉锤。(《宏智禅师广录》卷二《长芦觉和尚颂古拈古集序》)

可以说"炉锤"是"炉鞴(韛)"与"钳锤"的综合,这从另一个侧面表明了两者的内在联系。

三、反映市场贸易的口语词

唐宋时期是中国古代商品经济发展的高峰之一。禅宗六祖慧能在出家前就以卖柴为生:"父早亡,母亲在孤,艰辛贫乏,能市卖柴供给。偶一日卖柴次,有客姓安名道诚,欲买能柴,其价相当。送将至店,道诚与他柴价钱。"(《祖堂集》卷二,第三十三祖慧能和尚)又有法演禅师,作磨头之时"逐年磨下收糠麸钱解典出息,雇人工及开供外剩钱入常住"(《大慧普觉禅师宗门武库》。常住:寺院。)。这些文字均是当时市场行为的真实写照,"卖"、"买"、"价(钱)"、"相当"、"解典"、"出息"、"雇"等都是反映市场贸易行为的口语词。

禅录中常以市场买卖行为作譬喻,如《五灯会元》卷一八,信相宗显禅师章:

> 上堂,举,仰山问中邑:"如何是佛性义?"邑曰:"我与你说个譬喻,汝便会也。譬如一室有六窗,内有一猕猴。外有猕猴从东边唤狌狌,猕猴即应。如是六窗,俱唤俱应。"仰乃礼拜:"适蒙和尚指示,某有个疑处。"邑曰:"你有甚么疑?"仰曰:"只如内猕猴睡时,外猕猴欲与相见,又作么生?"邑下禅床,执仰山手曰:"狌狌与你相见了。"师曰:"诸人要见二老么? 我也与你说个譬喻。中邑大似个金师,仰山将一块金来,使金师酬价,金师亦尽价相酬。临成交易,卖金底更与贴秤。金师虽然暗喜,心中未免偷疑。何故? 若非细作,定是

赃赃。"

"酬价"(给出价钱,估价)、"尽价"(谓给足货物之价钱)、"交易"、"贴秤"(交易中卖方适当降低价钱以补贴买方)完整地再现了整个贸易流程。其他如:

（僧）进云:"今日为甚却干戈相待?"师云:"只为买卖不当价。"（《法演禅师语录》卷中。当价:价钱相称,价钱合适。）

上堂……举拂子云:"看!唯有玲珑岩,崔嵬望转高。所谓天童滞货,今朝短贩一遭。莫有酬价底么?"下座,巡堂。（《如净和尚语录》卷下）

师一日升座。僧问:"才上法堂来时如何?"师拍禅床一下。僧曰:"未审此意如何?"师曰:"无人过价,打与三百。"（《续传灯录》卷一,广教归省禅师。过价:出价。）

这一队老汉没个敢著价者,唯有天童相物作价,两无亏欠。（《万松老人评唱天童觉和尚颂古从容庵录》六,第九七则《光帝朴头》。著价:出价。作价:估算价格。）

上堂:"有利无利,莫离行市。镇州萝卜极贵,庐陵米价甚贱。争似太平这里,时丰道泰,商贾骈阗,白米四文一升,萝卜一文一束。不用北头买贱,西头卖贵。自然物及四生,自然利资王化。又怎生说个佛法道理?"良久云:"劝君不用镌顽石,路上行人口似碑。"（《续传灯录》卷二二,太平安禅师）

末例太平安禅师之说示,可以说是借市场贸易作喻的典型了。"行市"在这里指市场、市场行情,引申可比喻禅家法会:

到者里,如经蛊毒之乡,水也不得沾他一滴。若也傍他门户,受他教诏,入他行市,坐他床榻,堪作甚么?（《宏智禅师广录》卷一）

四、反映文娱生活的口语词

唐宋时期城市经济的高度繁荣,思想文化的兼收并蓄,为娱乐文化活动的发展提供了良好的基础,各种文娱活动逐渐兴盛与繁荣,杂技、戏剧、棋戏等名目繁多,形式多样。有关文娱生活的口语词在禅录中也很多见。

木偶戏、皮影戏是流传至今的民间艺术形式。木偶戏又称傀儡戏,五祖法演禅师即曾以观傀儡戏的故事为大众说法:

上堂云:"山僧昨日入城,见一棚傀儡,不免近前看。或见端严奇特,或见丑陋不堪。动转行坐,青黄赤白,一一见了。子细看时,元来青布幔里有人。山僧忍俊不禁,乃问长史高姓。他道,老和尚看便休,问什么姓?大众,山僧被他一句,直得无言可对,无理可伸。还有人为山僧道得么?昨日那里落节,今日者里拔本。"（《法演禅师语录》卷上。落节：吃亏。拔本：捞回本钱，补偿损失。）

法演借傀儡为喻，以生动的故事情节和口语化的叙述，点拨学人识取自心。禅录中还经常使用相关俗谚语，如"看取棚头弄傀儡，抽牵都来里有人"（《镇州临济慧照禅师语录》），"但看弄傀儡，线断一时休"（《祖堂集》卷三，司空本净和尚）等，均有启示学人认识本心的意思。此外，唐宋时期皮影戏亦甚为流行。皮影戏，又称影戏，禅录中常以演皮影戏，比喻人间世事的虚幻：

后晦处涟漪之天宁，示微疾，书偈曰："弄罢影戏，七十一载。更问如何，回来别赛。"置笔而逝。（《五灯会元》卷一八，胜因咸静禅师）

上堂："百尺竿头弄影戏，不唯瞒你又瞒天。自笑平生岐路上，投老归来没一钱。"（同卷，道场居慧禅师）

"逢场作戏"是现代习用的成语，其实它的早期用例是在禅宗语录中。例如：

升座云："火不待日而热，风不待月而凉。鹤胫自长，凫胫自短，松直棘曲，鹄白乌玄，头头露现。若委悉得，随处作主，遇缘即宗。竿木随身，逢场作戏，有么？有么？"（《圆悟佛果禅师语录》卷一）

邓隐峰辞师。师云："什么处去？"对云："石头去。"师云："石头路滑。"对云："竿木随身，逢场作戏。"（《景德传灯录》卷六，江西道一禅师）

"逢场作戏"本意指江湖艺人遇到合适的地方随时开场演出，禅录中多以"竿木随身，逢场作戏"的八字形式出现，在这里比喻悟道之人随处作主，自在无碍之机用。

摔跤是一种古老的体育活动，唐宋时期亦很盛行，当时称为"相扑"、"厮扑"等，例如：

文宗将有事南郊，礼前，本司进相扑人。（唐·赵璘《因话录》卷一《宫部》）

又说古人于射时，因观者群聚，遂行选士之法，此似今之聚场相扑相戏一般，可谓无稽之论。（《朱子语类》卷一三〇）

禅录中多有与"相扑"有关的记叙：

师在市里，遇见马步使，便相扑势。马步使便打五棒。（《祖堂集》卷一七，普化和尚）

一日，喜（指妙喜）问之曰："上座甚处人？"师曰："安州人。"喜曰："我闻你安州人会厮扑，是否？"师便作相扑势。（《五灯会元》卷二十，蒋山善直禅师）

　　上堂:"山僧平生意好相扑,只是无人搭对。今日且共首座搭对。"卷起袈裟下座,索首座相扑。座才出。师曰:"平地上吃交。"便归方丈。(《续传灯录》卷四,昙颖达观禅师)

　　秋千,也是我国传统的体育娱乐活动,唐宋时代极为流行①。禅录中也有所反映:

　　新满孝,便逢春。醉步狂歌任堕巾,散发夷犹谁管系,太平无事酒颠人。(《万松老人评唱天童觉和尚颂古从容庵录》五,第七三则《曹山孝满》)

　　万松注"便逢春"句云:"相唤打秋千"。春暖花开之时,万物复苏,满眼青绿,是开展室外活动的黄金季节。逢春而相唤打秋千,正是古时习俗的反映。

　　唐宋时各类争输赢的"博戏"也广为流行:

　　上堂云:"若论此事,如人博戏相似。忽然赢得,身心欢喜,家业昌盛,覆阴儿孙。不觉输他,自然迷闷。……不见陆亘大夫与南泉看双陆次,大夫撮起骰子问南泉云:'恁么,不恁么?便恁么信彩去时如何?'南泉云:'臭骨头十八。'大众,此去县城不远,外人闻得便来捉赌时,又且如何?"(《法演禅师语录》卷中)

　　"博戏"、"赢"、"输"、"双陆"(古代博戏)、"骰子"、"彩"(旧时博戏中掷骰子的胜色)、"捉赌",均是有关"博戏"的口语词。又如:

　　临济也粗心! 好彩是这僧,若是今时衲僧,且作么生出得?(《联灯会要》卷九,临济义玄禅师)

　　"好彩"本指赌博时手气好,例如:"六博争雄好彩来,全盘一掷万人开。"(《全唐诗》一七六,李白,《送外甥郑灌从军》三首之一)引申可指好运,在这里则相当于"幸好"。

　　此外,随着宋代城市经济的进一步发展,勾栏瓦肆、花街柳巷成为市民文化的重要组成部分,文人诗词也多香艳之语,并且广为流传,宋·叶梦得《避暑录话》卷下云:"凡有井水饮处,即能歌柳(永)词。"禅师们受此影响也运用艳诗艳词来示道。如圆悟克勤在五祖法演门下久未得道,最后却因法演举"频呼小玉元无事,只要檀郎认得声"小艳诗豁然开悟②,并呈诗偈一首:"金鸭香销锦绣帏,笙歌丛里醉

────────

① 唐宋诗词中即有大量有关打秋千的语句,如杜甫《清明二首》之二:"十年蹴鞠将雏远,万里秋千习俗同。"唐冯延巳《鹊踏枝》十二:"泪眼问花花不语,乱红飞入秋千去。"又如苏轼的名句:"墙里秋千墙外道。墙外行人,墙里佳人笑。笑渐不闻声渐悄,多情却被无情恼。"(蝶恋花)

② 全文是:"一段风光画不成,洞房深处托深情。频呼小玉元无事,只要檀郎认得声。"

扶归。少年一段风流事,只许佳人独自知。"法演阅罢大加赞赏,称"参得禅也"。(参《五灯会元》卷一九,克勤佛果禅师章)词句虽香艳绮丽,但巧妙地传达了一时悟脱的微妙感觉,实际正是契合禅宗不"说破"的宗旨。艳诗绮语进入宗教话语系统,反映了市民文化的强大影响力。

五、有关占卜、谶言的口语词

佛教作为一种成熟的宗教形式,与占卜、谶言的民间宗教有着天然的联系。在印度佛教中,即有各种形式的占卜之法。佛教在中国传播、发展的过程中,更是借重占卜、谶言等神秘形式扩大自身的影响(参严耀中 2000;2002)。禅宗文献中也有不少有关占卜、谶言的内容,如著名的石头希迁禅师曾为自己占梦:

> 尚于山舍假寐如梦,见吾身与六祖同乘一龟,游泳深池之内,觉而详曰:"龟是灵智也;池,性海也。吾与师同乘灵智,游于性海久矣。"(《祖堂集》卷四,石头和尚)

"详"即占详、占断。此时,石头希迁尚在六祖门下参习,后来石头成为著名禅师(江西马祖、湖南石头是当时禅人参学必往之地),此梦实是一种征兆,为其平添了一层神秘的色彩。又如禅林著名的"六祖谶":

> 祖云:"先师有言,从吾向后,勿传此衣,但以法传。若传此衣,命如悬丝。惟示道化。听吾偈曰:心地含诸种,普雨悉皆萌。顿悟华情已,菩提果自成。汝向后出一马驹(指马祖道一),踏杀天下人。应在汝心,不须速说。"师(指怀让)侍奉一十五载。唐先天二年,始往南岳,居般若寺。……马祖居南岳传法院,独处一庵,唯习坐禅,凡有来访者都不顾,师往彼亦不顾。师观其神宇有异,遂忆六祖谶,乃多方而诱导之。(《古尊宿语录》卷一,大鉴下一世(南岳怀让))

这是禅林的著名谶语之一。马祖是禅宗史上举足轻重的人物,六祖的谶言为马祖的出现增加了神秘感,借助谶言的力量,更有利于推动禅宗在民众中的传播。

禅师常借用占卜语言说法:

> 当晚小参,师云:"往往多是向蓍草影边,胡卜乱卜。今夜与诸人劈破卦文了也。请款款出来商量。"(《虚堂和尚语录》卷二)

> 若也未明得,且向三根椽下七尺单前,默默地究取。不见云门大师道:尔且东卜西卜,忽然卜著也不定。若也打开自己库藏,运出自己家财,拯济一切,教无始妄想一时空索索地,岂不庆快!(《圆悟佛果禅师语录》卷一三。三根椽下七尺单前:指僧堂内坐禅之床位。)

云岩举问师:"药山问僧:'见说汝解算虚实?'云:'不敢。'山曰:'汝试算老僧看。'僧无对。汝作么生?"师曰:"请和尚生日。"(《筠州洞山悟本禅师语录》)

"算虚实"、"算"都是占卜、算命的意思。

冬夜,小参。僧问:"德山昔日小参不答话,赵州小参却答话。未审答底是,不答底是?"师云:"总不是。"进云:"好音在耳,人皆聋去也。"师云:"杓卜听虚声。"(《宏智禅师广录》卷一)

《祖庭事苑》卷六:"风俗抛杓以卜吉凶者,谓之杓卜。""杓卜听虚声"本谓通过占卜得出的结果虚无不可相信。这里指禅法微妙,通过言语说教的方式并不能领悟禅法。

六、其他口语词

较之于唐宋时期各类文献,禅录的口语色彩是最为浓厚的,口语词俯拾皆是(参第二章第一节)。以下再略举几例:

禅道若到紧要处,那里有许多事! 他作家相见,如隔墙见角,便知是牛,隔山见烟,便知是火。拶著便动,捺著便转。(《佛果圆悟禅师碧岩录》卷三,第二四则)

石霜抵沩山为米头,一日筛米次,师云:"施主物莫抛散。"石霜云:"不抛散。"师于地上拾得一粒云:"汝道不抛散,这个是甚么?"石霜无对。师又云:"莫轻这一粒,百千粒尽从这一粒生。"石霜云:"百千粒从这一粒生,未审这一粒从甚么处生?"师呵呵大笑,归方丈。(《潭州沩山灵祐禅师语录》)

有一僧来参,师乃展手示之,僧近前却退。师曰:"父母俱丧略不惨颜。"僧呵呵大笑。师曰:"少间与阇梨举哀。"其僧打筋斗而出。师曰:"苍天,苍天!"(《景德传灯录》卷一四,吉州性空禅师)

诸禅德,直饶文殊辩说,认萤火为太阳;居士杜词,指鱼目同明月。所以雪窦寻常道:威音王已前无师自悟,是第二句。(《明觉禅师语录》卷一)

佛意祖意,如将鱼目作明珠。大乘小乘,似认橘皮为猛火。诸人须是豁开胸襟宝藏,运出自己家珍,向十字街头普施贫乏。(《五灯会元》卷二十,狼山慧温禅师)

举,雪峰云:"饭罗边坐地饿死人无数,海水边坐地渴杀人无数。"玄沙云:"饭罗里坐饿死人无数,海水没头渴杀人无数。"(《宏智禅师广录》卷三)

"饭罗"是竹编的盛饭器具。"坐地"即"坐、坐着","地"在这里相当于后缀,没有实在的意义。上文用"坐地",下文用"坐",其义甚明。敦煌变文中亦有此类用法："正见雀儿卧地,面色恰似坌土。"(《敦煌变文集新书》卷七《燕子赋(一)》)

师室中问僧："达磨西归手携只履,当时何不两只都将去?"曰："此土也要留个消息。"师曰："一只脚在西天,一只脚在东土,著甚来由?"僧无语。(《续传灯录》卷一七,泐潭景祥禅师)

"著甚来由"意指有什么必要。

直下高而无上,广不可极,净裸裸,圆坨坨,无漏无为,千圣依之作根本,万有由之建立。应须斗顿回光自照,令绝形段,分明圆证,万变千化,无改无移。(《圆悟佛果禅师语录》卷一六《示成都府雷公悦居士》)

"斗顿"即立即、当下。

这一队不唧嚼汉,无端将祖父田园私地结契,各至四至界分,方圆长短,一时花擘了也。致令后代儿孙,千载之下,上无片瓦盖头,下无卓锥之地。(《五灯会元》卷二十,荐福悟本禅师)

未点先行不唧嚼,不拨自转已出丑。(《大慧普觉禅师住径山能仁禅院语录》卷四《示用禅人》)

"不唧嚼"为唐宋口语(参江蓝生、曹广顺《唐五代语言词典》"不唧溜"条),前例谓不中用,没出息,后例指不机灵,不敏捷。

才方八月中秋,又是九月十五。(《大慧普觉禅师住径山能仁禅院语录》卷四)

"才方"即刚刚。

大愚遂连点头曰："吾独居山舍,将谓空过一生,不期今日却得一子。"(《祖堂集》卷一九,临济和尚)

"不期"指不料。

第二节　来源于雅语文言

禅录语言充满个性,淳朴、通俗是其重要特点,但不可忽视的是禅录中同样有典雅、华丽的语汇,甚至文言成分。这是多方面的原因造成的。首先,禅宗地位的巩固,需要依赖官方的支持。在禅宗形成之后向京城和各地传播的过程中,得到了皇帝、朝臣,尤其是地方藩镇、各级军政官员的保护与支持。而禅宗的教义教法也符合文人士大夫的精神需求,士大夫们从参禅、习禅中寻求精神寄托与慰藉,其至借此以达成某些政治目的。事实上，禅师与士大夫阶层一直保持着密切的联系，禅录中就有很多这样的记载。例如《镇州临济慧照禅师语录》中一再提到的王常侍，就是时任河北成德镇（今河北正定）节度使的王绍懿。他信奉佛教，对禅宗也很感兴趣，常请临济义玄禅师为之说法，往来密切（参杨曾文1999序言；2006第七章）。这样的交际往来，必然要求禅师具备较高的素养，并使用较为典雅的言语，以拉近彼此之间的距离。其次，很多禅师自身也的确具有相当高的文化修养，例如著名的丹霞天然禅师，就是"少亲儒墨，业洞九经"（《祖堂集》卷四，丹霞和尚）的儒士出身。禅录中记载的大量传法偈、诗颂等，也多有精彩之作，如永嘉真觉《证道歌》等等。禅师在机语问答中也显示出过人的智慧，多有妙句传世，如药山"云在青天水在瓶"语、崇慧"万古长空，一朝风月"句，本身就是精妙之诗句。

一、用诗词之语句

尽管禅宗强调"以心传心，不立文字"，但接人心切，也不得不开方便法门，使用语言文字。尤其是宋代以后，禅师的说法多是长篇大论，文字化的倾向越来越明显。而诗歌的朦胧性、形象性与禅宗"不说破"的原则在本质上有相通之处。所以，禅录中常常借用诗句说禅，以典雅的形式表现禅理（参无著道忠《禅林句集辨苗》，《禅语辞书类聚》第一册；周裕锴1999第五章、第七章）。

"结夏已一月，业识茫茫，殊不在己，良可悲也。蓦然有个牙如剑树，口似血盆，出来便喝，拟议便掌。老僧道：'尔且住，我今年七十七，尔也饶我些子。'者汉回头一觑，冷笑而去。且道，他笑个甚么？"卓主丈："投我以木桃，报之以琼瑶。"（《虚堂和尚语录》卷八）

引《诗·国风·木瓜》："投我以木桃，报之以琼瑶。匪报也，永以为好也。"

师云："诸禅德，当明有暗，当暗有明。闹浩浩中静悄悄，静悄悄中明历历。还委悉么？"良久云："行到水穷处，坐看云起时。"（《宏智禅师广录》卷一）

引王维《终南别业》诗。王维此诗句因其深远之禅味，备受禅师青睐，禅录中多次引用，又如："云：'如何是道中人？'师云：'行到水穷处，坐看云起时。'"（《联灯会要》卷二八，承天传宗禅师）

翌晨，摄衣就座，大呼曰："吾去矣，听吾一偈。"众闻奔视。师乃曰："平生醉里颠蹶，醉里却有分别。今宵酒醒何处？杨柳岸晓风残月。"言讫寂然，撼之已委蜕矣。（《五灯会元》卷一六，开元法明上座）

禅师临终偈语引用柳永《雨霖铃》词句，表达禅悟之自如境界。

上堂:"见见之时,见非是见。见犹离见,见不能及。落华有意随流水,流水无情恋落华。诸可还者,自然非汝。不汝还者,非汝而谁?<u>长恨春归无觅处,不知转入此中来。</u>"喝一喝曰:"三十年后,莫道能仁教坏人家男女。"(《五灯会元》卷二十,竹庵士珪禅师)

引白居易《大林寺桃花》诗:"人间四月芳菲尽,山寺桃花始盛开。长恨春归无觅处,不知转入此中来。"此外,这里的"落华有意随流水,流水无情恋落华"句后来演变为"落花有意,流水无情"的俗语,直到现在仍在使用。

圆悟师翁道:"参禅参到无参处,参到无参始彻头。"水庵则不然。参禅参到无参处,参到无参未彻头。<u>若也欲穷千里目,直须更上一层楼。</u>(《续传灯录》卷三一,净慈水庵禅师)

用王之涣《登鹳雀楼》诗:"欲穷千里目,更上一层楼。"

上堂:"胡来胡现,汉来汉现。忽然胡汉俱来时如何祗准?"良久曰:"<u>落霞与孤鹜齐风,秋水共长天一色。</u>参!"(又,卷一九,延庆可复禅师)

用王勃《滕王阁序》名句:"落霞与孤鹜齐飞,秋水共长天一色。"

上堂,蓦拈拄杖横按膝上曰:"苦痛深,苦痛深!<u>碧潭千万丈,</u>那个是知音?"卓一下,下座。(同上)

用李白《赠汪伦》诗:"桃花潭水深千尺,不及汪伦送我情。"

如何是法身?<u>柳色黄金嫩,梨花白雪香。</u>(《人天眼目》卷六《三种法界(古德)》)

用李白《宫中行乐词》句。

其他如"秋风生渭水,落叶满长安"(贾岛《忆江上吴处士》诗),"深秋帘幕千家雨,落日楼台一笛风"(杜牧《题宣州开元寺水阁阁下宛溪夹溪居人》诗)等等,大量的诗、词、文被禅师们使用来暗示某种禅悟境界或悟道体验。

禅师不仅引用诗句,更自己创作诗偈。以诗偈传法示法,是佛教的传统,而禅门诗作与偈语不仅数量丰富,而且整体水平较高,不少诗偈堪称佳作。有的禅师直接把诗人的名句嵌入自己的诗偈之中,例如:

瓮头酒熟人皆醉,林上烟浓花正红。<u>夜半无灯香合静,秋千垂在月明中。</u>(《人天眼目》卷一《佛鉴(名惠勤)》)

用薛能《寒食日题》诗:"夜半无灯还有睡,秋千悬在月明中。"暗示悟道之清静境界。

二月三月景和融,远近桃花树树红。宗匠悟来犹未彻,至今依旧笑春风。(《黄龙慧南禅师语录·灵云见桃花悟道(三首之一)》)

暗用崔护《题都城南庄》诗：“去年今日此门中，人面桃花相映红。人面不知何处去，桃花依旧笑春风。”

有时师徒间的机锋对答全用诗句或是诗化的语言，例如：

次有一僧挼前便问：“人天普集，选佛场，开祖令。当机如何举唱？”师云：“钝鸟逆风飞。”进云：“遍界且无寻觅处，分明一点座中圆。”师云：“人间无水不朝东。”进云：“可谓三春果满菩提树，一夜华开世界香。”师云：“筑著磕著。”进云：“纷纷香气炉中发，飚飚清风座上生。”师云：“闲言语。”进云：“争奈千枝少室华方盛，一派曹源水更清。”师举起拂子云：“这个是第几枝？”进云：“知音不在频频举，达者须知暗里惊。”师云：“灵利衲僧。”问：“一问一答辜负己灵，举古举今埋没先祖。去此二途如何即是？”师云：“分身两处看。”进云：“唐土二三齐敛衽，西天四七亦开眉。”师云：“天无私盖，地无私载。”进云：“如斯问答已涉功勋，祝圣一句请师速道。”师云：“长将日月为天眼，指出须弥作寿山。”进云：“社稷山河增胜气，乾坤草木尽沾恩。”师云：“重说偈言。”……（《大慧普觉禅师住径山能仁禅院语录》卷一）

甚至有些禅门常用的格式语也以诗句的形式表达，如禅院开堂时使用的仪式语“法筵龙象众，当观第一义”：

师初开堂，读疏罢，维那白槌云：“法筵龙象众，当观第一义。”（《汾阳无德禅师语录》卷上。法筵：法会。龙象：喻指杰出的禅人。第一义：最高之真理，至极玄妙之禅义。）

新任住持僧说法之前，每每由维那或是其他有地位的僧人击槌之后当众念诵此语，然后才进入正式的说法阶段，是禅林特有的格式语。

二、与案牍、官场相关的词语

与案牍语相关的词儿，最典型的莫过于“公案”。禅宗将历代高僧的言行记录下来，供后世学人反复参究。其中，那些规范的或典型的机缘语句、禅机施设，亦称为“公案”。“公案”是禅僧思考的对象，也是可供依凭的法式。例如：

古人事不获已，对机垂示，后人唤作公案。（《佛果圆悟禅师碧岩录》卷十，第九八则）

若是个丈夫汉，看个公案。僧问赵州：“狗子还有佛性也无？”州云：“无。”但去二六时中看个“无”字，昼参夜参，行住坐卧，著衣吃饭处，阿屎放尿处，心心相顾，猛著精彩。守个“无”字，日久月深，打成一片，忽然心花顿发，悟佛祖之机，便不被天下老和尚舌头瞒，便会开大口。（《黄檗断际禅师宛

陵录》)

禅家将古禅师的言行、机锋视之为"公案",也就是将它作为判别是非、观照邪正的准绳,是为接引后学而采取的方便手法。事实上,"公案"一词本是公衙文牍用语,《佛果圆悟禅师碧岩录·三教老人序》中有明确的解释:

　　尝谓祖教之书谓之公案者,倡于唐而盛于宋,其来尚矣。二字乃世间法中吏牍语。

"公案"本指官府案件文卷,例如:

　　因言:"陈同父读书,譬如人看劫盗公案,看了,须要断得他罪,及防备禁制他,教做不得。"(《朱子语类》卷一二三)

引申指有纠纷之案件:

　　北望神州路,试平章这场公案,向谁吩咐? (《全宋词》,刘克庄,《贺新郎·送陈子华赴真州》)

　　解夏,上堂:"四月十五这公案,七月十五方结绝。即今这里许多人,人人有理难分雪。众中莫有辩口利词底么? 试出来分雪看。直饶分雪得去也,须脑门著地始得。"(《大慧普觉禅师住径山能仁禅院语录》卷三)

按,中国佛教习俗,从阴历四月十五日(一说十六日)至七月十五日,禁止僧尼外出,谓外出易伤害昆虫草木,应在寺院内坐禅参习,称为"安居"、"度夏"、"过夏"等。

禅门所存公案甚多,《佛果圆悟禅师碧岩录》《万松老人评唱天童觉和尚颂古从容庵录》《禅宗无门关》《五灯会元》等皆辑录了大量公案,著名的公案如"南泉斩猫"、"赵州茶"、"临济三顿棒"等均是充满生机与旨趣的传世"案例"。但公案在后世逐渐被教条化,反而阻碍了禅法的发展创新。

禅录中与断案相关的词语甚多,将它们串联起来,甚至可以完整地再现案件从开始到结束的全过程,很是有趣。成语"和赃捉败"指盗贼连同赃物一同被捉获:

　　因白兆楚和尚至汝州宣化,风穴令师往传语。才相见,提起坐具,便问:"展即是? 不展即?"兆曰:"自家看取。"师便喝。兆曰:"我曾亲近知识来,未尝辄敢恁么造次。"师曰:"草贼大败。"兆曰:"来日若见风穴和尚,待一一举似。"师曰:"一任一任,不得忘却。"师乃先回,举似风穴。穴曰:"今日又被你收下一员草贼。"师曰:"好手不张名。"兆次日才到相见便举前话。穴曰:"非但昨日,今日和赃捉败。"师于是名振四方,学者望风而靡,开法首山,为第一世也。(《五灯会元》卷一一,首山省念禅师)

白兆楚在两次机语较量中均当场堕机,因而被首山与风穴戏称为"草贼"。"和赃捉败"是斥其当场失利的形象说法。获得贼赃后,要进行审讯:

> 上堂:"吃粥吃饭,不觉嚼破舌头,血溅梵天。四天之下,廓然有余。玉皇大帝发追东海龙王,向金轮峰顶鞫勘。顷刻之间,追汝诸人作证见也。且各请依实供通,切忌回避。傥若不实,丧汝性命。"(同上,卷二十,应庵昙华禅师。供通:供述、陈述。)

"鞫勘"即审讯、审问。《续传灯录》卷三一,应庵昙华禅师章作"鞫勘",两者同词异形。此外,"作证见"即作证人,也是源于司法审讯的口语词。

> 岁夜,小参曰:"年穷岁尽,无可与诸人分岁,老僧烹一头露地白牛,炊黍米饭,煮野菜羹,烧榾柮火。大家吃了,唱村田乐。何故?免见倚他门户傍他墙,刚被时人唤作郎。"便下座,归方丈。至夜深,维那入方丈问讯曰:"县里有公人到勾和尚。"师曰:"作甚么?"那曰:"道和尚宰牛不纳皮角。"师遂把下头帽,掷在地上。那便拾去。师跳下禅床,拦胸擒住,叫曰:"贼!贼!"那将帽子覆师顶曰:"天寒,且还和尚。"师呵呵大笑,那便出去。时法昌为侍者,师顾昌曰:"这公案怎么生?"昌曰:"潭州纸贵,一状领过。"(同上,卷一五,潭州智贤禅师。榾柮:树根、柴块。)

维那与智贤之交锋,可谓活泼生动。而法昌之"结案"更是言简意赅,二人彼此彼此,为免浪费纸张,姑且在一张纸上记录吧,隐约透漏出诙谐的意味。再举一例:

> 一日,五人新到。师云:"尔总不消行脚。"僧拟议。师云:"一状领过。"(《明觉禅师语录》卷二。拟议:思虑、迟疑。)

禅师意在以迅疾之禅机断除禅人的情念妄识,学僧迟疑正是陷于情识,未能接机的表现,所以禅师集体宣判,五个人"一状领过"。

其他源于案牍或官场的词语例如:

1. 近代汉语时期,作为法律用语的"款"指罪犯的供词。《汉语大词典》引《资治通鉴》例:

> 《资治通鉴·唐则天后天授二年》:"来俊臣鞫之,不问一款,先断其首,仍伪立案奏之。"胡三省注:"狱辞之出囚口者为款。"

"款"还可组成双音词,如"款状"指供状或罪证,"款问"犹审问,"款头"指官府讯问罪人时写在纸上的问题等(参《汉语大词典》,江蓝生、曹广顺《唐五代语言词典》相关条目)。禅录用"款"的例句如:

> 僧问:"庐陵米价作么生酬?"师曰:"款出囚口。"(《五灯会元》卷一六,南

禅宁禅师)

尝垂语问学者:"我这里无法与人,只是据款结案。"(《续传灯录》卷二七,大慧宗杲禅师)

问僧:"你死后烧作灰,撒却了向甚么处去?"僧便喝,师曰:"好一喝,只是不得翻款。"(《五灯会元》卷一四,真歇清了禅师)

太阿横按,血淋漓,铁作心肝也皱眉。入得门来翻死款,不庵未必肯饶伊。(《虚堂和尚语录》卷七《送僧见龙泉不庵》)

"翻款"、"翻死款"犹谓推翻供词,翻案。

僧云:"学人才见和尚升堂,便出礼拜,得个甚么?"师云:"他时不得退款。"僧云:"且喜水米无交。"师云:"早是退款了也。"僧便喝,师亦喝。(同上,卷二)

"退款"喻反悔。

2. 据宋代吴曾《能改斋漫录·事始二》记载:"唐宣宗时,中书门下奏:'若官度僧尼,有阙,则择人补之,仍申祠部给牒。其欲远游寻师者,须有本州岛公验。'乃知本朝僧尼出游给公验,自唐已然矣。""公验"是僧人受戒或外出游方时,所持本地官署开具的文书,持此文书方才合法。禅录用例如:

有僧辞师。师云:"甚处去?"僧云:"湖南去。"师云:"前头津铺难过。"僧云:"某甲有随身公验。"(《云门匡真禅师广录》卷中)

3. "打退鼓",即"打退堂鼓",指官吏打鼓宣告退堂,常用来比喻中途退缩。现代汉语中,"打退堂鼓"已经是人们习用的成语。例如:

又一日,升堂,僧问:"黄龙一曲师亲唱,佛手驴脚略借观。"师曰:"老僧打退鼓。"僧礼拜。师曰:"龙头蛇尾。"(《续传灯录》卷一五,沩潭洪英禅师)

这里的"升堂"也是官场用语,指官吏登公堂审讯案件。禅录中将禅师上法堂为大众说法称为"升堂",又称"上堂"等,已经是一个高度行业化的词语。

4. "白衣拜相"指无官职的平民百姓忽被拜为宰相。例如:

上堂:"显孝尽力,只为得中下之机,要且不为得向上之机。主丈子不觉出来冷笑道:'大丈夫汉,等是为人,何不教他脱笼头、卸角䭾,如白衣拜相一般?说甚么向上向下!'山僧道,主丈子,尔果然作家,我不如尔。"(《虚堂和尚语录》卷一)

比喻禅人顿悟禅法,见性成佛。

5. "朝旆"、"朝盖"均是对朝廷官员的尊称。

问南堂元静禅师曰:"某有个见处,才被人问著,却开口不得。未审过在甚处?"静曰:"过在有个见处。"却问公:"朝旆几时到任?"曰:"去年八月四日。"静曰:"自按察几时离衙?"公曰:"前月二十。"静曰:"为甚么道开口不得?"公深领。(《嘉泰普灯录》卷二三,龙图王蕃居士)

  师就座,僧问:"金鸡唱晓,玉凤嘲花。朝盖临筵,请师祝圣。"师云:"独角麒麟登海屿,九包鸾凤舞神山。"(《虚堂和尚语录》卷一)

"宷寮"即官僚,是对官员的泛称。

  次拈香云:"此一瓣香,奉为执政大臣,两制侍从发运阁学,知府学士通判寺丞阖府文武宷寮,并愿奉国惟忠。"(《宏智禅师广录》卷一)

三、与科举相关的词语

科举制度创制于隋,健全于唐,而延续至清末,是中国古代影响最大的选士制度。据《祖堂集》卷四,丹霞和尚章,丹霞天然禅师就是在入京赴试的路上偶遇行脚僧,机缘巧合之下隐入禅门:

  丹霞和尚嗣石头,师讳天然,少亲儒墨,业洞九经。初与庞居士同侣入京求选,因在汉南道寄宿次,忽夜梦日光满室。有鉴者云:"此是解空之祥也。"又逢行脚僧,与吃茶次,僧云:"秀才去何处?"对曰:"求选官去。"僧云:"可惜许功夫,何不选佛去?"秀才曰:"佛当何处选?"其僧提起茶碗曰:"会摩?"秀才曰:"未测高旨。"僧曰:"若然者,江西马祖今现住世说法,悟道者不可胜记,彼是真选佛之处。"二人宿根猛利,遂返秦游而造大寂(马祖道一的谥号)。(解空:了悟万物皆空之理,含有解脱、省悟之义。)

丹霞的这则故事情节生动,占梦一节甚至还有几分神秘的色彩。科举考试乃士子入仕求官的重要途径,因此有"选官"一说,禅家借用此语,将参禅悟道、见性成佛之事称作"选佛"。又如:

  因问马大师:"不与万法为侣者,是什摩人?"马师云:"待居士一口吸尽西江水,我则为你说。"居士便大悟,便去库头借笔砚,造偈曰:十方同一会,各各学无为。此是选佛处,心空及第归。(《祖堂集》卷一五,庞居士)

这里的"心空及第归"也是借"及第"(科举考试中选)为喻,大意谓了悟万法皆空之理,除尽心中俗情妄念则可中选成佛。此公案后世常见拈提,"心空及第归"又作"心空及第":

  僧云:"宝印当风妙,重重锦缝开。"师云:"机丝初不挂,里许妙无痕。"僧云:"心空及第去也。"(《宏智禅师广录》卷五)

  问:"选佛场开,还许学人选也无?"师云:"切忌点额。"学云:"恁么则心

空及第归也。"师云："阶下汉。"(《明觉禅师语录》卷一)

末例的"选佛场"、"点额"也是与科举相关的词语。科举考试的场所称为"场屋"①，例如：

十八九游京师。时欧阳文忠公在场屋，颖识之，游相乐也。(《禅林僧宝传》卷二七，达观颖禅师)

由此，禅林、禅家法会亦可称为"选佛场"，如：

宏开选佛场，宣唱大般若。(《圆悟佛果禅师语录》卷四)

玉壶山下云居寺，六百年来选佛场。满地白云关不住，石泉流出落花香。(《全唐诗》卷二七四，戴叔伦，《题净居寺》)

而"点额"一词源于鲤鱼跳龙门的传说。据《万松老人评唱天童觉和尚颂古从容庵录》三，第三三则《三圣金鳞》记载："绛州龙门山，禹凿也，亦曰禹门，而有三级。《水经》云：鳣鲔出巩穴，三月则上度龙门，得度为龙，否则点额而回。"一般诗文中常以"点额"喻指科场考试落第：

黄河二尺鲤，本在孟津居。点额不成龙，归来伴凡鱼。故人东海客，一见借吹嘘。风涛傥相见，更欲凌昆墟。(《全唐诗》卷一六八，李白，《赠崔侍郎》)

五度龙门点额回，却缘多艺复多才。贫泥客路粘难出，愁锁乡心掣不开。何必更游京国去，不如且入醉乡来。吴弦楚调潇湘弄，为我殷勤送一杯。(《全唐诗》卷四五四，白居易，《醉别程秀才》)

禅录中借"点额"喻指未能契悟禅机，如：

上堂云："汾阳门下，有西河师子，当门踞坐。但有来者，即便咬杀。有何方便，入得汾阳门，得见汾阳人？若见汾阳人者，堪与祖佛为师。不见汾阳人，尽是立地死汉。如今还有人入得门么？快须入取，免得辜负平生。不是龙门客，切忌遭点额。那个是龙门客？一齐点下！"举起拄杖云："速退！速退！"(《汾阳无德禅师语录》卷上)

四、其他各类书面词语

禅录中使用各类书面敬语，例如：

---

① 禅宗文献中多"八十老人(公、翁)出场屋"、"八十翁翁出场屋"、"八十翁翁入场屋"等俗语，比喻参禅悟道，示机应机事关重大，绝不可轻忽。例如《禅林僧宝传》卷六，宏觉膺："八十老人出场屋，不是小儿戏，不是因循底事。一言参差，即千里万里，难为收摄。"

马大师不安，院主问："和尚近日尊候如何？"（《佛果圆悟禅师碧岩录》卷一，第三则）

"尊候"原是书信中问候对方身体、起居等情况的敬语，禅录中可用于见面时的问候。

问："如何是在匣剑？"师良久。僧罔措。师曰："也须感荷招庆始得。"（《景德传灯录》卷二一，招庆道匡禅师。良久：沉默不语。）

"感荷"即感谢。

诸方善人，得得光访。（《五灯会元》卷一八，正法希明禅师）

"光访"是称客人来访的敬语。

后至径山谒大慧。慧问："甚处来？"师曰："西川。"慧曰："未出剑门关，与汝三十棒了也。"师曰："不合起动和尚。"慧忻然，扫室延之。（又，卷二十，径山宝印禅师）

"起动"本指起居，引申为表敬之词，相当于"烦劳、劳驾"。

禅录中多使用成语、俗谚语，这其中包括很多源于古代典籍的词语：

二人同心，其义断金。古今有此，吾道堪任。（《法演禅师语录》卷下《送己、德二禅者之长安缘干》）

"二人同心，其义断金"从古语"二人同心，其利断金"（出《周易·系辞上》）改一字而来，意谓两人共事，如能同心合力，则极有成效。

是以发菩提者，得意而忘言，悟理而遗教，亦犹得鱼忘筌，得兔忘蹄也。（《景德传灯录》卷二八，大珠慧海禅师）

"得意而忘言"、"得鱼忘筌"、"得兔忘蹄"典出《庄子·外物》："筌者所以在鱼，得鱼而忘筌；蹄者所以在兔，得兔而忘蹄；言者所以在意，得意而忘言。吾安得夫忘言之人而与之言哉！"比喻言句只是启发开悟之手段，悟道后须除尽言句之纠缠。

禅录中其他各类雅语文言略举示如下：

师闻此语，莫知所从，便止夹山。抠衣数载，不惮劳苦，日究精微。（《祖堂集》卷九，落浦和尚）

德山问曰："汝还会么？"师曰："不会。"德山曰："汝成襕取个不会好。"师曰："不会成襕个什么？"德山曰："汝似一团铁。"师遂抠衣德山。（《景德传灯录》卷一六，泉州瓦棺和尚）

"抠衣"本义指提起衣服前襟行走，是古人表示恭敬的动作。这里的"抠衣"则另有引申意义。落浦、瓦棺分别是在与夹山、德山的应对中，获得启示，并因而

留在禅师门下修习禅法。"抠衣"取其原有的恭敬义,引申表示拜某人为师,以师礼待之。下面是居士"抠衣"的用例:

> 于是蜀之净侣靡然向风,经肆讲席为之一空。朝散郎冯敢、奉议郎段玘、天台山隐者宋放、唐安文士相里昱,皆抠衣执弟子礼。(《续传灯录》卷一八,昭觉纯白禅师)

"抠衣执弟子礼",也就是师事的意思。

> 上堂:"山僧二十年前两目皆盲,了无所睹。唯是闻人说道,青天之上有大日轮,照三千大千世界,无有不遍之处。筹策万端,终不能见。"(《五灯会元》卷一四,真际德止禅师)

> 余即问(玄则禅师)云:"向后还有事也无?"先师云:"老僧只知二时粥饭,亦不知有向后事。"余云:"和尚岂无方便?"先师云:"汝后得坐披衣,幸无筹策足矣。"余即礼拜。是冬命首众。(《无异(元来)禅师广录》卷八。得坐披衣:住持寺院,为众说法。)

"筹策"本指古代的一种计算用具竹码子,引申指谋划筹算。然在禅家看来,刻意地谋算筹划则陷入执着,落于妄念,与平常自然的禅家门风是相对立的。

> 师因摘茶云:"摘茶辛苦,置将一问来。"无对。又云:"尔若道不得,且念上大人。更不相当,且顺朱。"(《云门匡真禅师广录》卷中)

旧时学童入学,教师多写"上大人,孔乙己"等语,供描红习字之用。取其笔画简单,便于诵读习写。"顺朱"也就是描红,指儿童在初学毛笔字之时,在一种印有红色楷字的习字纸上临摹。"上大人"、"顺朱"多用来比喻模仿。

> 复造塔婆七级,崇二百四十余尺。功垂就,势将偏压。师祷之,夜乃大风雨。居氓闻鬼神相语曰:"天宁塔偏,巫往救之。"迟明,塔正如初。(《梵琦语录》卷二十《佛日普照慧辩禅师塔铭》)

"居氓"即居民,百姓。

> 未几,令分座,室中握竹篦以验学者。丛林浩然归重,名振京师。(《嘉泰普灯录》卷一五,大慧宗杲禅师)

"归重"指推重,尊敬。

> 正旦,上堂:"一年又一年,循环数不足。本分面上人,犹如隔罗縠。惟有南极老人,扣天鼓三下,望北阙而祝。何故?"卓主丈:"愿我王万福。"(同上,卷三)

> 山空木落岸云轻,吹面霜风有几程? 明月修江归梦急,入门先祝老人星。(同上,卷十《准侍者归省》)

"南极老人"、"老人星"即南极星,古人认为它象征长寿,故又称寿星。传说此星出现则人间寿昌,据《史记·天官书》:"比地有大星,曰南极老人。老人见,治安;不见,兵起。"张守节正义:"老人一星,在弧南,一曰南极,为人主占寿命延长之应。"因多用作祝寿祝祥之语。

> 师喝曰:"苦!苦!"复曰:"白云涌地,明月当天。"言讫軿然而逝。(《五灯会元》卷一九,龙牙智才禅师)

"軿然",笑貌。《汉语大词典》引《文选·左思〈吴都赋〉》:"东吴王孙軿然而咍。"刘逵注:"軿,大笑貌。"

> 乃举,太原孚上座初参雪峰,跨门才见雪峰,便参主事。次日却来礼拜云:"昨日触忤和尚。"峰云:"知是般事,便休。"(《虚堂和尚语录》卷二)

"触忤"即触犯。

第三节　来源于佛经词语

禅宗是佛教中国化的产物,与传统佛教的承继关系,决定了禅宗文献语言必然要受到传统佛典的影响。就词汇系统而言,禅录中有很多源于佛典的词语。

佛教徒为了以通俗、生动的形式争取信徒,往往以故事或譬喻等作为表现形式。这些佛教典故在禅录中仍被广泛使用。

相传佛祖诞生时,"住立于地,各行七步,凡所履处,皆生莲花"。(《佛本行集经》卷十)"脚踏莲花"因而成为释迦牟尼佛的代表形象之一:

> 拈拄杖云:"如何是佛赤脚踏莲花?"(《续传灯录》卷三六,楠堂益禅师)

又有佛祖说法"天花乱坠"的佛教传说,据《妙法莲华经·序品》:

> 尔时世尊,四众围绕,供养恭敬尊重赞叹,为诸菩萨说大乘经……佛说此经已,结加趺坐,入于无量义处三昧,身心不动。是时天雨曼陀罗华、摩诃曼陀罗华、曼殊沙华、摩诃曼殊沙华,而散佛上及诸大众。

禅录中也常用"天花乱坠"来形容说法动听感人:

> 武帝尝披袈裟,自讲《放光般若经》,感得天花乱坠、地变黄金。(《佛果圆悟禅师碧岩录》卷一,第一则)

> 上堂:"道源不远,性海非遥。但向己求,莫从他觅。古人怎么说话,大似认奴作郎、指鹿为马。若是翠岩即不然也。不向己求,亦不从他觅。何故?双眉本来自横,鼻孔本来自直。直饶说得天花乱坠、顽石点头,算来多虚不如

少实。且道如何是少实底事?"良久曰:"冬瓜直傫侗,瓠子曲弯弯。"(《续传灯录》卷一六,保宁圆玑禅师)

末例"顽石点头"是引东晋竺道生的故事:"师被摈南还入虎丘山,聚石为徒讲《涅槃经》,至阐提处则说有佛性,且曰:'如我所说契佛心否?'群石皆为点头。"(《佛祖统纪》卷二六)形容说法透辟精彩。

又据《楞严经》卷四:"亦如翳人,见空中华;翳病若除,华于空灭。忽有愚人,于彼空华所灭空地,待华更生;汝观是人,为愚为慧?""空华"又作"空花",即空中之花,比喻万事万物本非真实存在,只是俗心妄念所造成的:

> 若是学语之辈,不自省己知非,直欲向空里采花,波中取月,还著得心力么?(《景德传灯录》卷二十,瑞龙幼璋禅师)

"波中取月"同"空里采花",也是佛经常用之譬喻。据《大智度论》卷六:"解了诸法,如幻,如焰,如水中月,如虚空,如响,如犍闼婆城,如梦,如影,如镜中像,如化。""空花"、"水中月"以及"梦"、"幻(幻术家之变幻)"、"影"、"响"、"镜像"、"阳焰"等都是佛经中常用的喻体,禅录亦然:

> 一切诸法,但有假名,无一定实。是我身者,四大五阴,一一非我,和合亦无。内外推求,如水聚沫,浮泡阳焰,芭蕉幻化,镜像水月,毕竟无人。无明不了,妄执为我。(《禅宗永嘉集》)

> 其所有者,非觉性之本有,乃情识与缘业交遘而妄有也。妄有者,如梦幻影响,如阳焰空花,充塞世间,乱生乱灭。以目前观之,不可谓无,究其始终,则非实有也。(《天如惟则禅师语录》卷三《示性空达道人》)

"阳焰"谓浮动的飞尘在阳光照耀下如水波浮动,非真实的物相。据《楞伽阿跋多罗宝经》卷二:"譬如群鹿为渴所逼,见春时焰而作水想,迷乱驰趣不知非水。"

> 问:"三乘十二分教,学人不疑,乞和尚直指西来意。"师云:"大德,龟毛拂子、兔角柱杖藏著何处?"僧对曰:"龟毛兔角岂是有耶?"师云:"肉重千斤,智无铢两。"(《祖堂集》卷五,三平和尚)

> 向上一路,不许商量。讨甚空花阳焰,更寻蛇足盐香!(《楚石梵琦禅师语录》卷一六《送万寿通侍者》)

据《成实论》卷二:"世间事中,兔角、龟毛、蛇足、盐香、风色等,是名无。"

佛教是成熟的宗教形式,有一套完整的理论与术语,很多在禅录中仍见使用。

释迦牟尼创立佛教之后,凡是正式出家、皈依佛法的僧人都必须遵循一系列的戒律与制度,乞食、分卫等是佛教徒日常生活的重要内容,僧人的衣食住行往往需要依靠信徒的布施、供养。禅宗虽创立丛林制度,靠自身劳作生存延续,但布施的传统并未断绝。例如：

今日做官，皆是老母平昔教育所致。所得俸资除逐日家常菜饭外，老母尽将**布施**斋僧，用祝吾君之寿。(《大慧普觉禅师住径山能仁禅院语录》卷四)

有施主送绢。师问："和尚**受施主**如是供养，将何报答？"祐(指灵祐)敲禅床示之。(《景德传灯录》卷一一，仰山慧寂禅师)

时龙兴寺大殿堕坏，众请彦师(指昙彦)重修。彦曰："非贫道缘力也，却后三百年有绯衣**功德主**，来兴此殿，大作佛事。"寺众刻石记之。及期，裴太守赴任，兴隆三宝，倾施俸钱，修成大殿。方晓彦师悬记无忒。(《景德传灯录》卷一二，相国裴休)

师乃云："黄面老汉，末上放乖，向灵山会上万百众前，以佛法付嘱国王大臣有力**檀那**。迨今二千余年，代不乏贤。使我沙门释子，得以流通慧命，仰助国风。"(《虚堂和尚语录》卷三)

时有**檀越**胡公，尽室归依，请住大光山。(《祖堂集》卷九，大光和尚)

"布施"、"施主"均为梵语之意译，前者指向僧道施舍财物或斋食，后者是对布施者的敬称。"功德主"即"施主"，"功德"为梵文意译，指功利福德。"檀那"、"檀越"也是梵语音译，意译即为"布施"，引申为施主之称。梵汉混合，则有"檀施"、"檀舍"等：

郓帅吴文涣侍中钦慕其风，遣使请归府，建安国院，传法化徒。……吴氏家无少长，重若神明，**檀施**丰厚。(《宋高僧传》卷八《巨方传》)

听法**檀施**，并力营建，未几复成宝坊。(《五灯会元》卷二十，龙翔士珪禅师)

大官名侯贵书问讯**檀舍**，则未尝有报谢。(《宋高僧传》卷十《遗则传》)

法体无悭，于身命财行**檀舍施**，心无吝惜。……复能利他，亦能庄严菩提之道，**檀施**既尔，余五亦然。(《景德传灯录》卷三十，菩提达摩《略辨大乘入道四行》)

自尔遍游淮海，**檀信**倾瞻，俯徇人天，匡于禅刹矣。(《祖堂集》卷一三，龙潭和尚)

"檀施"等均为梵汉并举之词，檀为梵语，意译曰施。"檀施"即布施，引申指施主(如例二)。"檀舍"结构同"檀施"，即布施。"檀舍施"是"檀舍"与"檀施"的结合。"檀信"即檀越之信施，引申指施主。

禅录中，源于佛经的词语不可胜数，其余如"沙门"、"沙弥"、"比丘"、"菩萨"、

"具尸罗"、"毗尼"、"贡高"、"恋著"、"尘尘"、"尘尘刹刹"、"客尘"、"尘境"、"六尘"、"六识"、"六贼"、"饥疮"、"四大"、"三千大千世界"、"地狱"等等,充分体现了禅宗的宗教背景。

第四节　自创新词新义

唐宋时代的禅宗语录,还包含着大量的禅僧自创的新词新义,这也是禅录词语的一个重要来源。禅家自创的新词新义,大多带有行业色彩,如"第一义"指佛教最高真理,至极玄妙的禅义:

又问:"何名第一义? 第一义者从何次第得入?"师曰:"第一义者无有次第,亦无出入。世谛一切有,第一义即无。诸法无性性,说名第一义。佛言:有法名俗谛,无性第一义。"(《景德传灯录》卷四,保唐无住禅师)

演第一义,提最上乘。(《密庵和尚语录》)

这样又连带地造出"第二义",相对"第一义"而言,指玄妙禅义之外的义理("第二义"是不契合禅法的):

问:"如何是第一义?"师云:"我向尔道,是第二义。"(《金陵清凉院文益禅师语录》)

时有僧问:"如何是第一义?"师曰:"何不问第一义?"曰:"见问。"师曰:"已落第二义也!"(《景德传灯录》卷一九,南禅契璠禅师)

禅家用这种"连带"造词法创造了富有禅语特色的"第一第二"系列的新词新义,如:

第一句,第一机,第一月,第一指,第二句,第二机,第二头,第二月,第二,二机,第三首,二头三首,二三,落二落三,落三落四

这些都是前世文献中从未出现过的新词新义,举例释义如次。

第一句

指表达玄妙禅义、直指人心的语句。按禅家所说"第一句",实为不可用语言文字表述的所谓宗门妙语,一旦形之于语言文字,就是通常的语句,即"第二句",不能表达玄妙禅义、直指人心了。

问:"如何是第一句?"师云:"要头则斫将去。"(《祖堂集》卷一二,清平和尚)

且第一句如何道? 直饶你十成得道,未免左之右之。(《五灯会元》卷二

十,归宗正贤禅师）

第一机

真正显露禅法、直指人心的机锋。

> 上堂,云:"万机不到,千圣不携,截断葛藤,掀翻路布。若也从苗辨地,因语识人,犹落第二机在。若论第一机上,实无如是事。且道,第一机上还著得计较么？著得向上向下么？著得佛祖么？到这里直须怎么超然地,把断要津,不通凡圣。"（《圆悟佛果禅师语录》卷三）

> 若到第一机,说甚威音已前,空劫那畔,设使德山、临济喝下承当,棒头取证,未免拖泥涉水。（又,卷一一。威音已前、空劫那畔均指禅悟境界。）

第一月

指清净悟心,微妙禅旨。与"第二月"相对。

> 僧问:"古德道:尽大地惟有此人。未审是甚么人？"师曰:"不可有第二月也。"僧云:"如何是第二月？"师曰:"也要老兄定当。"僧云:"作么生是第一月？"师曰:"险。"（《抚州曹山元证禅师语录》）

> 玄沙室中参讯居首,因问:"如何是第一月？"玄沙曰:"用汝个月作么？"（《景德传灯录》卷二一,安国慧球禅师）

第二

"第二义"或"第二机"等的省略说法。如:

> 举一不得举二,放过一著,落在第二。（《五灯会元》卷二十,万年道闲禅师）

> 大凡激扬要妙,提唱宗乘,向第一机下明得,可以坐断天下人舌头。傥或踌躇,落在第二。（《佛果圆悟禅师碧岩录》卷二,第二十则）

第二机

意谓不是真正显露禅法、直指人心的机锋,而是"第一机"以下的情识诠解。例如:

> 若是个人,闻说道什么处有老宿出世,便好蓦面唾污我耳目。汝若不是个手脚,才闻人举便当得,早落第二机也。（《云门匡真禅师广录》卷上）

> 又问:"长连床上学得底是第几机？"龙云:"第二机。"师云:"作么生是第一机？"龙云:"紧峭草鞋。"（又,卷下。长连床:寺院僧堂中的大床,供僧徒们坐禅休息之用。）

第二句

相对"第一句"而言,指表达通常意义(非玄妙禅义)、或属方便法门的语句。

雪峰尝问师曰:"见说临济有三句,是否?"师曰:"是。"曰:"作么生是第一句?"师举目视之。雪峰曰:"此犹是第二句,如何是第一句?"师叉手而退。自此雪峰深器之。(《景德传灯录》卷一九,太原孚禅师)

且第一句如何道? 汝等若向世界未成时、父母未生时、佛未出世时、祖师未西来时道得,已是第二句。(《五灯会元》卷二十,归宗正贤禅师)

第二头

指玄妙禅法以外的义理。

师因教僧问仰山:"今时还假悟也无?"仰山云:"悟则不无,争奈落第二头何?"师肯之。(《祖堂集》卷二十,米和尚)

陆希声相公欲谒师,先作此〇相封呈。师开封,于相下面书云:"不思而知,落第二头;思而知之,落第三首。"遂封回。(《仰山慧寂禅师语录》)

第二月

与"第一月"相对,指分别妄心,情见知解。

问:"常在生死海中沉没者是什摩人?"师云:"第二月。"(《祖堂集》卷八,曹山和尚)

复举,庞居士问马大师:"不与万法为侣底是什么人?"马师云:"待汝一口吸尽西江水,即向汝道。山僧略露个消息,为人须为彻,杀人须见血,直下便承当,已落第二月。且道,如何是第一月? 咄!"(《圆悟佛果禅师语录》卷一一)

第三首

同"第二头"。常与"第二头"同义对举。

大丈夫儿,他人住处我不住,他人用处我不用。祖师阶梯是第二头,超佛越祖是第三首。净裸裸,赤洒洒,当阳独露。(《圆悟佛果禅师语录》卷十)

灵山会上,百万众前,黄面老子,拈起一枝花。独迦叶尊者,破颜微笑。世尊便云:吾有正法眼藏,涅槃妙心,分付摩诃大迦叶——落第二头。临济问黄檗佛法大意,三遭六十痛棒——落第三首。(《密庵和尚语录》)

和上述"第一第二"系列新词新义相类似的还有"最初最后"系列的新词新义:

最初句,最初一句,最初一步,末头一句,末上一句,末上一步,末上一机,末上一著子,最后句,末后句,末后一句、始到牢关,末后一言,末后事

这些词语及其意义也都是前世文献中从来不曾出现过的,举例释义如次。

最初句,最初一句

当下契入、彻底省悟的第一句话。按禅家多有"末后句"之语,"最初句"与"末后句"说法不同,实则一致,均为达到省悟的关键一句,因为这一句本非通常言说,而是超语言、超分别的真如实相。

识得最初句,便会末后句。末后与最初,不是者一句。(《禅宗无门关·德山托钵》)

欲行千里,一步为初。如何是最初一句?(《五灯会元》卷一九,杨歧方会禅师)

最初一步

毫不迟疑,不落途程,当下契悟,称作"最初一步"。

说甚连山贯海,望越通吴,南来北往,等是到家。者里那边,无非活路。且最初一步如何履践?(《虚堂和尚语录》卷六《嘉禾使君请行端平新桥》)

最后句

促成彻底省悟的最后一句话,参禅悟道至极关键的一句话。

不离当处,咸是妙明真心。所以玄沙和尚道:会我最后句,出世少人知。(《五灯会元》卷八,国泰院瑫禅师)

末后句,末后一句

达到彻底省悟的最后一句话,至极关键的一句话。"末后句"实为超越一切言解道理的真如实相,并非通常的言句。

忆昔无尽大居士,生平以此个事为务,遍寰海宗师无不咨参。到兜率山下,逢见老衲,论末后句,始得脱体全真,言解道理一时脱却。(《圆悟佛果禅师语录》卷五。--时:一齐。)

我当初悔不向伊道末后一句。我若向他道末后一句,天下人不奈何雪峰。(《祖堂集》卷七,岩头和尚)

末后事

指见性成佛之事。

云:"末后事如何?"师云:"佛亦不作。"(《祖堂集》卷八,曹山和尚)

末后一句,始到牢关

至极重要的最后一句,才到达彻底省悟的禅关。牢关:喻锁断一切言诠与分别心,不让通过;迷与悟的关口。

末后一句,始到牢关。锁断要津,不通凡圣。任你天下忻忻,老僧独然不顾。(《祖堂集》卷九,落浦和尚)

末后一句,始到牢关。指南之旨,不在言诠。(《佛果圆悟禅师碧岩录》卷

一,第九则)

　　末后一句,始到牢关。诚哉是言!透脱死生,提持正印,全是此个时节。唯踏著上头关捩子底,便谙悉也。(《圆悟佛果禅师语录》卷一四)

末后一言

即"末后一句"。

　　最初一步,十方世界现全身;末后一言,一微尘中深锁断。(《五灯会元》卷二十,能仁绍悟禅师)

末上一步

顿悟禅法的最初一步。

　　开口时,末上一句正道著;举步时,末上一步正踏著。为什么鼻孔不正?为寻常见鼻孔顽了,所以不肯发心。今日劝诸人,发却去!(《禅林僧宝传》卷二八,白云端禅师)

末上一机

顿悟大法的最初禅机。

　　浴佛,上堂云:"一手指天,一手指地。末上一机,衲僧巴鼻。步步莲华,金盆澡洗。西天东土共流传,至今处处烧香水。"(《圆悟佛果禅师语录》卷三)

末上一句

顿悟禅法的最初一句。参"第一句"、"最初句"。

　　初,请住南源。时有人问:"如何是和尚末上一句字?"师云:"如今觅什摩?"(《祖堂集》卷一二,光睦和尚)

末上一著子

使学人顿悟大法的最初禅机。

　　乃拈当头末上一著子,似电闪星飞,不容拟议。待伊全体脱去罗笼,直下不费一毫指点。遂乃披襟,透顶透底领略,即两手分付。(《圆悟佛果禅师语录》卷一六《示杨无咎居士》)

末头一句

同"末上一句"。

　　上堂曰:"不离当处,咸是妙明真心。所以玄沙和尚道:会我最后句,出世少人知。争似国泰有末头一句。"僧问:"如何是国泰末头一句?"师曰:"阇梨上太迟生!"(《景德传灯录》卷二一,国泰瑫禅师)

禅家自创新词新义,包括赋予旧词以新的意义。比如"月"在禅录中常用来比喻佛性、本心。例如：

殊不知圣人设教之意，所谓终日数他宝，自无半钱分。看读佛教亦然。当须见月亡指，不可依语生解。(《大慧普觉禅师住径山能仁禅院语录》卷四《示清净居士(李堤举献臣)》)

演教非为教，闻名不认名。二边俱不立，中道不须行。见月休看指，归家罢问程。(《祖堂集》卷四，丹霞和尚《玩珠吟》)

"见月亡(忘)指"谓看见月亮就该忘记指点月亮的手指。喻禅家以明悟本心为目的，不拘泥于言辞说教。"见月休看指"语义相仿。又如"认指为(作)月"谓误将指示月亮的手指认为月亮，比喻拘泥言辞教说，误以为这些就是佛性：

大宗师为人，虽不立窠白露布，久之，学徒妄认亦成窠白露布也。盖以无窠白为窠白，无露布作露布，应须及之令尽，无令守株待兔、认指为月。(《圆悟佛果禅师语录》卷一五)

然是书之行，所关甚重，若见水即海，认指作月，不特大慧忧之，而圆悟又将为之去粘解缚矣。(《佛果圆悟禅师碧岩录》序。圆悟:《碧岩录》之作者。)

亦说作"执指为月"：

亦愚痴，亦小骏，空拳指上生实解。执指为月枉施功，根境法中虚捏怪。(《景德传灯录》卷三十，永嘉真觉《证道歌》)

盖闻言语道断，而未始无言;心法双亡，而率相传法。有得兔忘蹄之妙，无执指为月之迷。故宗师起而称扬，若尺槌取之不竭;学者从而领悟，如连环解之无穷。(《法演禅师语录》卷下，卷末附录序文)

又如禅家常用"草"来比喻俗情尘念、知识见解，这是禅悟之障。例如：

日暖跨驴出，溪桥款步行。因思遭撷处，寸草不曾生。(《虚堂和尚语录》卷六《郁山主》)

这是虚堂和尚对北宋郁山主悟道一事的颂诗。郁山主悟道故事载《五灯会元》卷六，茶陵郁山主章：

(郁山主)一日乘驴度桥，一踏桥板而堕，忽然大悟。遂有颂云:"我有神珠一颗，久被尘劳关锁。今朝尘尽光生，照破山河万朵。"因兹更不游方。

可以看出，虚堂颂诗中"因思遭撷处，寸草不曾生"，正是说郁山主祛尽俗情尘念、知识见解之际，也就是他大悟之时。又如"草窠"喻言句纠缠，情识妄解：

秉拂据位称宗师，若无本分作家手段，未免赚误方来，引他入草窠里打骨董去也。若具金刚正眼，须洒洒落落，唯以本分事接之。(《圆悟佛果禅师语录》卷一五。方来:指参禅学人。)

况末上被邪师引入草窠里,以沙糖蜜汤甜其舌头,才有些儿黄连气味,便自忌讳,如此永为废人。(《密庵和尚语录·示觉禅人》)

净慈借诗说教,要与衲僧点眼。莫有眼开底么?咄!向者里跳出草窠。(《如净和尚语录》卷上)

"草里汉"则指陷入俗情妄念,知识见解的参禅者:

僧问镜清:"学人唪,请师啄。"清云:"还得活也无?"学云:"若不活,遭人快笑。"清云:"也是草里汉。"(《明觉禅师语录》卷二)

僧问:"玉兔不怀胎,犊牛为什么却生儿?"师曰:"著槽厂去。"僧云:"牧牛坡下。"师曰:"莫教落草。"僧云:"步步踏著。"师曰:"草里汉。"(《续传灯录》卷一八,大沩齐愢禅师)

这里的"落草"即陷入言句见解、俗情妄念的纠缠。

禅家自创新词新义,除了上述带行业色彩的特点外,还有带口语色彩的特点。如"第一第二"系列中"第"置于数词前表示次序,就是唐代口语中的新生用法。又如"最初最后"系列的新词语中,"末头、末上"义为最初,系唐代口语中的新生词。又如"水牯牛",即我国南方常见的水牛,南方多水田,水牛是重要的耕田力畜。禅林常借"水牯牛"这一平常事物,指任性逍遥之自心自性,"水牯牛"成为禅林的著名象征。如"南泉水牯牛"公案,事见《祖堂集》卷一六,南泉和尚章:

师欲顺世时,向第一座云:"百年后,第一不得向王老师(南泉自称)头上污。"第一座对云:"终不敢造次。"师云:"或有人问:'王老师什摩处去也?'作摩生向他道?"对云:"归本处去。"师云:"早是向我头上污了也。"却问:"和尚百年后向什摩处去?"师云:"向山下檀越家作一头水牯牛去。"第一座云:"某甲随和尚去,还许也无?"师云:"你若随我,衔一茎草来。"

在南泉的语录中"水牯牛"一语反复出现,同书又记载:"赵州问:'知有底人向什摩处休歇去?'师云:'向山下作一头水牯牛去。'赵州云:'谢和尚指示。'"又有"沩山水牯牛"公案,见《祖堂集》卷一六,沩山和尚章:

师临迁化时,示众曰:"老僧死后,去山下作一头水牯牛,胁上书两行字云:沩山僧某专甲。与摩时,唤作水牯牛,唤作沩山僧某专甲?若唤作沩山僧,又是一头水牯牛。若唤作水牯牛,又是沩山僧某专甲。汝诸人作摩生?"后有人举似云居,云居云:"师无异号。"曹山代云:"唤作水牯牛。"(某专甲:代替人名。)

"水牯牛"公案后世禅林多有拈提,例如:

举,南泉示众云:"王老师(系南泉自称)自小养得一头水牯牛。拟向溪东牧,不免食他国王水草。拟向溪西牧,亦不免食他国王水草。不如随分纳些些,总不见得。"师云:"和光顺物,与世同尘,不犯锋芒,收放自在,是南泉本分草料。山僧自小亦养得一头水牯牛,有时孤峰独立,有时闹市纵横。不论溪东溪西,一向破尘破的。且道,即今在什么处著眼看?"(《圆悟佛果禅师语录》卷一六)

　　千群万队水牯牛,不出沩山这一只。无心管带常现前,作意追寻寻不得。不大不小有筋力,一身两号少人识。随缘放去草木青,遇晚收来天地黑。收放须得鼻头绳,若不得绳无准则。世间多少无绳人,对面走却这牛贼。(《黄龙慧南禅师语录·沩山水牯牛三首之二》)

"水牯牛"成为禅林著名机语,是禅宗"平常心是道"思想观念的反映,也是禅录词语口语色彩的反映。

禅家自创新词新义的第三个特点是带有系统性,这个特点在上举"第一第二"、"最初最后"等系列的新词新义中体现得是很充分的:不仅词语的形式带有系统性,词语的意义也带有系统性。

第四章

禅录词语的方言色彩

第一节　禅宗语录的方言色彩

禅录的口语性很强,必然带有某地域方言色彩。以六祖慧能为旗帜的宗派主要活动于南方,史称南宗,与主要活动于北方的北宗曾一度对峙。中晚唐、五代及北宋初,南禅逐渐崛起并进入鼎盛的时期,成为禅宗乃至佛教的主流。此时期最重要的祖师及其籍贯、法会所在地列表如下:

祖师	籍贯	法会所在
六祖慧能	原籍范阳(治今河北涿州),生于南海新兴(今属广东)	韶州曹溪
南岳系祖师怀让	金州安康(今属陕西)	湖南衡山
青原系祖师行思	吉州庐陵(治今江西吉安)	江西吉州
马祖道一	汉州十邡(今属四川)	江西钟陵(治今江西南昌)
石头希迁	端州高要(今属广东)	湖南衡山
沩仰宗祖师灵祐	福州长溪(治今福建霞浦)	沩山(在今湖南宁乡)
沩仰宗祖师慧寂	韶州怀化(治今广东番禺)	袁州仰山(在今江西宜春)
临济宗祖师义玄	曹州南华(治今山东东明)	镇州(治今河北正定)
曹洞宗祖师良价	会稽诸暨(今属浙江)	洞山(在今江西宜丰)
曹洞宗祖师本寂	泉州莆田(今属福建)	抚州(今属江西)曹山

祖师	籍贯	法会所在
云门宗祖师文偃	嘉兴(今属浙江)	韶州(治今广东韶关)云门山
法眼宗祖师文益	余杭(今属浙江)	金陵(治今江苏南京)
临济宗黄龙派祖师慧南	信州玉山(今属江西)	隆兴(治今江西修水)黄龙山
临济宗杨岐派祖师方会	袁州宜春(今属江西)	杨岐山(在今江西萍乡北)

　　从上表可以看出,中唐至北宋,禅林影响最大的祖师及其法会基本上分布于江南。唯有临济宗祖师义玄曾在北方弘法,然而至北宋初,临济宗分化为黄龙派与杨岐派,中心也移到江南。又据唐宋重要的禅宗史籍《祖堂集》与《景德传灯录》记载的千余名禅师的活动范围,大多在江西、湖南、福建、广东、浙江、江苏、安徽、湖北、四川等地,仅有少数分布于北方。作为宗教,禅宗僧人自然要接触当地居民群众,向他们宣传教义,扩大本宗的影响,争取更多的信众以及他们物质上的支持,因此必然要使用当地的方言口语。由此可见,长江流域及其南方地区的方言是禅宗语录的基础方言,本文略称作南方方言。当然也会夹杂少量的北方方言。

　　禅人之间的说法交流,经常使用方言,在禅录中留下了相关记载,其中多半是南方方言,如:

　　　　普融知藏,闽之古田人。……凡有乡僧来谒,则发闽音诵俚语曰:"书头教娘勤作息,书尾教娘莫瞌眠。且道中间说个甚么?"僧拟对,即推出。(《嘉泰普灯录》卷一一,普融知藏禅师)

　　　　祖(指五祖法演)一日升堂,顾众曰:"八十翁翁辊绣球。"便下座。师欣然出众云:"和尚试辊一辊看。"祖以手作打仗鼓势,操蜀音唱绵州巴歌曰:"豆子山,打瓦鼓。杨平山,撒白雨。白雨下,取龙女。织绢得,二丈五。一半属罗江,一半属玄武。"师闻大悟。(同上卷,无为宗泰禅师)

　　　　举,僧问赵州:"至道无难,唯嫌拣择。如何是不拣择?"州云:"天上天下,唯我独尊。"僧云:"此犹是拣择。"州云:"田厍奴!什么处是拣择?"僧无语。厍,式夜切,音舍。田厍奴,乃福唐人乡语骂人,似无意智相似。(《佛果圆悟禅师碧岩录》卷六,第五七则)

无尽居士自左司出守南昌。年饥,乃开东湖以济民,民困役死无数。时有寂禅师者,吴越钱氏之裔,住上蓝。无尽令选一得力行者,收瘗遗骸满千数,即与度牒。寂差行者文温,福州人,操闽音作诗上无尽曰:"知府左司也大奇,教我东门南门西门北门收死尸。愿左司早入中书生个大男儿,更证阿耨多罗三藐三菩提。"寂欲槚楚。无尽知之,令人传语长老:"行者诗好,休要打他。"(《大慧普觉禅师语录》卷上)

无尽张丞相与玉泉布裈皓和尚夜话,⋯⋯无尽操蜀音云:"如何是法身向上事?"(《虚堂和尚语录》卷九)

汉字缺乏准确表音的功能,我们对于历史上的方言情况了解甚少。历史方言是方言学研究中的薄弱环节。准确认识禅宗语录的方言色彩,充分挖掘禅录中的方言词语,对于历史方言词汇学的研究是大有益处的。

第二节　禅录中的方言词语

禅录中保存了丰富的方言词语,以南方方言词语为多。有些方言词语稍加留意便可辨识,有些则须认真研究,细加考辨。辨识与考释禅录中的方言词语是一项饶有趣味并具学术意义的工作,对于禅学、文献学与汉语史研究均有重要价值。本文辨识与考释禅录中的方言词语,大致使用如下方法:

一、充分认识与把握禅录的基础方言是南方方言这一特点;

二、尽量参考历史文献、特别是禅宗文献关于方言及方言词语的记载;

三、将禅录中的方言词语与同时代北方文献(比如敦煌口语作品)相比较;

四、用现代方言词语作比较;

五、参考、吸取前贤时修的相关研究成果。

下面举些禅录方言词语的例子。

1. 看

义为提防、留神,含有提醒、警醒对方的语气。这种用法的"看"可能带有南方方言色彩。其例如:

同安不是好心,亦须看始得。(《联灯会要》卷二二,钦山文邃禅师)上堂:"⋯⋯子湖犬子虽狞,争似南山鳖鼻(蛇)?"遂高声曰:"大众,看脚下!"(《五灯会元》卷一六,智者绍先禅师)

中丞卢航居士,与圆通拥炉次,公问:"诸家因缘,不劳拈出。直截一句,

请师指示。"通厉声揖曰："看火!"公急拨火,忽大悟。(又,卷一八,中丞卢航居士)

　　子湖有一狗,上取人头,中取人腰,下取人脚,入门者好看。才见僧入门,便道:看狗!(又,卷一九,大随元静禅师)

亦说作"好看",意义同"看",例如:

　　劝君险处好看蛇,冲着临时争奈何?(《祖堂集》卷七,云峰和尚)

　　师因看稻田次,朗上座牵牛,师曰:"这个牛须好看,恐吃稻去。"(《筠州洞山悟本禅师语录》)

　　大雄山下有一大虫,汝等诸人也须好看。(《五灯会元》卷四,黄檗希运禅师)

有时说作"看好精彩",义亦同,如:

　　初开堂,升座欲坐,乃曰:"……烈士锋前少人陪,云雷击鼓剑轮开。谁是大雄狮子种,满身锋刃但出来。"时有僧始出,师曰:"看好精彩!"僧拟申问,师曰:"什么处去也!"(《景德传灯录》卷二四,报恩契从禅师)

我们在《敦煌变文集新书》卷五(电子本)检到一个"好看"例子:

　　(董永与娘子)二人辞了便进路,更行十里到永庄。却到来时相逢处,"辞君却至本天堂!"娘子便即乘云去,临别分付小儿郎,但言"好看小孩子",共永相别泪千行。(董永变文)

这里的"好看小孩子"与禅录里的"好看蛇"等有所不同,前者的"看"是"照料"义,是通语里使用的词(辞书已释,此不赘证);后者的"看"是"提防"义(见上举诸例),含警醒语气,唐宋禅录里常见的这种用法,在敦煌变文里很难检到用例。

《汉语大词典》"看"字条第12义项:

　　提醒对方小心、注意之词。犹提防。《西游记》第五一回:"那里走!看打!"《红楼梦》第八七回:"你身上才好些,别出来了,看着了风。"巴金《寒夜》二二:"'快吃罢,看冷了啊。'母亲还在旁边催促他。"

《汉语大词典》此项释义与举例反映了明代下半叶至现代"提防"义的"看"的一些使用情况(本札可弥补《汉语大词典》的举证嫌晚)。虽与唐宋时代相隔已远,不宜相提并论。但也有一定的参考意义。《西游记》里屡见"看"的此种用例,不妨再举一例:

　　张稍道:"李兄呵,途中保重!上山仔细看虎。假若有些凶险,正是:明日街头少故人!"(第九回)

《西游记》作者一般认为是吴承恩,淮安府山阳县(今江苏淮安)人。吴承恩的方言属于上文论说的长江流域及其南方地区的方言,是禅宗语录的基础方言(本文略称作南方方言)范围之内。但在古典小说学界,关于《西游记》的作者问题存在着重要的不同意见。著名的文学史研究者章培恒先生认为《西游记》出自江南人的手笔。章氏所举语言方面的论据之一便是上述用法的"看",他说今浙江绍兴话中,"看"犹有此义,如"看蛇"意为提防蛇等(参章培恒1983)。

2. 车

"一字入公门,九牛车不出"是禅录中习见的俗谚语,例如:

> 问:"无为无事人,犹是金锁难。未审过在甚么处?"师曰:"一字入公门,九牛车不出。"(《五灯会元》卷一七,黄龙慧南禅师)

> 上堂云:"参禅人切忌错用心。悟明见性是错用心,成佛作祖是错用心。看经讲教是错用心,行住坐卧是错用心。吃粥吃饭是错用心,屙屎送尿是错用心。一动一静、一往一来是错用心。更有一处错用心,归宗不敢与诸人说破。何故? 一字入公门,九牛车不出。"(《续传灯录》卷三一,应庵昙华禅师)

《汉语大词典》"车"字条第9义项释为"用车子装运",举了两条现代的书证。从禅录用例来看,至迟在宋代,"车"已有"拖,运"义。《现代汉语词典》"车"字条未收此义,可能普通话中没有或罕用。今吴方言常用此义,如:

> 上海方言:拿垃圾车脱。(将垃圾用车装运走。)

上述禅录中的"车"可能是南方方言用法。

3. 眠一宿

《五灯会元》卷八,酒仙遇贤禅师:

> 一六二六,其事已足。一九二九,我要吃酒。长伸两脚眠一宿(音忽——原注),起来天地还依旧。

"眠一宿"犹言睡一觉、睡一会,这是吴地方言。遇贤禅师为姑苏长洲(今江苏苏州一带)人。现代吴方言(如上海、苏州等地)还有"眠一宿"(眠为睡义)的说法。据钱乃荣《上海方言》(2007):"'睡一觉'称'眠一宿'。……《广韵》入声没韵呼骨切:'宿,睡一觉。'"

4. 田库奴

《祖堂集》卷一一,永福和尚:

> 有人问赵州:"古人道:'至道无难,唯嫌拣择。'如何是不拣择底法?"赵州云:"天上天下,唯我独尊。"僧云:"此犹是拣择底法。"州云:"田舍奴! 天上天下唯我独尊,什摩处是拣择?"

同一则公案在《佛果圆悟禅师碧岩录》卷六(第五七则)中亦有记载:

举,僧问赵州:"至道无难唯嫌拣择。如何是不拣择?"州云:"天上天下,唯我独尊。"僧云:"此犹是拣择。"州云:"田厍奴!什么处是拣择?"僧无语。厍,式夜切,音舍。田厍奴,乃福唐人乡语骂人,似无意智相似。

按福唐系今福建省福清市。《碧岩录》对"厍"的注音以及对"田厍奴"的解说让我们认识了"田厍奴"的音义及方言色彩,也知道了上举《祖堂集》"田舍奴"就是"田厍奴"。

5. 吉了舌头

禅录中有"吉了舌头"一语,用来讥斥那些不以明心悟道为本,却热衷于机语问答、逞示口才的僧人,例如:

> 问:"如何是鹿苑一路?"师曰:"吉了舌头问将来。"(《景德传灯录》卷一三,潭州鹿苑禅师)

"吉了"是南方一种能模仿人言的鸟,据《旧唐书·音乐志二》记载:

> 岭南有鸟,似鹦鹉而稍大。乍视之,不相分辨。笼养久,则能言,无不通,南人谓之吉了,亦云料。

吉了的显著特征是模仿人言,"吉了舌头"一语正是取此为喻,用来讥斥不明心地、只知背诵经文或公案机语的问法僧人。上举《景德传灯录》的用例中,僧人的提问是当时禅林常见的"问头"(问题),毫无见性明心的灵悟之气与切身体会,故鹿苑讥之为"吉了舌头"。"吉了舌头"又写作"吃嘹舌头、吉獠舌头、咭嘹舌头、乞嘹舌头",实为异形同词,例如:

> 问:"生死根源即不问,如何是目前三昧?"师云:"吃嘹舌头三千里!"(《云门匡真禅师广录》卷上。三千里:讥斥语,谓与禅法相距极远。)

> 问:"如何是鹿苑一路?"师曰:"吉獠舌头问将来。"(《五灯会元》卷九,潭州鹿苑和尚)

> 趁手打得走无路,咭嘹舌头何处归?(《禅宗颂古联珠通集》卷二五)

> 问:"承古有言:一尘遍含一切尘。如何是一尘?"师云:"乞嘹舌头,更将一问来!"(《古尊宿语录》卷一五《云门匡真禅师广录(上)》)

《旧唐书》谓"南人谓之吉了,亦云料",此"料"在唐宋之际有平声读法(见《广韵·萧韵》),与"嘹"同音。"吃"与"吉"都是入声字,声母都是舌根音,读音相近易混。上举例子有两例出自云门文偃(云门宗始祖)语录,文偃是浙江嘉兴人,住岭南云门山(今广东郏源)多年,他说的"吃嘹、乞嘹"应指此鸟。文偃常用"吃嘹舌头"一语,《云门匡真禅师广录》凡四见。北宋睦庵善卿《祖庭事苑》卷一是这样解释《云门匡真禅师广录》之"吉嘹"的(睦庵善卿看到的《云门匡真禅师广录》作

"吉嘹"字）：

> 吉嘹，下音料。北人方言合音为字。吉嘹，言缴。缴，斜戾也。缴其舌，犹缩却舌头也。如呼窟笼为孔，窟駞为窠也。又或以多言为吉嘹者。岭南有鸟似鹦鸽，笼养久则能言，南人谓之吉嘹。开元初，广州献之，言音雄重如丈夫。委曲识人情性，非鹦鹉、鹦鸽之比。云门居岭南，亦恐用此意。

《祖庭事苑》提出了两种解释，涉及两大方言。我们觉得后一种说法与禅录的基础方言相合，也与使用此词较早较多的云门文偃之方言相合。

6. 我早侯白，伊更侯黑

《景德传灯录》卷一五，投子大同章记载赵州与投子的问答云：

> 赵州问："死中得活时如何?"师曰："不许夜行，投明须到。"赵州曰："我早侯白，伊更侯黑。"

"我早侯白，伊更侯黑"是唐宋时期闽地的俗谚，北宋文学家秦观在《二侯说》中详细记载有这一谚语的出处：

> 闽有侯白，善阴中人以数，乡里甚憎而畏之，莫敢与较。一日，遇女子侯黑于路，据井旁，佯若有所失。白怪而问焉。黑曰："不幸堕珥于井，其直百金。有能取之，当分半以谢，夫子独无意乎?"白良久，计曰："彼女子亡珥，得珥固可给而勿与。"因许之。脱衣井旁，縋而下。黑度白已至水，则尽取其衣，亟去，莫知所涂。故今闽人呼相卖曰："我已侯白，伊更侯黑。"（《淮海集》卷二五《二侯说》）

据此，我们可知这句闽谚的大意是"我本想骗他，结果反被他骗了"。赵州引用此谚语，意思是"我本想勘辨他，反而被他勘辨了"。此谚语在禅录中多见使用，《万松老人评唱天童觉和尚颂古从容庵录》记载有"云门白黑"公案和"马祖白黑"公案：

> 举，云门问乾峰："请师答话。"峰云："到老僧也未?"门云："恁么则某甲在迟也。"峰云："恁么那，恁么那。"门云："将谓侯白，更有侯黑。"（《万松老人评唱天童觉和尚颂古从容庵录》三，第四十则《云门白黑》）

> 举，僧问马大师："离四句，绝百非。请师直指某甲西来意。"大师云："我今日劳倦不能为汝说。问取智藏去。"僧问藏，藏云："何不问和尚?"僧云："和尚教来问。"藏云："我今日头痛不能为汝说。问取海兄去。"僧问海（指怀海）。海云："我到这里却不会。"僧举似大师。大师云："藏头白，海头黑。"……师云：……僧问海，海云："我到这里却不会。"将谓侯白，更有侯黑。（同上，一，第六则《马祖白黑》）

下例中马大师所谓"藏头白,海头黑",是对谚语的临时改编,下文万松的解释正好说明了这一点。禅僧不明自心,执著于机语问答不能自拔,而智藏、怀海的回答却是一着高似一着。一句"藏头白,海头黑"让我们感受到师徒的默契,与禅师的幽默。禅宗语言淳朴俚俗,禅宗之传法,主要在南方地区,很多禅师自身也是南方人,因此使用南方谚语是自然的事。

7. 打野榸

"打野榸"一词,禅录习见,例如:

僧云:"冬去春来时如何?"师云:"横担拄杖,东西南北,一任打野榸。"(《云门匡真禅师广录》卷中)

郎上座吃却招庆饭了,却向外边打野榸。(《五灯会元》卷八,太傅王延彬居士)

参须实参,悟须实悟,莫打野榸。(《佛祖历代通载》卷二一,寿海云大士)

大愚芝上堂曰:"大家相聚吃茎齑。若唤作一茎齑。入地狱如箭。"颂曰:杀活全机觌面提,大家相聚吃茎齑。后生不省这个意,只管茫茫打野榸。(《禅宗颂古联珠通集》卷三八)

"打野榸"多用作禅师对行脚僧的斥责语,常说作"打野榸汉",如:

上堂云:"今日与诸人举一则语。"大众竛听良久。有僧出礼拜,拟伸问次,(云门)以拄杖趁云:"似这般灭胡种,长连床上纳饭阿师,堪什么共语处?这般打野榸汉!"以拄杖一时趁下。(《古尊宿语录》卷一五《云门匡真禅师广录(上)》)

上堂云:"道即道了也。"时有僧出礼拜,欲伸问次。师拈拄杖便打云:"识什么好恶?这一般打野榸汉,总似这个僧,争消得施主信施?恶业众生,总在这里觅什么干屎橛咬?"以拄杖一时趁下。(又)

因僧辞师,师云:"甚处去?"僧云:"虔上去。"师云:"打野榸汉!"(《古尊宿语录》卷一八《云门匡真禅师广录(下)》)

师到归宗。僧问:"大众云集,合谈何事?"宗云:"两两三三。"僧云:"不会。"宗云:"三三两两。"师却问其僧:"归宗意旨如何?"僧云:"全体与么来。"师云:"上座曾到潭州龙牙么?"僧云:"曾到来。"师云:"打野榸汉!"(又)

有时也说作"打野菜秃"(秃:对僧人之詈称),如《景德传灯录》记载的云门法语:

(更有一般底人)千乡万里,抛却老邪娘、师僧和尚,遮般底去去。遮打野

菜秃,有什么死急行脚去!(《景德传灯录》卷一九,云门文偃禅师。邪娘:即
爷娘。)

按《集韵》皆韵:"椑:枯木根。椿皆切。"所以《景德传灯录》此例将"椑"写成
了读音相近的"菜"。

上引《集韵》释"椑"为"枯木根",宋代克勤在其名著《佛果圆悟禅师碧岩录》
中亦有类似解释:

明招云:"朗上座吃却招庆饭了,却去江外打野椑。"野椑即是荒野中火烧
底木橛,谓之野椑,用明朗上座不向正处行,却向外边走。(《佛果圆悟禅师碧
岩录》卷五,第四八则)

克勤对"野椑"的解释似无可非,且与《集韵》之释相合。《祖庭事苑》卷一"打
野椑"条亦云:

打野椑,(椑)卓皆切,枯木根出貌。

但宋代对于"打野椑"却另有完全不同的说法。《联灯会要》卷二一,卷末有
作者晦翁悟明关于禅录中方言词的辨说:

余乾道初,客建康蒋山,邂逅泉州一老僧。有《岩头录》,因阅之。见其问
僧:甚处去? 僧云:入岭礼拜雪峰去。岩头云:雪峰若问偆,岩头如何? 但向
他道,岩头近日在湖边住,只将三文买个捞波子,捞虾摝蚬,且恁么过时。因
问老僧,余阅《岩头录》,他本尽作老婆,此云捞波,何也? 渠笑云:老婆误也!
岩头、雪峰皆乡人。吾乡以捞虾竹具曰捞波也,乡人至今如是呼之。后人讹
听,作老婆字,教人一向作禅会。《岩头录》他本作买个妻子,《雪峰录》作买
个老婆。后来真净举了云:我只将一文钱,娶个黑妻子。所谓字经三写,乌焉
成马。于宗门虽无利害,不可不知。雪峰空禅师颂,有云:三文捞波年代深,
化成老婆黑而丑。盖方语有所不知,不足怪也。如福州谚曰"打野堆"者,成
堆打哄也。今《明招录》中作打野椑。后来圆悟(克勤)《碧岩集》中解云:野
椑乃山上烧不过底火柴头。可与老婆一状领过也!

宋代福州谚语"打野堆"是"成堆打哄"义,这与某些行脚僧不思悟道,只是成
群结队到处游走凑热闹甚为相似。按晦翁悟明系福州人,乡语亲切,他认为《明招
录》中的"打野椑"(例句见上引《佛果圆悟禅师碧岩录》卷五,第四八则)就是福州
谚语"打野堆",应具可信度。从语音方面看,中世舌上音声母(知系)与舌头音
(端系)易相混,现代南方多处方言仍将一些舌上音声母的字读作舌头音。"椑"
是彻母字,与读端母的"堆"相混是可能的。

8. 捞波

"捞波"系宋代福建方言词,一种竹制捞鱼虾的器具。禅宗在福建很兴盛,故禅录里常可见到"捞波"。例如:

> 除了捞波一窄无,逢人谩说走江湖。鰕针取你性捞摝,不到得挐龙颔珠。(《希叟(绍昙)和尚广录》卷七《蚬子和尚》)

> 江边捞波黑如漆,三人欲买何人强?(《古林(清茂)和尚拾遗偈颂》卷上《赠上藏主衡维那》)

《联灯会要》卷二一,卷末有作者晦翁悟明关于禅录中方言词"捞波"的记载:

> (泉州一老僧曰:)吾乡以捞虾竹具曰捞波也,乡人至今如是呼之。

9. 趁讃

《祖堂集》卷八,曹山和尚章:

> (1)师自天复元年辛酉岁夏中,忽有一言:"云岩师翁年六十二,洞山先师亦六十二,曹山今年亦是六十二也,好趁讃作一解子。"

这段话的末句(画线部分)是个疑难句。国内流行的《祖堂集》两个点校本(岳麓书社 1996,中州古籍出版社 2001)都将其中"讃"(gùn)误成"惯"字,可见理解此句确有困难,须训释疏通。

先说其中的"趁讃"。

"趁讃"并非十分罕见的词儿,我们在唐宋典籍里检得四例。除上引《祖堂集》一例外,余三例均出宋代禅录:

> (2)师有时云:"诸禅德,汝诸人尽巡方行脚来,称'我参禅学道'。为有奇特去处,为当只恁么东问西问? 若有,试通来,我为汝证明,是非我尽识得。还有么? 若无,当知只是趁讃(古困切)。"(《景德传灯录》卷一八,玄沙师备禅师)

> (3)仁者,佛法因缘事大,莫当等闲。相聚头乱说杂话,趁讃过时。光阴难得,可惜许! (同上)

> (4)若是宗门中儿孙,须瞻祖师机,方可是祖师苗裔。不可吃却祖师饭,著却祖师衣,趁讃过日,便道"我是行脚僧"。(《古尊宿语录》卷三九《智门祚禅师语录》)

按,晚唐五代至两宋是禅宗兴盛之时,参禅悟道成为风气。从 2—4 例反映的当时禅林情况来看,有一部分僧人不思深悟佛法禅理,只是自称"我参禅学道,我是行脚僧","东问西问"(指禅语问答)及"相聚头乱说杂话"。有识禅师批评这种不良现象为"趁讃"、"趁讃过时",意谓这些僧人只是跟随众人喧哄、凑热闹。

　　日本禅林流传的几种禅语辞书,如《宗门方语》《禅林方语》与《葛藤语笺》(载日本影印的《禅语辞书类聚》)等均收"趁讚"一词,其中以无著道忠(1653—1745)所著《葛藤语笺》"趁讚"条较为详细。该条中举示了两条例句(即上文所引第2、第4例),并引述了另一位学者一山的训释:"随队喧哄也,趁队打哄也,闹也。"无著氏本人未出释语,或许是认可一山的解释。

　　"趁"字在唐宋时代的口语里有"跟随、追随"义,相关辞书已释,此不赘说。"讚"字不见于《说文》《玉篇》,似是个较晚产生的字。字从言旁,其义应与言语有关。考《广韵》去声慁韵:"讚,顺言谲弄貌。古困切。"《集韵》去声慁韵:"讚,玩人也。"可知此字有谲弄、讥嘲之义。禅机问答,机锋敌斗,常出现较量胜负的情形。一些耍嘴皮的僧人难免有讥刺嘲弄对方之语,所以用此"讚"字是很准确的。《广韵》的释语"顺言谲弄"简直就是在描述这种禅语辩驳中出现的场面。上引例2"讚"字下宋本原注"古困切",宋本《五灯会元》收录了例3,也在"讚"字下注明"古困切",这两处反切注音可以说明"讚"在宋代文献中是个不常用的难读字。"趁讚"记载的可能是某地的一个方言词,因而被日本流传的早期禅语方言词典《宗门方语》《禅林方语》等收录。上引四段语录出自三位语主:曹山本寂与玄沙师备均为福建人,智门光祚则为浙江人(均据《中国佛教人名大辞典》),看来"趁讚"一词带有闽浙一带方言色彩。禅师在说法时使用方言词,有时是含有幽默意味的。

　　与例2—4的"趁讚"均系禅师用来指斥僧徒不同,例1是曹山大师临终前用此词来嘲说自己,这确实有点幽默意味。

　　"作一解子"是禅家行业语"作解"的口语形式,下面例8"作得一解"也是此种口语说法。禅录里的"作解"多指障碍悟道的意念活动,例如:

　　(5)山僧说向外无法。学人不会,便即向里作解。便即倚壁坐,舌拄上腭,湛然不动。取此为是祖门佛法也,大错!(《镇州临济慧照禅师语录》)

　　(6)今时学人触目有滞,盖为依他数量作解。(《祖堂集》卷九,落浦和尚)

　　(7)莫但向意根下图度作解,尽未来际亦未有休歇分。(《景德传灯录》卷一六,九峰道虔禅师)

　　(8)上堂,众集,遂将拄杖一时趁下,却回向侍者道:"我今日作得一解,险入地狱如箭射。"者曰:"喜得和尚再复人身。"(《五灯会元》卷七,玄沙师备禅师)

　　"作解"本带贬义色彩(见例5—7),当禅师用在自己身上时,便有自我嘲噱的诙谐意味,上引曹山的"作一解子"(例1)及玄沙的"作得一解"(例7)均系自我嘲噱口吻,与例1"趁讃"的自嘲口吻也是一致的。

10. 侬,阿侬,侬家,我侬,吾侬;你侬,尔侬;他侬,渠侬

这是一组唐宋时代的人称代词,带南方方言色彩。"侬,阿侬,侬家,我侬,吾侬"是第一人称代词,例如:

圆裹无外,十方世界是个伽蓝。平等无差,一切众生皆侬眷属。(《宏智禅师广录》卷四)

阿侬家风,至穷而通。豹变文而雾重,龙退骨而潭空。指南画北,说西道东。点头摇手,佯狂诈聋。(又,卷九《禅人并化主写真求赞》)

上堂:"妙体堂堂触处彰,快须回首便承当。今朝对众全分付,莫道侬家有覆藏。"(《续传灯录》卷二五,开福崇哲禅师)

上堂,举,长沙一日看《大佛名经》,有一秀才问云:"百千诸佛,但见其名,未审居何国土?"沙云:"黄鹤楼崔颢题后,秀才还曾题未?"秀曰:"未曾。"沙曰:"无事也好题取一首。"师云:"无事题取一首,我侬不落他人后。略略绰绰思大口,醇醇酽酽白家酒。醉中犹道未沾唇,被人问著还打手。不打手,三年一闰,冬后数九。"(《宏智禅师广录》卷四)

待汝他时眼自开,眼开提起无文印。万象森罗都印定,印破空王铁面皮,三世如来从乞命。归去横推六字峰,纳在蟭螟眼睫中。拈一茎草打喷嚏,万壑凛凛生清风。有问吾侬著落,向道无你摸索。龙王吞却夜明珠,海底泥牛斗折角。(《天如惟则禅师语录》卷四)

"侬家"亦用作他称,如:

举,僧问乾峰:"十方薄伽梵,一路涅槃门。未审路头在什么处?"峰以拄杖一画云:"在这里。"僧举问云门。门云:"扇子踍跳上三十三天,筑著帝释鼻孔。东海鲤鱼打一棒,雨似盆倾。会么?会么?"(宏智)颂曰:"入手还将死马医,反魂香欲起君危。一期搦出通身汗,方信侬家不惜眉。"(《宏智禅师广录》卷二)

例中"侬家"指乾峰、云门二禅师。

"你侬,尔侬,汝侬"是第二人称代词,例如:

上堂:"一冬二冬,你侬我侬。暗中偷笑,当面脱空。虽是寻常茶饭,谁知米里有虫?岂不见南泉道:夜来好风,吹折门前一枝松。"(《佛鉴禅师语录》卷一)

上堂云:"劫前机,肘后印。用而无痕,空而不尽。是谁造作大千,出自虚

明方寸。**尔侬**欲去泥瘢,匠石不惬斤运。乃高声唤云:解承当底禅和子,照管鼻孔。"(《宏智禅师广录》卷四)

我今齐举唱,方便示**汝侬**。(《祖堂集》卷一一,睡龙和尚)

"他侬,渠侬"是第三人称代词,例如:

于是移瓦鼓子环树而坐,呼山僮小严汲冰壶井花,烹武宁伊山,喻子德磨头茶赏之。以鼻香为缘,深入无著无碍自在游戏闲不彻三昧。未几乡人迪惠林来扣关,二三子曰:"这场穷快活,莫使**他侬**知。"遂散去。(《天如惟则禅师语录》卷八)

上堂云:"孤筇长作水云游,底事而今放下休。一点破幽明历历,十分合体冷湫湫。暗中须透金针穴,转处还藏玉线头。劫外家风兹日辨,**渠侬**真与**我侬**俦。"(《宏智禅师广录》卷四)

以上"侬"与含"侬"字的一组三称代词,或"侬"字单用,或与"我,你,他"等三称代词组成同义并立式的双音复合词①,或带上前缀"阿"、后缀"家"构成附加式的双音词。构词形式多样,表义系统匀称。特别是这一组三称代词,在禅录中大多产生出了行业语用法,其行业意义为隐指真如法身,本来面目。可以看出,这是禅录中比较活跃的一组三称代词。

同时,这又是一组带方言色彩的三称代词。北宋僧人《湘山野录》卷中记载:

开平元年,梁太祖即位,封钱武肃镠为吴越王。时有讽钱拒其命者,钱笑曰:"吾岂失为一孙仲谋耶!"拜受之。改其乡临安县为临安衣锦军。是年省茔垄,延故老。……为牛酒大陈乡饮,别张蜀锦为广幄,以饮乡妪。凡男女八十已上金樽,百岁已上玉樽。时黄发饮玉者尚不减十余人。镠起,执爵于席,自唱《还乡歌》以娱嫔曰:"三节还乡兮挂锦衣,吴越一王驷马归。临安道上列旌旗,碧天明明兮爱日辉。父老远近来相随,家山乡眷兮会时稀,斗牛光起兮天无欺。"时父老虽闻歌进酒,都不之晓。武肃觉其欢意不甚浃洽,再酌酒,高揭吴喉唱山歌以见意,词曰:"你辈见侬底欢喜,别是一般滋味子,永在我侬心子里。"歌阕,合声赓赞,叫笑振席,欢感同里。今山民尚有能歌者。

北宋吴处厚《青箱杂记》卷八亦载:

庆历丙戌岁春榜省试,以"民功曰庸"为赋题,题面生梗,难为措词,其时路授、饶瑄各场屋驰名,路则云"此赋须本赏",饶则云"此赋须本农"。故当时无名子嘲曰:"路授则家住关西,打赏骂赏;饶瑄是生居浙右,你侬我侬。"

---

① "侬"兼有三称代词用法,《汉语大词典》已载。

可见"侬"、"我侬"、"你侬"是五代、北宋时临安、浙右一带的方言词。

11. 那

唐宋禅宗语录里有个句尾疑问词"那",一般用于是非问句,相当于"吗"或"啦"。例如:

> 问僧:"甚处来?"曰:"南泉来。"师曰:"在彼多少时?"曰:"粗经冬夏。"师曰:"恁么则成一头水牯牛去也!"曰:"虽在彼中,且不曾上他食堂。"师曰:"口欲东南风那?"(《五灯会元》卷五,药山惟俨禅师)

意思是"口饮东南风吗?"

> 悟(指悟侍者)才接,师执其手问曰:"汝是悟侍者那?"悟曰:"诺。"(又,卷一七,泐潭文准禅师)

这里的"那"也相当于"吗"。

> 师普请锄地次,见黄檗来,拄钁而立。檗曰:"这汉困那?"师曰:"钁也未举,困个甚么?"檗便打。(又,卷一一,临济义玄禅师)

"这汉困那"即"这汉困啦?"

> 其僧不契,后至云门会中,因二僧举此话,一僧曰:"当时南院棒折那?"其僧忽悟,即回南院。(又,卷二十,玉泉宗琏禅师)

"那"相当于"啦"。

这个句尾疑问助词在唐宋禅录里使用频繁,应该是有口语基础的。但在同时代其他文献中很少见到用例。例如带有西北方言色彩的敦煌口语作品中即罕见使用。禅录里的"那"可能是南方方言词。金元时期南北方戏曲作品中的如下两个例子可以比较:

> (外)站赤,大体例与咱分例,你主甚么意不与?你不怕那?(《琵琶记》第四一出。据《元本琵琶记校注》)

> 百媚莺莺正惊讶,道:"这妮子荒忙则甚那?管是妈妈便来吵!"(《董解元西厢记》卷一)

前例"你不怕那?"犹谓"你不怕吗?"用法同唐宋禅录。后例"这妮子荒忙则甚那?"犹谓"这妮子为什么荒忙呢?"是句特指问,用法不同于《琵琶记》和禅录的是非问。按《琵琶记》是南方戏曲作品(多反映浙江一带方言),《董解元西厢记》是北方戏曲作品(多反映燕京(今北京)一带方言)。两例"那"的不同用法应该反映南北方言的差异。

第三节 晚唐五代及北宋初期禅宗语录与
敦煌口语作品的词语比较研究

在中国口语文献史上,晚唐五代及北宋初期是令人特别关注的时代,以不同方式流传至今的两批重要口语文献产生于这个时代。以《祖堂集》《景德传灯录》为代表的禅宗语录和以变文、歌辞为代表的敦煌出土写卷(多数撰抄于晚唐五代及北宋初期)是该时代最重要(篇幅较大,口语化程度较高)的两大宗口语作品。前者大抵反映南方方言,后者以西北方言为基础。研究晚唐五代及北宋初期的实际口语,可将《祖堂集》《景德传灯录》等禅录作品与同时代的敦煌变文、歌辞互相比较,探索当时南北地区的方言异同。禅录词语的方言色彩,在与相同时代不同地域特性的文献进行比较研究的过程中,才能看得更加清楚。这两大宗文献,可谓南北双璧,为从类型学角度研究晚唐五代时期方言词语的异同提供了可信度较高的宝贵语料。以下举几个实例,来说明此种比较研究的学术意义。

1. 合头

据袁宾(2001),唐宋语录中的"合头"有两个意思,一谓符合禅旨,例如:

夫人学道莫贪求,万事无心道合头。无心始体无心道,体得无心道亦休。(《景德传灯录》卷二九,龙牙居遁《颂十八首》之十五)

上堂云:"恰恰无绫缝,明明不覆藏。鹫岭岂传迦叶,少林那付神光?现成处处合头句,具足人人知见香。虚空说法森罗听,不挂唇皮解举扬。诸禅德,十二时中,直是满眼满耳了也。还体悉得么?"(《宏智禅师广录》卷一)

第一例"无心道合头"意同禅家常语"无心合道"、"无心是道"。第二例"合头句"即契合禅法的言句。在下面的例句中,"合头"一词则另有所指:

达磨游梁入魏,落草寻人。向少林冷坐九年,深雪之中觅得一个。及至最后问得个什么,却只礼三拜依位而立,遂有得髓之言。至今守株待兔之流,竞以无言礼拜依位,为得髓深致。殊不知,剑去久矣尔方刻舟,岂曾梦见祖师?若是本色真正道流,要须超情离见别有生涯,终不向死水里作活计,方承绍得他家基业。到此须知有向上事。所谓善学柳下惠,终不师其迹。是故古人道:一句合头语,万劫系驴橛。诚哉!(《圆悟佛果禅师语录》卷一四《示华藏明首座》)

"合头"指的是先前已有的合乎道法的语句教说,也就是所谓"合头语"。在禅家看来,这是障碍学人发悟的"死句",而不是活泼泼的、从自己胸襟流出的"活句"。模仿这种"合头语",非以真心参禅,所以受到禅师们的批评与否定。又如:

> 又时上堂云:"四方来者,从头勘过,勿去处底,竹片痛决。直是道得十成,亦须痛决过。"学人便问:"既是道得十成,和尚为什摩亦劈脊打他?"师云:"不见道:'一句合头语,万劫系驴橛'?"进云:"与摩则学人更进一步。"师云:"若更进一步,亦是乱走人。"学云:"在和尚与摩道则得。"师云:"若如是,竹片犹是到来。"(《祖堂集》卷一三,报慈和尚)

> 一日云:"古人道:一句合头语,万劫系驴橛。作么生明得免此过?"(《云门匡真禅师广录》卷中)

> 学家既眼不明,出来伸一问。禅床上瞎汉,将合头语祇对便道:"扶过断桥水,伴归明月村。"(《大慧普觉禅师住径山能仁禅院语录》卷四)

袁宾引日本尤著道忠对《虚堂和尚语录》里"一句合头语,万劫系驴橛"的解释云:"合头,与理合也。头,助辞。系驴之橛,令驴不得自在,今比堕理味,不得自由也。"(见其《〈虚堂录〉犁耕》手稿本)这对于我们今天准确理解禅录中的"合头"、"合头语"是很有帮助的。

袁宾指出,写成于唐五代的敦煌本通俗作品《燕子赋》里,也有一处"合头"用例,但与唐宋禅录里的"合头"并不相同,应是不同方言区域中的两个词。转引如下:

> 燕子语雀儿:"好得合头痴! 向吾宅里坐,却捉主人欺。"(《敦煌变文校注》卷三《燕子赋(二)》)

《敦煌变文校注》的作者黄征、张涌泉对"合头痴"的解释是:全头脑皆痴,即极其愚痴。亦作"合脑痴",如伯3211王梵志诗:

> 杌杌贪生业,憨人合脑痴。

按黄、张二先生注释甚确。另有斯0778号卷子王梵志诗句亦可助证:

> 憨人连脑痴,买锦妻装束。

"合头"的"合"、"连脑"的"连"皆有"全部、整个、满"义,辞书已载。不难看出,敦煌作品里"合头"与唐宋禅录里的"合头",它们的构词方式不同,前者的"头"是个实词,有实义,后者的"头"是后缀,这应该是使用年代相近,然而方言区域不同的两个词儿。

2. 好

唐宋禅录中表祈使义、含劝告语义的"好"有两种用法。

A式:"好V"式祈使句。这种句式多为肯定句,其中"好"为副词,用于动词或

动词性词组之前,表劝告的语气。例如:

　　道明曰:"和尚(指慧能)好速向南去,在后大有人来趁和尚。"(《祖堂集》卷一八,仰山和尚)

　　师上堂示众曰:"诸上座明取道眼好,是行脚僧本分事。道眼若未明有什么用处? 只是移盘吃饭。道眼若明有何障碍? 若未明得强说多端也无用处,无事也,好寻究。"(《景德传灯录》卷二六,圆通缘德禅师)

这种句式中,"好"常与其它一些含祈使语气的词如"取"(助词)、"须"(副词)、"著"(助词)等配合使用。例如:

　　南山有鳖鼻蛇,是你诸人好看取!(《祖堂集》卷七,雪峰和尚)

　　问:"居士不二之门,如何理论,则息于后学之疑?"师云:"干时须好去,莫待雨霖头。"(又,卷一二,禾山和尚)

　　时有僧出礼拜,师曰:"好问著!"(《景德传灯录》卷二四,清凉文益禅师)

祈使词"好"和几个单音节动词高频连用,逐渐形成了有稳定词义的"好V"式双音词,如"好去"、"好住"、"好看"、"好与"等。

双音词"好去"为送别之词,嘱咐离去者好好保重,犹言"途中保重":

　　忍(即弘忍)曰:"后有邪法竞兴,亲附国王大臣,蔽我正法,汝可好去!"能(即慧能)遂礼辞南行。(《曹溪大师别传》)

　　仰(指仰山)云:"如是,如是。此是诸佛护念。汝亦如是,吾亦如是。汝善护持。善哉,善哉。好去!"其僧礼谢了,腾空而去。(《万松老人评唱天童觉和尚颂古从容庵录》五,第七七则《仰山随分》)

双音词"好住"则为临死者或临行者的嘱别之辞,犹言"保重":

　　大师言:"汝等门人好住! 吾留一颂,名《自性真佛解脱颂》,后代迷人识此颂意,即见自心自性真佛。与汝此颂,吾共汝别。"(敦煌本《坛经》。据《敦煌写本坛经原本》,下同)

　　大期将迫,临行略示遗诫。努力努力! 好住!(《云门匡真禅师广录》卷下《遗诫》)

双音词"好看"犹谓"留心,提防",含叮嘱、提醒语气:

　　劝君险处好看蛇,冲着临时争奈何?(《祖堂集》卷七,云峰和尚)

　　师因看稻田次,朗上座牵牛,师曰:"这个牛须好看,恐吃稻去。"(《筠州洞山悟本禅师语录》)

　　大雄山下有一大虫,汝等诸人也须好看。(《五灯会元》卷四,黄檗希运禅师)

双音词"好与"犹谓"小心,留神,谨慎",叮嘱之辞:

道明云:"行者好与!速向岭南,在后大有僧来趁行者。"(《祖堂集》卷二,第三十二祖弘忍和尚。趁:追赶。)

问云居:"你爱色不?"对曰:"不爱。"师曰:"你未在,好与。"(又,卷六,洞山和尚。未在:尚未领悟禅法。)

兄弟若能如是即可;若未得如此,且直须好与,莫取次发言吐气,沉坠却汝无量劫。莫到与么时,便道报恩(系谷山崇之法号)不道。(《禅林僧宝传》卷一四,谷山崇禅师)

B式:"V好"式祈使句。"好"置于句末,带有劝告语气,具有祈使句语法标志的作用,相当于现代汉语句末助词"吧",这种句式主要使用于禅僧之间,是带有禅家行业色彩的句式。可以用于肯定句,例如:

问:"如何是客中主?"师云:"识取好。"(《祖堂集》卷一二,荷玉和尚)

何妨近前著些功夫,体取佛意好。(《景德传灯录》卷一五,清平山令遵禅师)

僧问:"诸法未闻时如何?"师曰:"风萧萧,雨飒飒。"曰:"闻后如何?"师曰:"领话好!"(《五灯会元》卷一一,神鼎洪諲禅师)

A式祈使句仅有肯定性用法,而B式也可以用于否定句,其固定格式是"莫V好",例如:

僧问:"十二分教是背后赞言,请师当赞便赞。"师云:"当不当?"云:"还得全也无?"师云:"莫攘语好。"(《祖堂集》卷一一,保福和尚)

也须具惭愧知恩始得,莫辜负人好。(《景德传灯录》卷一八,玄沙宗一禅师)

先师实无此语,和尚莫谤先师好。(《五灯会元》卷四,光孝慧觉禅师)

按,肯定句式中"好"也常常和祈使词"须"(副词)、"取"(助词)、"且"(副词)、"请"(动词)、"但"(副词)等祈使词配合组句:

太傅云:"有什摩罪过?"师云:"亦须自检责好。"(《祖堂集》卷十,长庆和尚)

问:"如何是客中主?"师云:"识取好。"(又,卷一二,荷玉和尚)

大凡行脚人,到处且子细好!(又,卷一三,报慈和尚)

问:"牛头未见四祖时,为甚么百鸟衔华?"师曰:"汝甚么处见?"曰:"见后为甚么不衔华?"师曰:"且领话好!"(《五灯会元》卷十,般若敬遵禅师)

各请自捡好。(又,卷五,长髭旷禅师)

但且怎么会好！(《景德传灯录》卷二八,桂琛和尚)

我们在第二章里也曾讨论过,这两类祈使句在文献使用范围上大有不同。A
式在唐宋禅录以及同时期其他口语文献中均有大量用例,在第二章我们就曾列举
《隋唐嘉话》(撰者唐刘餗卿,彭城人,今江苏徐州)、敦煌变文、《太平广记》以及杜
荀鹤(池州石埭人,今安徽石台)诗的用例,这里再举两例：

齐神武始移都于邺,时有童谣云："可怜青雀子,飞入邺城里。作窠犹未
成,举头失乡里。寄书与妇母,好看新妇子。"魏孝静帝者,清河王之子也。后
则神武之女。邺都宫室未备,即逢禅代,作窠未成之效也。孝静寻崩,文宣以
后为太原长公主,降于杨愔。时娄后尚在,故言寄书于妇母。新妇子,斥后
也。(《隋书》卷二二,志一七)

令狐赵公镇维扬,处士张祜尝与狎宴。公因视祜改令曰："上水船,风又
急,帆下人,须好立。"祜应声答曰："上水船,船底破,好看客,莫倚拖。"(《唐
摭言》卷一三,矛盾。撰者王定保,江西南昌人。)

从 A 式的实际使用情况来看,在不同方言背景的文献中均有用例。我们大抵
可以判断,A 式是唐宋时代使用于通语的句式。

比较而言,B 式在唐宋禅录中的出现频率较高,用例多,形式也多。但是在禅
录之外同时期的其他作品中却罕有用例。又据袁宾(2001),主要使用于禅宗语录
的 B 式祈使句,从晚唐五代至于两宋渐有增多之势,比较不同时期的几种文献,基
本使用情况如下：

文献	时代	用例
敦煌本《坛经》、神会的四种敦煌本语录①	中晚唐	无
祖堂集	晚唐五代	9 例
五灯会元	南宋	80 余例

其中,《祖堂集》9 例包括肯定式"须 V 好"5 例,否定式"莫 V 好"4 例。《五灯
会元》80 余例中,不仅有"须 V 好"、"莫 V 好",还有与"且"、"但"、"取"、"请"等
多个祈使词配合使用的格式。可见,从中晚唐到南宋时代,禅录中的 B 式祈使句
经历了一个从无到有、从少到多、格式渐趋多样丰富的发展过程。也就是说,禅录

---

① 包括《南阳和上顿教解脱门直了性坛语》《菩提达摩南宗定是非论》《顿悟无生般若颂》
《南阳和尚问答杂征义》。

中的 B 式祈使句是一种成系统的有活力的句式。而禅录大抵是反映南方方言基础的。根据 B 式祈使句在禅录中的使用范围、频率、形式及其发展状况,我们可以初步判断,这是一种具有禅宗行业色彩,主要使用于禅僧之间,且具有南方方言色彩的祈使句。

3. 还

禅录里许多疑问句中有个置于动词前的疑问副词"还"值得注意:

六祖见僧,竖起拂子,云:"还见摩?"对云:"见。"(《祖堂集》卷二,第三十三祖惠能和尚)

帝又问:"如何是十身调御?"师乃起立,云:"还会摩?"帝曰:"不会。"(又,卷三,慧忠国师。会:领会。)

师曰:"汝还识此人不?"对曰:"不识。"(又,卷六,洞山和尚)

文殊与摩道,还称得长老意无?(又,卷一一,齐云和尚。与摩:如此,这样。)

例中"还"的用法与明清时代常见的疑问副词"可"相近。这种"还"字疑问句在唐宋禅录里用例极多,俯拾即是,可见疑问副词"还"显然是当时口语里经常使用、非常活跃的词。但是,在同时代的北方文献敦煌口语作品中,这种"还"字句却很少见到,通检《敦煌变文校注》"还"字句共约 10 例。《祖堂集》的篇幅大约只有《敦煌变文校注》的五分之三,却拥有"还"字句多达 461 例。不难看出,这个表疑问的"还"主要使用于长江流域及其以南地区。疑问副词"还"罕见于先唐典籍,应是唐代新生的口语词。一般地说,新生的口语词往往具有方言属性。禅录里大量的用例以及与北方文献用例稀少之比较,明确地显示了这个新生词的方言属性。

据我们观察,疑问副词"还"使用于如下疑问句型:

(1)还……?

师云:"还闻道:有道之君,不纳有智之臣。"(《祖堂集》卷一六,南泉和尚)

雷门之下,布鼓难施,而今还有击鼓者?(《汾阳无德禅师语录》卷上)

(2)还……摩/么?

师云:"汝还信古人摩?""学人终不敢违背。"(《祖堂集》卷一二,仙宗和尚)

尔还识渠么?(《镇州临济慧照禅师语录》)

南泉示众云:"王老师卖身去也,还有人买么?"(《虚堂和尚语录》卷八)

(3)还……耶?

　　游子问曰:"曾闻前两篇中,俱明能证之人,所证之法,乃至随缘行人,各各有名。此篇中还有能证所证,及随缘行人名耶? 请为指出。"(《祖堂集》卷二十,五冠山瑞云寺和尚)

"耶"也是句末语气词,作用与上举"摩/么"相近。但是"还……耶"的用例很少。此例所出《祖堂集》卷二十的《五冠山瑞云寺和尚》章因其传主系高丽僧人,且该章行文、造句及用词等方面存在一些与全书其他部分不甚相谐之处而受到研究者的关注(牵涉到《祖堂集》书中是否有后人改笔的问题)。上举"还……耶"句型不见于《祖堂集》其他章节,就是可以注意的语言现象。

(4)还……(也)无?

　　师云:"维摩还有祖父也无?"对云:"有。"(《祖堂集》卷一八,赵州和尚)

　　师因病次,问:"和尚病,还有不病者无?"云:"有。"(又,卷五,德山和尚)

　　云岩作鞋次,师近前曰:"就师乞眼睛,未审还得也无?"(《筠州洞山悟本禅师语录》)

(5)还……(也)未?

　　师又去碓坊,便问行者:"不易行者,米还熟也未?"对曰:"米熟久矣,只是未有人簸。"师云:"三更则至。"行者便唱喏。(《祖堂集》卷二,第三十二祖弘忍和尚)

　　师曰:"你犹有前后在?"对曰:"前后则且置,和尚还曾见未?"师曰:"吃茶去。"(又,卷一七,处微和尚)

　　师云:"尔看什么经?"僧云:"般若经。"师云:"一切智,智清净。还梦见未?"(《云门匡真禅师广录》卷上)

　　长髭到石头处。头问:"什么处来?"髭云:"岭南来。"石头云:"大庾岭头一铺功德,还成就也未?"髭云:"成就久矣,只欠点眼。"(《明觉禅师语录》卷一)

(6)还……不?

　　四祖曰:"西天二十八祖传佛心印。达摩大师至此土,相承有四祖。汝还知不?"(《祖堂集》卷三,牛头和尚)

　　问:"尽其机来,师还接也无?"师云:"一问不错。"学云:"一问且置,师还接不?"师云:"细看前话。"(《云门匡真禅师广录》卷上)

　　问:"迦叶入定时如何?"师云:"匿得么?"进云:"还见十方不?"师云:"好手透不出。"(又)

问:"目前无一法,还免得生死不?"师云:"尔驴年未免得在。"(又)

僧问南院:"日月迭迁,寒暑交谢。还有不涉寒暑么?"(《黄龙慧南禅师语录》)

(7)还……(已)否?

尔还是娘生已否?(《镇州临济慧照禅师语录》)

招庆因举佛陀婆梨尊者从西天来,礼拜文殊,逢文殊化人,问:"还将得尊胜经来否?"云:"不将来。"(《祖堂集》卷一一,保福和尚)

于是释迦世尊谓波斯匿王言:"尔虽知迁变不停,还知身中有不变者否?"(《圆悟佛果禅师语录》卷五)

(8)"还"字选择疑问句

问:"祖意与教意,还同别?"(《祖堂集》卷九,落浦和尚)

时有学人问:"古人还扶入门,不扶入门?"(又,卷一一,保福和尚)

长庆举似保福,保福拈问长庆:"只如上座道'不逐四时雕',与摩道还得剿绝,为当不得剿绝?"(同上)

仰山即举一境问云:"诸方老宿还说这个不说这个?"(《祖堂集》卷一八,仰山和尚)

师云。慧寂有验处。但见僧来。便竖起拂子问伊。诸方还说这个不说。(《仰山慧寂禅师语录》)

《祖堂集》的例句是"还"字选择疑问句的较早用例。

(9)"还"字特指疑问句

或时举一境云:"这个则且置,还诸方老宿意旨如何?"(《祖堂集》卷一八,仰山和尚)

疑问副词"还"用于特指问句在唐五代时期比较少见。

第五章

禅录中的特色词语

本章具体考察禅录中几类具有特色的词语。

第一节　禅家奇特语

有人问池州鲁祖山教和尚:"如何是高峰孤宿底人?"禅师答曰:"半夜日头,明日午打三更。"(《景德传灯录》卷一二,鲁祖山教和尚)半夜出太阳,中午时候敲打午夜三更的锣号,完全颠倒日常行为逻辑,不是很奇特吗? 又如禅僧与云门道信之问答:"僧问:'如何是祖师西来意?'师曰:'千年古墓蛇,今日头生角。'"(《五灯会元》卷一六,云门道信禅师)答语也是显得荒诞,蛇头生角是不可能发生的事情。这些正是禅宗语录的特色用语——奇特语。

奇特怪诞,超出常规,正是禅语的一大特色。禅师们使用怪异荒诞的语句,使学人无法按照正常的方式去理解,以截断其思维套路。① 例如:

油然南山云,霈然北山雨。露柱笑呵呵,灯笼超佛祖。中涌边没,西天东土。楼阁门开竟日闲,野老不知何处去。(《圆悟佛果禅师语录》卷一八)

又问僧:"甚处来?"云:"摘茶来。"师云:"人摘茶、茶摘人不问,俪无底篮子重多少?"(《明觉禅师语录》卷三)

问:"牛头未见四祖时如何?"师曰:"家家观世音。"曰:"见后如何?"师曰:"火里蟭蟟吞大虫。"……问:"从上来事请师提纲。"师曰:"朝看东南,暮看西北。"曰:"便恁么领会时如何?"师曰:"东屋里点灯,西屋里暗坐。"(《景

---

① 张子开(2008)称之为"悖理语",因其悖离常理,与世俗的逻辑相违背,不可依据世俗的思维去理解。认为禅林此类语句,意在"提醒、要求闻听者……破除对于世俗社会的思维定势,消灭一切执着。也就是说,应该在语言文字的字面含义之外去寻找答案"。

德传灯录》卷一九,云门文偃禅师。蟭螟:一种小虫。)

　　古镜精明皎皎,皎皎遍照河沙。到处安名题字,除侬更有谁家?过去未来现在,诸佛镜生纤瑕。纤瑕垢尽无物,此真火里莲华。莲华千朵万朵,朵朵端然释迦。(同上,卷三十,法灯泰钦禅师《古镜歌》之三)

　　上堂:"羊头车子推明月,没底船儿载晓风。一句顿超情量外,道无南北与西东。"(《五灯会元》卷一四,了堂思彻禅师)

　　僧问:"三门与自己是同是别?"师曰:"八两移来作半斤。"曰:"恁么则秋水泛渔舟去也。"师曰:"东家点灯,西家为甚么却觅油?"(《续传灯录》卷五,崇善用良禅师)

　　上堂,僧问:"宝座既升,愿闻举唱。"师曰:"雪里梅花火里开。"曰:"莫便是为人处也无?"师曰:"井底红尘已涨天。"(同上,卷二二,净觉本禅师)

　　禅录中,禅师在机语对答时常常答非所问,隐晦曲折,如有人问明觉禅师:"如何是祖师西来意?"答曰:"山高海阔。"(《明觉禅师语录》)答语是答非所问的"无义语",但其本身是可以理解的。而以上我们列举的这些偈颂、问答语等,较之更为古怪离奇、违反逻辑,极为生动有趣却又决不可按照常规硬性理解,其目的是在于启示学人摆脱情识知解、言辞语句之束缚,驱除分别之妄心,顿然开悟,获得自由。禅录中此类奇特用语甚多,如"无底篮子"、"没底船儿"这样的用语,《人天眼目》卷六中甚至归纳出了《十无问答》诗:

　　无为国,高卧羲皇上,行歌帝舜时。

　　无星秤,斤两甚分明。

　　无根树,不假东皇力,常开优钵花。

　　无底钵,托来藏日月,放下贮乾坤。

　　无弦琴,不是知音莫与弹。

　　无底船,空载月明归。

　　无生曲,一曲两曲无人会,雨过夜塘秋水深。

　　无孔笛,等闲吹一曲,共赏太平时。

　　无须锁,擘开难动手,合定不通风(又云金槌击不动)。

　　无底篮,能收四大海,包括五须弥。

　　云门宗的开山祖师文偃常常用一个字来回答僧徒的提问,这就是著名的"云门一字关":

　　云门寻常爱说三字禅:顾鉴咦。又说一字禅。僧问:"杀父杀母,佛前忏悔。杀佛杀祖,向什么处忏悔?"门云:"露。"又问:"如何是正法眼藏?"门云:

"普。"直是不容拟议,到平铺处,又却骂人。若下一句语,如铁橛子相似。(《佛果圆悟禅师碧岩录》卷一,第六则)

"直是不容拟议",点出了"一字关"奇特语用意之所在。"顾鉴咦"三字禅,其实也是"一字关"的一种表现形式。据《禅林僧宝传》卷二,云门弘明禅师章:

> (云门)每顾见僧即曰:鉴、咦。而录之者曰顾鉴咦。德山密禅师删去顾字,但曰鉴咦。丛林目以为抽顾颂。

这是说,云门文偃看见身边的僧人,常是仅以"鉴"、"咦"等字招呼,没有其他多余话语,因启示学人无须过多言语,更无须纠缠,直指其心,彻见本源才是关键。同书记载云门的第二代弟子北塔祚禅师作偈曰:"云门顾鉴笑嘻嘻,拟议遭渠顾鉴咦。任是张良多智巧,到头于是也难施。"要说明的也是这个意思。云门此种接引学人的施设,被称为"截断众流"。"截断众流"是著名的"云门三句"之一,包括"函盖乾坤"句、"截断众流句"、"随波逐浪句"。《天如惟则禅师语录》卷九《宗乘要义》颂总结"一字关"与"云门三句"谓:"云门宗格外纵擒、言前定夺,称提三句关键,拈掇一字机锋,截断众流,圣凡无路。"

一些著名的奇特句在后世禅林中常见拈提。例如:

> 上堂,举:"寒山云:井底生红尘,高峰起白浪。石女生石儿,龟毛寸寸长。若要学菩提,但看此模样。"良久曰:"还知落处也无? 若也不知落处,看看菩提入僧堂里去也。久立!"(《五灯会元》卷一五,洞山晓聪禅师)

> "山头浪起水底尘飞,结果空花生儿石女。如今即不恁么。三年一闰,九月重阳。冬天日短,春天渐长。寒即向火,热即取凉。"良久曰:"且道佛法在什么处? 不离当处常湛然,觅即知君不可见。"喝一喝。(《续传灯录》卷一九,圣寿法晏禅师)

> 问:"承古德有言:井底红尘生,山头波浪起。未审此意如何?"师曰:"若到诸方但恁么问。"……师又曰:"古今相承皆云:尘生井底浪起山头,结子空华生儿石女。且作么生会? 莫是和声送事、就物呈心句里藏锋声前全露么? 莫是有名无体、异唱玄谭么? 上座自会,即得古人意旨。不然既恁么会不得,合作么生会? 上座欲得会么? 但看泥牛行处阳焰翻波,木马嘶时空华坠影。圣凡如此,道理分明,何须久立? 珍重!"(《景德传灯录》卷二六,光庆遇安禅师)

寒山的诗句,组合种种奇特之意象,形成奇特之机语。洞山晓聪从正面加以肯定,圣寿法晏则从相反的角度入手,用平常事物譬喻。光庆遇安又以奇特对奇特,"泥牛行"、"木马嘶"等也都是常见的奇特语,如《抚州曹山元证禅师语录》:

"偈曰:焰里寒冰结,杨华九月飞。泥牛吼水面,木马逐风嘶。"又如洞山"五台山上云蒸饭"句:

  师上堂,举,洞山云:"五台山上云蒸饭,佛殿阶前狗尿天。幡竿头上煎餶子,三个猢狲夜播钱。"师云:"老僧即不然。三面狸奴脚踏月,两头白牯手拿烟。戴冠碧兔立庭柏,脱壳乌龟飞上天。老僧葛藤尽被汝诸人觑破了也。洞山老人甚是奇特,虽然如是,只行得三步四步,且不过七跳八跳。且道,譊讹在什么处? 老僧今日不惜眉毛,一时布施。"良久云:"叮咛损君德,无言真有功。任从沧海变,终不为君通。"(《杨岐方会禅师语录》。餶子:饼类食品。)

  五祖寻常教人看此三颂,岂不见洞山初和尚有颂示众云:"五台山上云蒸饭,古佛堂前狗尿天。刹竿头上煎餶子,三个胡孙夜簸钱。"又杜顺和尚道:"怀州牛吃禾,益州马腹胀。天下觅医人,灸猪左膊上。"又傅大士颂云:"空手把锄头,步行骑水牛。人从桥上过,桥流水不流。"又云:"石人机似汝,也解唱巴歌。汝若似石人,雪曲应须和。"若会得此语,便会他雪窦颂。(《佛果圆悟禅师碧岩录》卷十,第九六则)

  七月旦,上堂:"一二三四五六七,眼里瞳人吹筚篥。七六五四三二一,石人木人眼泪出。七通八达举著,便知尚在见闻隔靴抓痒。陕府铁牛吞嘉州大像则且置,'佛殿阶前狗尿天,五台山上云蒸饭'一句作么生道? 风来树影动,叶落便知秋。"(《圆悟佛果禅师语录》卷七)

  蓦拈拄杖划一划云:"路逢死蛇莫打杀,无底蓝子盛将归。"又曰:"光非照境,境亦非存。光境俱忘,复是何物? 百草头上罢却干戈则且置,忽若嘉州大像倒骑陕府铁牛,把须弥山一捆百杂碎,新罗国里走马,南赡部洲说禅,又作么生? 五台山上云蒸饭,佛殿阶前狗尿天。刹竿头上煎锤子,三个猢狲夜簸钱。"(《续传灯录》卷二七,虎丘绍隆禅师)

禅法超越语言义理,因此禅语忌讳正面据实叙说,禅林使用奇特语是与禅宗"不说破"的原则密切相关的。禅录中有很多看似古怪难以理解的言句,都是由于"不说破"的原则,例如:

  师定坐次,肃宗问:"师得何法?"师曰:"陛下见空中一片云不?"皇帝曰:"见。"师曰:"钉钉著,悬挂著?"(《祖堂集》卷三,慧忠国师)

  僧问:"古镜未磨时如何?"师曰:"青青河畔草。"曰:"磨后如何?"师曰:"郁郁园中柳。"曰:"磨与未磨,是同是别?"师曰:"同别且置,还我镜来。"僧拟议,师便喝。(《五灯会元》卷一六,本逸正觉禅师)

禅师始终不作正面回答,正是体现了"不说破"的原则。唐代洞山良价禅师

（曹洞宗开创者）在祭祀老师云岩昙晟时，与学人有这样一段对话：

> 云岩讳日师营斋。僧问："和尚于云岩处得何指示？"师曰："虽在彼中，不蒙指示。"云："既不蒙指示，又用设斋作甚么？"师曰："争敢违背他。"云："和尚发迹南泉，为甚么却与云岩设斋？"师曰："我不重先师道德佛法，只重他不为我说破。"（《筠州洞山悟本禅师语录》）

云岩之于洞山，最重要的指示恰恰在于无指示，正如沩山灵祐禅师所说："我若说似汝，汝已后骂我去。我说底是我底，终不干汝事。"（《潭州沩山灵祐禅师语录》）

那些奇特的行为举措其实也与"不说破"的原则有关。归宗智常一日在园中，"见一株菜，画圆相裹却，谓众曰：'辄不得损著者个。'众僧更不敢动著。师于时却来，见菜株犹在，便把杖趁打，呵云：'者一队汉，无一个有智慧。'"（《祖堂集》卷一五，归宗和尚）画圆相是禅家示机应机的机锋作略之一。归宗试图引导学人打破分别妄念，但可惜学人囿于分别之心，不能接机。不过我们从中仍可体会禅师接引学人之用心。这种示机方法不是比正面的解释说教更为生动吗？

如此，我们也就可以领会禅林奇特语了。奇特语乃是蓦地截断一切言语情识之纠缠，使问者无理路可循，无可意想分别，借以触发听者的某种灵性，启示其体验自在无碍之悟心。

第二节　公案语

禅林参公案之风气始于唐，盛于宋。不仅有独家语录，更有《佛果圆悟禅师碧岩录》《万松老人评唱天童觉和尚颂古从容庵录》等汇辑之书。禅门公案盛行，《景德传灯录》就号称有公案一千七百则，当然通常所用的仅五百则左右。作为后世参禅者思考与参究的对象，公案中往往蕴含着独特、灵动之锋芒。公案语也是禅录词语的特色之一。

在第三章我们提到了"南泉水牯牛"、"沩山水牯牛"两则著名公案。事实上，农禅生活中，骑牛、牧牛等差不多已成为日常功课，"牛"是禅林的著名象征，如颇为有趣的"刘铁磨老牸牛"公案：

> 师一日见刘铁磨来，师云："老牸牛，汝来也。"刘云："来日台山大会斋，和尚还去么？"师乃放身作卧势，刘便出去。（《潭州沩山灵祐禅师语录》）

这是沩山灵祐禅师与老尼刘铁磨之间的问答。"牸牛"即母牛，沩山自称水牯牛,而称尼姑为牸牛,两相对应,以示对刘铁磨之许可,读来颇感诙谐幽默。以下再举几则与"牛"有关的公案。

《五灯会元》卷一五,令滔首座章记载了这样一则故事:

> (令滔首座)久参沩潭。潭因问:"祖师西来,单传心印。直指人心,见性成佛。子作么生会?"师曰:"某甲不会。"潭曰:"子未出家时作个甚么?"师曰:"牧牛。"潭曰:"作么生牧?"师曰:"早朝骑出去,晚后复骑归。"潭曰:"子大好不会。"师于言下大悟,遂成颂曰:
>
> 放却牛绳便出家,剃除须发著袈裟。
>
> 有人问我西来意,拄杖横挑罗哩罗。

"早朝骑出去,晚后复骑归"是自由任运的平常状态,也是放下概念情识束缚的悟道状态。如此,我们也就可以理解以下两则公案:

> 师后因一日在厨作务次,马师问:"作什摩?"对云:"牧牛。"马师曰:"作摩生牧?"对曰:"一回入草去,便把鼻孔拽来。"马师云:"子真牧牛。"(《祖堂集》卷一四,石巩和尚)

> 所以安(指大安)在沩山,三十年来,吃沩山饭,屙沩山屎,不学沩山禅,只是长看一头水牯牛,落路入草便牵出,侵犯人苗稼则鞭打。调来伏去,可怜生,受人言语。如今一时变作个露地白牛,常在面前,终日露迥迥地,趁亦不肯去。(《景德传灯录》卷九,福州大安禅师)

两则公案均是借"牧牛"为喻,强调修养心性,寻求清净本心。第二例"侵犯人苗稼"是源于佛经的典故语,典出《佛垂般涅槃略说教诫经》:"譬如牧牛之人执杖视之,不令纵逸,犯人苗稼。""牧牛"即调心。大安意谓牧牛之时若鼻绳松堕,牛便会侵犯他人庄稼,喻指修行者若有懈怠动摇,即会滋生妄念俗情。"露地白牛"用《法华经·譬喻品》典故,指立于门外露地上的大白牛车,喻指一乘教法。禅林借之比喻证悟究竟,清净自在之最高悟境,洞山《玄中铭》曰:"露地白牛,牧人懒放"(《筠州洞山悟本禅师语录》),也正是取其自由无碍。

大安"露地白牛"公案深入浅出,生动形象,有趣的是禅师本人也是由"骑牛"之喻而开悟:

> 师即造于百丈,礼而问曰:"学人欲求识佛,何者即是?"百丈曰:"大似骑牛觅牛。"师曰:"识后如何?"百丈曰:"如人骑牛至家。"师曰:"未审始终如何保任?"百丈曰:"如牧牛人执杖视之,不令犯人苗稼。"师自兹领旨,更不驰求。(同上)

"牛"即自心,"到家"也是禅林常用之比喻,指回归自心。希望向外寻求识佛,就如同骑着牛还在寻找牛一样可笑,明明自心即佛,何苦四处寻觅? 大安世称懒安,因其性喜终日端坐,无所事事。"懒安"之"懒"恐怕也是别有深意吧。

与"露地白牛"相关的,还有著名的"北禅烹牛"公案。北禅,即云门文偃禅师下三世弟子智贤,以久居衡州(今湖南)常宁之北禅院,世称北禅智贤。某年除夕小参时,禅师训示众人曰:

> 年穷岁尽,无可与诸人分岁。老僧烹一头露地白牛,炊黍米饭,煮野菜羹,烧榾柮火,大家吃了,唱村田乐。何故? 免见倚他门户傍他墙,刚被时人唤作郎。(《五灯会元》卷一五,北禅智贤禅师。榾柮:柴块,树根疙瘩。)

本公案的关键即在于"露地白牛",实质是要告诫禅人把持自家自性,不要一味向外寻求,否则只会落下笑柄。

公案常以超越常识、超越思维逻辑的形式出现,在机锋往来中触发参学人内在之真性。例如:

> 时十月中旬,有诸座主来礼拜和尚。师问:"城外草作何色?"曰:"作黄色。"师遂唤少童子问:"城外草作何色?"对曰:"作黄色。"师曰:"座主解经解论,与此厮见解何殊?"座主却问和尚:"城外草作何色?"师曰:"见天上鸟不?"座主曰:"和尚转更勿交涉也。愿和尚教某等作摩生即是。"师却唤座主向前来。座主一时向前来。师见诸座主不会,遂笑曰:"诸座主且归寺,别日却来。"诸大德嘿然而往。明日又来:"愿和尚为某等说看。"师曰:"见即见,若不见,纵说得出亦不得见。"诸供奉曰:"从上国师,未有得似和尚如是机辩。"师曰:"他家即师国,贫道即国师。"诸供奉曰:"我等诸人,谬作供奉,自道解经、解论。据他禅宗都勿交涉。"(《祖堂集》卷三,慧忠国师)

诸位座主身为朝廷供奉,面对慧忠之"禅机",却一片茫然。禅法妙旨不设语言文字,而是通过直指人心、心心相印的方式传承,此则公案正体现了禅宗与其他佛教宗派的区别所在。再看下面数则公案:

> 有僧游五台,向一婆子曰:"台山路向甚么处去?"婆曰:"蓦直去。"婆曰:"好个师僧,又恁么去。"后有僧举似师。师曰:"待我去勘过。"明日,师便去问:"台山路向甚么处去?"婆曰:"蓦直去。"师便去。婆曰:"好个师僧,又恁么去。"师归院,谓僧曰:"台山婆子为汝堪破了也。"(《五灯会元》卷四,赵州从谂禅师)

这是著名的"台山婆子"公案。"蓦直去"的回答最直接,也最能体现禅宗直指人心的门风。赵州从谂禅师流传下来的公案甚多,再如"赵州狗子":

> 问:"狗子还有佛性也无?"师曰:"无。"曰:"上至诸佛,下至蝼蚁,皆有佛

性,狗子为甚么却无?"师曰:"为伊有业识在。"（同上）

宋代无门慧开编集《禅宗无门关》,第一则即为此公案,要参禅者"参个'无'字,昼夜提撕,莫作虚无会,莫作有无会"。此公案多为禅家所拈提:"赵州狗子佛性无,只个'无'字铁扫帚,扫处纷飞多,纷飞多处扫。转扫转多,扫不得处拼命扫。昼夜竖起脊梁,勇猛切莫放倒。忽然扫破太虚空,万别千差尽豁通!"（《如净和尚语录》卷下）

　　三圣问雪峰:"透网金鳞,以何为食?"峰云:"待汝出网来,即向汝道。"圣云:"一千五百人善知识,话头也不识。"峰云:"老僧住持事繁。"（《汾阳无德禅师颂古代别》卷中）

三圣乃临济义玄法嗣,因住河北镇州三圣院,世人称之三圣。三圣机锋勇猛,以"透网金鳞"喻指证悟解脱之境界,然雪峰的应对更体现出圆融通透之机用。因此后文汾阳颂云:"透网之鱼不识钩,贪游浪水认浮头。高滩坐钓垂慈者,回棹收纶却上舟。"

　　举,玄沙示众云:"诸方老宿,尽道接物利生,忽遇三种病人来,作么生接?患盲者,拈锤竖拂,他又不见;患聋者,语言三昧,他又不闻;患哑者,教伊说,又说不得。且作么生接? 若接此人不得,佛法无灵验。"僧请益云门,云门云:"汝礼拜著!"僧礼拜起,云门以拄杖挃,僧退后。门云:"汝不是患盲。"复唤近前来,僧近前,门云:"汝不是患聋。"门乃云:"还会么?"僧云:"不会。"门云:"汝不是患哑。"僧于此有省。（《佛果圆悟禅师碧岩录》卷九,第八八则）

"玄沙三种病人"乃是唐末五代玄沙师备接化学人之施设,以盲、聋、哑三种人喻昧于真见、真闻、真语之人,启发学人摆脱虚妄情识的纠缠。越山鉴真颂曰:"盲聋暗哑格调高,是何境界自担荷。昔日曾向玄沙道,笑杀张三李四歌。"（《祖堂集》卷一一,越山鉴真大师）

　　僧问智门:"莲花未出水时如何?"智门云:"莲花。"僧云:"出水后如何?"门云:"荷叶。"（同上,卷三,第二一则）

智门的回答完全悖离现实,听起来很是荒谬,旨在引导禅人祛除分别之心。"莲花出水"后来成为禅林常用的问头,其答语也是千奇百怪,如《五灯会元》卷一二,琅琊慧觉禅师章:"问:'莲花未出水时如何?'师曰:'猫儿戴纸帽。'曰:'出水后如何?'师曰:'狗子著靴行。'"同书卷一五,洞山守初章:"问:'莲花未出水时如何?'师曰:'楚山头倒卓。'曰:'出水后如何?'师曰:'汉水正东流。'"

禅林还常常使用各式各样的动作或特殊施设,来交流与传授禅法。这些动作行为千奇百怪,甚至有点莫名其妙,但形成了禅林的一大特色,并由此产生了一系列的著名公案。最为突出的莫过于"临济喝"与"德山棒"。

临济义玄上承慧能、怀让、马祖、希运诸位禅德,创立临济宗,并形成了具有强烈个性的临济禅法与临济门风。临济禅师最著名的施设是通过大声吆喝来示机:

> 师问僧:"有时一喝如金刚王宝剑,有时一喝如踞地金毛师子,有时一喝如探竿影草,有时一喝不作一喝用。汝作么生会?"僧拟议,师便喝。(《镇州临济慧照禅师语录》)

这是禅家称为"临济四喝"的公案,是临济本人对"喝"的表说。临济宗门风峻烈,用"喝"示机之外,也是使用棒击的。例如:

> 上堂,僧问:"如何是佛法大意?"师竖起拂子,僧便喝,师便打。又僧问:"如何是佛法大意?"师亦竖拂子。僧便喝,师亦喝。僧拟议,师便打。乃曰:"大众,夫为法者,不避丧身失命。我于黄檗先师处,三度问佛法的的大意,三度被打,如蒿枝拂相似。如今更思一顿,谁为下手?"时有僧出曰:"某甲下手。"师度与拄杖,僧拟接,师便打。(《五灯会元》卷一一,临济义玄禅师)

临济以棒击示机,是从其师黄檗希运处承继而来。临济三度以佛法大意求教黄檗,三度问声未绝,便被棒打,后遵照黄檗的建议到大愚山寺。临济将三度被打的经历告诉大愚,大愚说:"黄檗与么老婆心切,为汝得彻困。更来这里问有过无过!"临济于言下大悟云:"元来黄檗佛法无多子!"大愚问他:"你见个什么道理?"临济竟反过来在大愚胁下打三拳。临济义玄回到黄檗山,向希运讲述自己如何得悟,希运表示要打他时,他竟向希运掌脸。希运不但不恼,反谓之曰:"这风颠汉来这里捋虎须。"实则默许临济之悟境。(据《五灯会元》卷一一,临济义玄禅师章)这就是"临济三顿棒"的著名公案。当然,以棒击接引禅人最为著名的还是唐代高僧德山宣鉴。例如:

> 小参,示众曰:"今夜不答话,问话者三十棒。"时有僧出礼拜,师便打。僧曰:"某甲话也未问,和尚因甚么打某甲?"师曰:"汝是甚么处人?"曰:"新罗人。"师曰:"未跨船舷,好与三十棒。"(《五灯会元》卷七,德山宣鉴禅师)

> 上堂:"问即有过,不问犹乖。"有僧出礼拜,师便打。僧曰:"某甲始礼拜,为甚么便打?"师曰:"待汝开口,堪作甚么!"(同上)

德山、临济还曾有过一番机锋较量:

> (德山)示众曰:"道得也三十棒,道不得也三十棒。"临济闻得,谓洛浦曰:"汝去问他,道得为甚么也三十棒?待伊打汝,接住棒送一送。看伊作么生。"浦如教而问,师便打,浦接住送一送,师便归方丈。浦回,举似临济。济曰:"我从来疑著这汉。虽然如是,你还识德山么?"浦拟议,济便打。(同上)

"临济喝"与"德山棒"同以猛烈之动作施设,接引禅人摆脱言辞概念与思维套式的束缚,方式不同,然本质相同。在禅僧的实践中,棒喝常常配合使用(如上文《五灯会元》卷一一,临济义玄禅师章例),禅家也常常将两者相提并论:"临济喝,德山棒,留与禅人作模范。"(《续传灯录》卷一五,黄檗惟胜禅师)

行棒、行喝,看似不着边际实则自成风格。动作语的交流功能在禅林可谓得到了极致的发挥,以下再举几则:

> 禾山垂语云:"习学谓之闻,绝学谓之邻;过此二者,是为真过。"僧出问:"如何是真过?"山云:"解打鼓。"又问:"如何是真谛?"山云:"解打鼓。"又问:"即心即佛即不问,如何是非心非佛?"山云:"解打鼓。"又问:"向上人来时,如何接?"山云:"解打鼓。"(《佛果圆悟禅师碧岩录》卷五,第四四则)

> 五台山秘魔岩和尚常持一木叉,每见僧来礼拜,即叉却颈云:"那个魔魅教汝出家,那个魔魅教汝行脚? 道得也叉下死,道不得也叉下死。速道!"学僧鲜有对者。(《景德传灯录》卷十,秘魔岩禅师)

> 初参石巩,石巩常张弓架箭,以待学徒。师诣法席,巩曰:"看箭。"师乃拨开胸云:"此是杀人箭,活人箭又作么生?"巩乃扣弓弦三下,师便作礼。(《景德传灯录》卷一四,三平义忠禅师)

> 一日升座,众集定,师辊出木球,玄沙遂捉来安旧处。(《五灯会元》卷七,雪峰义存禅师)

以上"禾山打鼓"、"秘魔擎叉"、"石巩弯弓"、"雪峰辊球"公案,均是禅门著名之施设,旨在猛地截断学人语路意路,使其超脱言辞知解,驱除分别妄情,回归真性本源。

第三节　隐语

语言表达受到人类知识经验和思维方式的制约,其效果是有限的。禅法之微妙幽玄,更是语言无法诠释到位的。但禅法又是灵活的,面对不同的根器,禅师们开方便之门,运用各种方法示机,语言文字是一种重要的手段。而隐语作为中国古老的言说方式,意在言外,隐而不露,隐晦曲折,正符合禅宗语言的特质,也因此备受禅师们的青睐。

禅录中作为隐语使用的,往往是一些口语词、常用词,例如"这(遮、者)"、"那"等。

"这（遮、者）"、"那"是近代汉语时期新兴的指示代词,分别表示近指与远指。现代汉语中的"这"、"那"是高频出现的常用词,常常被人们用来隐指那些不方便、不愿意或由于其他原因不能明说的事物。禅录中的"这（遮、者）"、"那"也有这样的隐指用法。首先来看"这",例如:

尼问:"如何是密密意?"师以手掐之。尼曰:"和尚犹有这个在!"师曰:"却是你有这个在。"（《五灯会元》卷四,赵州从谂禅师）

尼姑以隐密禅法相问,不想赵州和尚却做出了看似出格的举动。尼姑以"犹有这个在"相讥,却正好落入赵州的圈套。赵州的"这个"隐指的是尼姑心中所存的分别妄念与情识知解。又如:

师因唤沙弥,道吾曰:"用沙弥童行作什摩?"师曰:"为有这个。"吾曰:"何不弃却?"师曰:"有来多少时?"（《祖堂集》卷四,药山和尚）

又,"这边"隐指尘俗世界,与"那边"隐指超越尘俗的禅悟境界相对。例如:

师作《孤寂吟》曰:……尘滴存乎未免偻,莫弃这边留那边。直似长空搜鸟迹,始得玄中又更玄。（同上,卷四,丹霞和尚）

师问雪峰:"什摩处去来?"对曰:"斫槽去来。"师曰:"几斧得成?"对曰:"一斧便成。"师云:"那边事作摩生?"对曰:"无下手处。"师曰:"此犹是这边事,那边事作摩生?"雪峰无对。（同上,卷六,洞山和尚）

但是,"这田地"却表示与以上完全不同的隐含意义。佛教有"心田"一语,谓如田地能生长五谷,亦能生长稗草,心也有善恶之种,随缘滋长善恶之苗。而禅法乃是以心传心之心法,心是悟道的关键,因此禅录中常用"这一片田地"比喻人人所应护持之自心本性,即佛性:

古者道:这一片田地分付来多时也。我立地待尔构去,还知落处么?威音已前,空劫那畔,这一片田地巍然不动。及乎四生浩浩,万象腾腾,世界迁流,死生变化,这一片田地亦巍然不动。以至三灾劫坏,毗岚风起,吹散大地,犹如微尘,这一片田地亦巍然不动。诸佛出世,祖师西来,正为发明这一片田地。从上宗师,天下老宿,千方百计施设方便,无不尽力提持这一片田地。（《圆悟佛果禅师语录》卷八）

自心本性是参禅之根本,禅门"不立文字",亦或采取种种施设、开方便之门,都是为了心中"这一片田地"。又如:

参禅学道不为别事,只要腊月三十日,眼光落地时,这一片田地,四至界分,著实分明,非同资谈柄作戏论也。（《大慧普觉禅师住径山能仁禅院语录》卷四《示遵璞禅人》）

"腊月三十日"本指中国农历年的最后一天,这里与"眼光落地"均隐指生命终了,死亡到来。

上堂:"大众,这一片田地分付来多时也,尔诸人四至界畔犹未识在。若要中心树子,我也不惜。"(《五灯会元》卷一五,雪窦重显禅师。中心树子:喻指心心相印的禅宗道法。)

若是情识计较,情尽方见得透。若见得透,依旧天是天,地是地,山是山,水是水。古人道:心是根,法是尘,两种犹如镜上痕。到这个田地,自然净裸裸、赤洒洒。(《佛果圆悟禅师碧岩录》卷一,第九则)

"田地"指程度、境界。所谓"到这个田地",也就是"净裸裸,赤洒洒",空寂清净的禅悟境界。"这"又写作"遮"、"者",均为指代词。例如:

且问尔诸人,从上来有什么事? 欠少什么? 向尔道无事亦是谩尔也,须到遮田地始得。(《景德传灯录》卷一九,云门文偃禅师)

上堂云:"举一则语,教汝直下承当,早是撒屎著尔头上也。直饶拈一毛头,尽大地一时明得,也是剜肉作疮。虽然如此,也须是实到者个田地始得。若未,且不得掠虚。"(《云门匡真禅师广录》卷上)

又有"只这(个)是",本义为就这样,这个就是。原系口语,后渐成禅家行业语,多隐指真如法相,本来面目,微妙禅法。"这"或作"者"、"遮"。例如:

师行脚时,到大安和尚处便问:"夫法身者,理绝玄微,不堕是非之境,此是法身极则。如何是法身向上事?"安云:"只这个是。"(《祖堂集》卷八,疏山和尚)

师临行又问云岩:"和尚百年后,忽有人问:还邈得师真否? 如何祗对?"岩曰:"但向伊道:只这是。"(《筠州洞山悟本禅师语录》)

忠国师问南泉:"甚处来?"泉云:"江西。"师云:"还将得马大师真来否?"泉云:"只者是。"(《虚堂和尚语录》卷六)

师将示灭,乃遗一偈云:"祖祖不思议,不许常住世。大众审思惟,毕竟只遮是。"(《景德传灯录》卷八,米岭和尚)

问:"如何是活人之剑?"师曰:"不敢瞎却汝。"曰:"如何是杀人之刀?"师曰:"只遮个是。"(又,卷一九,安国弘瑫禅师)

指代词"那"在禅录中也多用为隐语,例如:

有康、德二僧来到院,在路上遇师看牛次,其僧不识,云:"蹄角甚分明,争奈骑牛者不识何!"其僧进前煎茶次,师下牛背,近前不审,与二上座一处坐。吃茶次,便问:"今日离什摩处?"僧云:"离那边。"师曰:"那边事作摩生?"僧提起茶盏子,师云:"此犹是蹄角甚分明,那边事作摩生?"其僧无对。(《祖堂集》卷九,涌泉和尚。不审:问候。)

"这边"隐指尘俗世界,与之相对,"那边"隐指超越尘俗分别的禅悟境界,"那边事"即进入禅悟境界,悟道成佛之事。又如:

上堂云:"壁立千仞处,攒华簇锦。平田浅草里,剑戟纵横。欲提持向上那边事,直下无启口处。始欲卷而怀之,又乃文彩已彰。正当恁么时如何?要识他家全意气,三千里外绝诸讹。"(《圆悟佛果禅师语录》卷四)

"那边事"与"向上"并提,"向上"乃是禅林行业用语,指由下向上、由迷至悟而达到的至上微妙境界。

钱二学士请升座云:"透生死关出有无见,脱佛祖机超格则量。须是利根上智、一闻千悟、直下承当始得,撒手那边更无余事。所以道:几回生,几回死,达者悠悠无定止。自从顿悟了无生,于诸荣辱何忧喜!诸人还识无生么?劫火洞然毫末尽,青山依旧白云中。"(同上,卷六)

"撒手"即放手,松手。在禅录中多指彻底摆脱情识束缚,进入自由之悟境,如芙蓉道楷禅师圆寂时所示偈语:"吾年七十六,世缘今已足。生不爱天堂,死不怕地狱。撒手横身三界外,腾腾任运何拘束!"(《续传灯录》卷十,芙蓉道楷禅师)

师有师叔在廨院患甚,附书来问曰:"某甲有此大病,如今正受疼痛,一切处安置伊不得。还有人救得么?"师乃回信曰:"顶门上中此金刚箭透过那边去也。"(《景德传灯录》卷二三,明招德谦禅师)

"金刚箭"即极为锋利的弓箭,禅录中多用来比喻自在无碍之机锋。禅师意在启示迅疾悟入。又如:

师上堂。有僧问:"终日忙忙,那事无妨。如何是那事?"师云:"孤峰顶上千华秀,万仞嵯峨崄处行。"(《天圣广灯录》卷一六,汝州省念禅师)

又有"那个人"、"那人"、"那一人":

因古时有一尊者,在山中住。自看牛次,忽遇贼斫头。其尊者把头觅牛次,见人问:"只如无头人,还得活也无?"对云:"无头人争得活?"其尊者当时抛头便死。师遂拈问僧:"尊者无头,什摩人觅牛?"对云:"那个人。"师云:"只如那个人,还觅牛也无?"僧无对。师代云:"不可同于死人。"(《祖堂集》卷一三,招庆和尚)

"那个人"为禅林常见之隐语,指超越生死,大彻大悟之人。彻悟的"那个人"明见自身佛性,是无须向外寻求的。又如:

上堂云:"心萌时失,口应则差。直饶具大神通,得大受用,要且未与那人

合。且道,不上机境底是甚么人?"良久云:"语默不到处,古今无尽时。"(《宏智禅师广录》卷四)

　　"敢问诸人,且道那一人年多少?"良久,曰:"千岁老儿颜似玉,万年童子鬓如丝。"(《续传灯录》卷一七,护国守昌禅师)

"那人"、"那一人"也是获得彻悟,明见自心之人。这是无法也无须用言语传达的境界,所以禅师用"无义句"乃至奇特语截断学人执著分别之妄心。

"这(者、遮)"、"那"常常成对出现,例如:

　　问:"被三衣即这边人,那边人事作摩生?"师云:"那边人被什摩衣服?"学人不会。师云:"不阚。"学人云:"不阚底事作摩生?"师云:"生生不拣。"(《祖堂集》卷八,云居和尚)

　　问曰:"是身如泡幻,泡幻中成辨。若无个泡幻,大事无因辨。若要大事辨,识取个泡幻。作么生?"对曰:"遮个犹是遮边事。"延曰:"那边事作么生?"对曰:"匝地红轮秀,海底不栽花。"延笑曰:"乃尔惺惺耶!"僧喝曰:"遮老汉! 将谓我忘却。"(《禅林僧宝传》卷一三,大阳延禅师)

"这边人"、"遮边事"为尘俗世界之人、事,"那边人"、"那边事"则是与之相对的禅悟境界的人与事。又如:

　　所以道,杀人刀活人剑,则这边那边、向上向下、有事无事、佛界魔界一时坐断。(《圆悟佛果禅师语录》卷八)

　　初问疏山:"枯木生花,始与他合。是这边句,是那边句?"山曰:"亦是这边句。"师曰:"如何是那边句?"山曰:"石牛吐出三春雾,灵雀不栖无影林。"(《五灯会元》卷一三,灵泉归仁禅师)

第二例的"这边句"是仍未摆脱知识见解的语句。而"石牛吐出三春雾,灵雀不栖无影林"的"那边句",则实在是空灵奇特,超越现实常规的言句,所表达的是彻悟者的境界。

"这(遮、者)"、"那"隐语,以习见的口语词隐讳传达意旨,往往有双关的效果。例如:

　　师将锹子铲草次,隐峰问:"只铲得这个,还铲得那个摩?"师便过锹子与隐峰。隐峰接得锹子,向师铲一下。师曰:"你只铲得这个。"(《祖堂集》卷四,石头和尚)

　　师见遵布衲洗佛,乃问:"遮个从汝洗,还洗得那个么?"遵曰:"把将那个来。"师乃休。(《景德传灯录》卷一四,药山惟俨禅师)

两则故事异曲同工,表面在讨论铲草、洗佛像"这个"事,实则意在此而言在彼，"那个"禅悟之事才是实质。

指示代词"这(遮、者)"、"那"，由于其语义表达的隐晦性正好契合了禅宗的个性要求，而被广泛应用作隐语。它们并非孤立存在，其他如"个"、"此"等也有这样的隐指用法，形成了一个系统。例如：

举三平颂云："即此见闻非见闻。"师云："唤什么作见闻？无余声色可呈君。"师云："有什么口头声色？个中若了全无事。"(《云门匡真禅师广录》卷中)

明日，升座曰："一喝分宾主，照用一时行。要会个中意，日午打三更。"(《禅林僧宝传》卷二一，慈明禅师)

问："举步涉千溪，寻源转路迷。个中一句，子请师方便为提撕。"师云："千年无影树，今日见枝柯。若不伸此问，争得见师机？"(《汾阳无德禅师语录》卷上)

若能知云月是同，溪山各异，便见但知作佛，愁什么众生？如此，则三玄三要八字打开，五位君臣一笔句下。诸人还见么？出头天外看，须是个中人。(《圆悟佛果禅师语录》卷三)

"个中"即此中、其中，隐指禅悟境界。如此，则"个中意"指禅法意旨；"个中一句"相当于"那边句"，指超越言诠，除尽妄心的彻悟者言句；"个中人"即领悟禅旨之人。

师初开堂示众曰："祖师西来，特唱此事。自是诸人不荐向外驰求，投赤水以寻珠，就荆山而觅玉，所以道从门入者非宝。认影为头，岂非大错？"(《祖堂集》卷九，黄山和尚)

有人问："如何是禅？如何是道？"师云："有名非大道，是非俱不禅。欲知此中意，黄叶止啼钱。"(同上，卷一七，公畿和尚)

师问雪峰："汝去何处？"对曰："入岭去。"师云："汝从飞猿岭过不？"对曰："过。"师曰："来时作摩生？"对曰："亦彼处来。"师曰："有一人不从飞猿岭便到者里作摩生？"对曰："此人无来去。"师曰："汝还识此人不？"对曰："不识。"师曰："既不识，争知无来去？"雪峰无对。师代云："只为不识，所以无来去。"(同上，卷六，洞山和尚)

首例"祖师西来，特唱此事"，很显然"此事"非一般的指代，而是禅法之大事。"此中意"、"此人"也都用为隐指，分别相当于"个中意"、"个中人"。此外，用为隐指的还有第三例的"飞猿岭"、"有一人"。前者本意指极其险峻陡峭的山崖，禅林因以隐喻禅悟之法门，即禅关。后者"有一人"相当于"那人"，即超越言句、超越生死的本来面目之人。又,"有一物"隐指本来面目、自身心性:"冬节,与泰首座吃果子次,乃问:'有一物,上拄天,下拄地,黑似漆,常在动用中,动用中收不得。且道过在甚么处?'秦云:'过在动用中。'师唤待者掇退果卓。"(《筠州洞山悟本禅师语录》)

> 禅德,可中学道,似地擎山,不知山之高峻;如石含玉,不知玉之无瑕。若能如是,是名出家。(《祖堂集》卷一五,盘山和尚)

> 僧问:"其中人相见时如何?"师曰:"早不其中。"进曰:"其中者如何?"师曰:"渠不作这个问。"(同上,卷五,大颠和尚)

> 上堂云:"不登泰山,不知天之高。不涉沧海,不知海之阔。此区中之论也。若是其中人,天在一粒粟中,海在一毫头上。浮幢王华藏界,尽在眉毛眼睫间。且道,此个人在什么处安身立命? 还委悉么? 无边虚空盛不受,直透威音更那边。"(《圆悟佛果禅师语录》卷七)

"可中"、"其中"相当于"个中",亦隐指禅悟境界。"其中人"、"其中者"也就是超越一切对待、分别,获得禅悟之人。此外,第二例的"渠"本为第三人称代词"他",禅录中也多用来隐指人人自有之本来面目,真如法身,例如:

> 师问云岩:"作什摩?"对曰:"担水。"师曰:"那个尼?"对曰:"在。"师曰:"你来去为阿谁?"对曰:"替渠东西。"师曰:"何不教伊并头行?"对曰:"和尚莫谩他。"(《祖堂集》卷四,药山和尚)

禅录是具有独特个性的文献,行业性是禅录词语的重要个性之一,隐语正是行业语中较特殊的一种。

第四节　嘲谑、讥斥、呵责语

禅宗文献中有很多呵斥语或是有嘲谑意味的词语,不仅骂学人骂禅师,甚至骂佛骂祖。这些词语鄙俚粗俗,但有着修辞色彩,是禅录词语的一大特色。

我们以一组"老"字开头的词语为例。

> 僧参,拟礼拜。师曰:"野狐儿,见甚么了便礼拜?"曰:"老秃奴见甚么了便恁么问?"(《五灯会元》卷五,仙天禅师)

僧人出家需剃度,"秃"是僧人的特征,常常用为对僧侣的詈词,如"秃驴"、"秃儿"等。"老秃奴"是对老和尚的詈称。又如:

> 上堂云:"诸方老秃奴,曲木禅床上座地,求名求利,问佛答佛,问祖答祖,

屙屎送尿也,三家村里老婆传口令相似,识个什么好恶? 总似这般底,水也难消。"(《云门匡真禅师广录》卷上。曲木禅床:禅师说法时的座椅。)

"老秃奴"指那些不从根本上探究禅法,追求名利,盲目参学的禅师。类似用语还有:

近年此风颇盛。才入众,先以牛腰之轴求法语,为参学门庭之设。其紧切处,扬在无事甲里。而大方老秃兵,又纵其波辩,雕割文彩,从而络之,使新学比丘饮此狐涎,终身难脱。良可悲也! (《虚堂和尚语录》卷四《示梓文禅人》)

释迦干屎橛,达磨老臭秃。一人曲说直,一人直说曲。(《大慧普觉禅师住径山能仁禅院语录》卷四)

上堂:"德章老瞎秃,从来没滋味。拈得口,失却鼻。三更二点唱巴歌,无端惊起梵王睡。"喝一喝曰:"我行荒草里,汝又入深村。"(《续传灯录》卷三一,天童昙华禅师)

"秃"、"瞎",乃至于"屎"、"臭",禅师骂人的词语可谓粗俗,甚至有些污秽不堪。类似的还有"老冻脓":

若凤有灵骨,不待扬眉瞬目,曲巧方便,直下蹋翻从上老冻脓窠窟,全身担荷,空手来空手去底一著子,岂不快哉! (《虚堂和尚语录》卷四)

又作"老冻齈"。齈:鼻疾多涕。例如:

因有僧问大容云:"天赐六铢披挂,后将何报答我皇恩?"大容云:"来披三事衲,归挂六铢衣。"师闻之乃曰:"遮老冻齈,作恁么语话!"(《景德传灯录》卷二四,连州宝华禅师)

"鬼"、"魔"等亦用作对禅师的詈称,例如:

因亚溪来参,师作起势。溪曰:"这老山鬼,犹见某甲在!"师曰:"罪过罪过! 适来失祇对。"(《五灯会元》卷四,日子和尚)

云黄山下老禅魔,凌篾宗风罪过多。君若到门深问讯,看渠伎俩复如何? (《密庵和尚语录·送昂维那岭兼呈应庵》)

"老山鬼"、"老禅魔"其实并非真骂,而是带有嘲谑、调侃的色彩,甚至含有称赞的语气。

又有以"野狐精"作詈词:

寻常扃户,人罕见之,唯一信士每至食时送供方开。一日,雪峰伺便扣门。师开门,峰蓦胸搊住曰:"是凡是圣?"师唾曰:"这野狐精!"便推出闭却门。峰曰:"也只要识老兄。"划草次,问僧:"汝何处去?"曰:"西院礼拜安和

155

尚去。"时竹上有一青蛇,师指蛇曰:"欲识西院老野狐精,只这便是。"(《五灯会元》卷四,乌石灵观禅师)

"野狐精",又作"野狐精魅",以野狐之精魅多能变幻,欺诳他人,多用于责骂或嘲谑不合禅法之人。例如:

> 有一般不识好恶秃奴,便即见神见鬼、指东划西、好晴好雨。如是之流,尽须抵债,向阎老前吞热铁丸有日。好人家男女,被这一般野狐精魅所著,便即捏怪。瞎屡生!索饭钱有日在。(《镇州临济慧照禅师语录》)

这里的"秃奴"、"野狐精魅"斥责禅师一味追求机锋口辩,而不省禅法要旨之所在。"瞎屡生"则是对法眼不明之人的斥语,"屡"是"驴"的借字。禅录中如"瞎驴"、"瞎汉"、"瞎秃"等等均有此含义,例如:

> 若这里洞明,可以荷负临济正法眼藏。如或泥水未分,未免瞎驴随大队。(《圆悟佛果禅师语录》卷一七)

事实上,"野狐"语有时并非是真骂,而是戏谑之语。例如:

> 一日,将痒和子廊下行,逢一僧问讯次,师以痒和子蓦口打,曰:"会么?"曰:"不会。"师曰:"大颠老野狐,不曾孤负人。"(《五灯会元》卷五,大颠宝通禅师)

> 尝举"只履西归"语,谓众曰:"坐脱立亡倒化即不无,要且未有逝而复出遗履者。为复后代儿孙不及祖师,为复祖师剩有这一著子?"乃大笑曰:"老野狐!"(同上,卷一二,开善道琼禅师)

首例"老野狐"系大颠自称,有调侃的意味。后例"只履西归"是关于中国禅宗初祖菩提达摩的传说。据《五灯会元》卷一,菩提达摩章,达摩逝世三年后,魏国使者宋云从西域回国,"遇祖于葱岭,见手携只履,翩翩独逝。云问:'师何往?'祖曰:'西天去。'云归,具说其事,及门人启圹,唯空棺,一只革履存焉。举朝为之惊叹"。称菩提达摩"老野狐",实是戏谑幽默之口吻。

达摩在禅林还有"老胡"的称呼。魏晋南北朝时称西域各国为"胡","老胡"的本义即为老年之胡人。因达摩来自西方印度,禅录中也就以"老胡"指称菩提达摩,有戏谑语气,例如:

> 师有时示众曰:"总似今夜,老胡有望。"保福闻之乃曰:"总似今夜,老胡绝望。"(《景德传灯录》卷一八,长庆慧棱禅师)

又称禅宗为"老胡宗",如《祖堂集》卷一一,睡龙和尚"示学偈"曰:"我今齐举唱,方便示汝侬。相传佛祖印,继续老胡宗。"禅门之机锋施设,呵佛骂祖乃是常语,以"老胡"称呼初祖达摩已经是不甚尊敬,更有甚者以"缺齿老胡"、"老臊胡"、

"碧眼胡"等戏称之,例如:

　　结夏,小参:"缺齿老胡,十万里带得个没滋味来,流布天下丛林,使一个个面不厮觑。长期短期只管捱,蓦然打个无合杀,便乃见佛杀佛,见祖杀祖,闻戒定慧,唾骂不已。虽然如是,育王今夏,莫有此人么?"卓主丈:"舌柱上腭。"(《虚堂和尚语录》卷八)

　　我先祖见处即不然,这里无祖无佛。达磨是老臊胡,释迦老子是干屎橛。文殊普贤是担屎汉,等觉妙觉是破执凡夫。菩提涅槃是系驴橛,十二分教是鬼神簿、拭疮疣纸。四果三贤、初心十地是守古塚鬼。自救不了。(《五灯会元》卷七,德山宣鉴禅师)

"缺齿老胡"、"老臊胡"、"干屎橛"、"担屎汉"、"破执凡夫"、"系驴橛"、"鬼神簿"、"拭疮疣纸"、"守古塚鬼"都是骂人的话。

　　神出鬼没,接响承虚。这一火络,邪法难扶。互将鱼目作明珠,笑倒西天碧眼胡。(《虚堂和尚语录》卷十《庞居士阖家都去》)

　　结夏,秉拂:"声前迥迥一路子,黄面瞿昙不知。一句明明百草头,碧眼胡儿罔措。"(《大慧普觉禅师住径山能仁禅院语录》卷四)

《祖庭事苑》卷三:"初祖达磨大师眼有绀青之色,故称祖曰碧眼。""碧眼胡(儿)"是对达摩的戏谑之语。此外,末例的"黄面瞿昙"指释迦牟尼,"瞿昙"为释尊之本姓,又因佛金色相,故称"黄面",有调侃之意。同类的词语还有:

　　上堂,拈主丈云:"黄面老汉末上遭他,向雪山深处六年抬脚不起。自后三百六十余会,说尽葛藤终是解洗不出。"(《虚堂和尚语录》卷一)

　　拈疏云:"黄面老子二千年前灵山会上,付嘱国王大臣一则语,流布天上人间,绵绵不坠。有眼者见,有耳者闻。闻见既通,塞却耳根,更须谛听。"(《密庵和尚语录》)

　　上堂曰:"建立宗乘群魔屏迹,播扬大事三藏忘言。况阿逸多未离兜率,黄面老已灭拘尸。大唐国里无禅师,天下衲僧味糟粕。"(《续传灯录》卷一四,传祖仲宣禅师)

　　印空印水印泥,炳然字义还迷。黄头大士不识,敢问谁得亲提?(《人天眼目》卷六《雪窦显颂》)

"碧眼"、"黄头"等有时也用作对佛祖的通称。例如:

　　一喝不作一喝用,三世古今无别共。落花三月睡初醒,碧眼黄头皆作梦。(《人天眼目》卷一《智海普融》)

　　有僧问:"如何是佛?"师曰:"黄面底是。"(《景德传灯录》卷一六,志元圆

净禅师)

禅林有"黄面浙子"公案,事见《五灯会元》卷一一,风穴延沼禅师章:

> 师参南院,入门不礼拜。院曰:"入门须辨主。"师曰:"端的请师分。"院于左膝拍一拍,师便喝。院于右膝拍一拍,师又喝。院曰:"左边一拍且置,右边一拍作么生?"师曰:"瞎!"院便拈棒。师曰:"莫盲枷瞎棒,夺打和尚,莫言不道。"院掷下棒曰:"今日被黄面浙子钝置一场。"师曰:"和尚大似持钵不得,诈道不饥。"院曰:"阇黎曾到此间么?"师曰:"是何言软?"院曰:"老僧好好相借问。"师曰:"也不得放过。"便下参众了,却上堂头礼谢。院曰:"阇黎曾见甚么人来?"师曰:"在襄州华严与廓侍者同夏。"院曰:"亲见作家来。"

风穴延沼是临济宗的重要传人,浙江余杭人。他在与南院宝应的机锋往来中,灵活应对,洒脱自如,因此南院说"今天被这黄面的浙江小子折腾了一场",实是对其机锋应对的肯定。"黄面浙子"仿"黄面老子"而来,有调侃的性质。大慧宗杲在拈举风穴公案时也曾用此戏谑语:

> 上堂,举,僧问风穴:"古曲无音韵,如何和得齐?"穴云:"木鸡啼子夜,刍狗吠天明。"师云:"这黄面浙子,怎么答话也做他临济儿孙未得在。今日或有人问径山:古曲无音韵,如何和得齐? 只向他道:木鸡啼子夜,刍狗吠天明。"(《大慧普觉禅师住径山能仁禅院语录》卷三)

可见,骂詈、嘲谑之词在禅门已是常语,佛祖、经典、教义等等都可以成为骂詈调侃的对象。这样的语词堂而皇之地进入禅家语录,千载流传,是禅录独具特点的语言现象。一方面,这是禅录语言通俗性、口语性的体现,以俚俗甚至粗鄙的形式建立专属的话语系统。另一方面,这是禅宗超佛越祖,解构经典,颠覆传统,藐视神圣的体现,是禅宗思想特质的表现形式之一。禅师们敢于冲破一切禁忌与限制,无拘无束,天真自然,体现在语言上则是于嬉笑怒骂之间,传达对宗教、对生活的独特理解。很多看似骂人的话,实际隐含戏谑乃至称赞的语气,正是禅宗词语的特殊表现形式,例如:

> 天童铁臭老拳头,打杀江湖水牯牛。夜深忽然生个卵,天明推出大日头。(《如净和尚语录》卷下)

> 石鼓峰头,一场破败。苕溪岸畔,丧尽家风。逢人专好打哄,尽是指西为东。今被人描上纸去,原来是个老秃翁。(《永觉元贤禅师广录》卷二一《自赞》)

> 只管要参禅,又被禅萦绕。好笑西来老秃奴,赚了人多少。(《全宋词》,沈瀛,《卜算子》)

首例"铁臭"之拳头，能打"水牯牛"，实际是对天童的称赞。第二例的"老秃翁"是永觉元贤禅师的自嘲。末例"西来老秃奴"即初祖达摩，也是戏谑的说法。

第五节　佛教典故语

禅录词语与佛教经典词语有着千丝万缕的联系，例如我们在公案语中提到的"犯人苗稼"、"露地白牛"等即是源于佛经的典故语。佛教典故语已经融入禅录的词语系统之中，如关于释迦牟尼的典故语就有"布发掩泥"、"燃灯授记"、"兜率降生"、"(天上天下，)唯我独尊"、"脚踏莲华"、"三百六十会"、"双林示灭"、"俱尸入灭"、"椁示双趺"等等。

又有释迦"摩竭掩室"典故，据日僧无著道忠《盌云灵雨》卷一二：

忠按：释迦掩室于摩竭者，本出《诸佛要集经》，经曰：佛游摩竭国柰丛树间，于其乡土北有山，名因沙旧，(此言帝树石室)与大比丘众俱。乃至，尔时四部弟子各往诣佛，虽欲听经，不能专精，厌所讲法，各各忽忽多所慕求，追逐五浊以为事业。佛心念言：众人患厌所宣道教，不肯复来咨受法言，不见如来，不闻正法，不入心耳，心不思维，不能修立。吾欲示现如像宴处不自现形，到他方佛土与诸佛具宣讲诸佛之要集。佛复观之，东方去是八万四千亿诸佛世界，国名普光，佛号天王如来，现在说法，诸佛会彼佛。佛告阿难，如来当入因沙旧室宴坐三月，诸天龙神乃至人与非人，若有来者解喻其意，勿令入室。乃至，复告阿难，汝诣石室，当布座席，唯用刍草，过去佛如来，皆用刍草以为座席，不以柔软服饰重坐。乃至，佛从座起入于石室，无量妓乐不鼓自鸣，天雨众华，大千世界积至于膝。佛适宴坐，三昧正受化其石室，皆如水精。三千世界诸有众生德本纯淑，悉见如来坐于石室，广说。

忠依此按：释尊见众生懈怠相，入石室隐形不说法，令生难遭之想也。
(转引自柳田圣山《无著道忠的学术贡献》)

说的是释迦"入石室隐形不说法"的故事。无独有偶，净名居士(即维摩诘)在毗耶离城以"不二法门"问于诸菩萨，"文殊师利曰：'如我意者，于一切法无言无说，无示无识，离诸问答，是为入不二法门。'于是文殊师利问维摩诘：'我等各自说已，仁者当说，何等是菩萨入不二法门？'时维摩诘默然无言。文殊师利叹曰：'善哉，善哉！乃至无有文字语言，是真入不二法门'"。(《维摩诘所说经》卷中)释迦掩室、净名杜口，均因法之玄妙不可言说。这两则典故意旨相近，在佛经中就

常常一起出现,例如:

夫论不说其旨有二。一者至道无言,言即乖道,是故不说。故肇师云:"释迦掩室于摩竭,净名杜口于毗耶。"岂曰无辨,辨所不能言也。(《法华义疏》卷八)

"至道无言,言即乖道",这两则典故的宗旨与禅宗"不立文字"的语言观非常契合,因此在禅录中广为应用。例如:

一大藏教,白云万里。摩竭掩室,毗耶杜口,正在梦中。(《法演禅师语录》卷上)

直饶文殊辩说,认萤火为太阳;居士杜词,指鱼目同明月。(《明觉禅师语录》卷一)

句不当机,言非展事。承言者丧,滞句者迷。不唱言前,宁谭句后。直至释迦掩室,净名杜口。(《景德传灯录》卷一八,鼓山兴圣禅师)

良由杜口毗耶,已是天机漏泄。任使掩室摩竭,终须缝罅离披。(《五灯会元》卷一四,丹霞普月禅师)

示众云:"释迦掩室,过犯弥天。毗耶杜词,自救不了。如何,如何?口门太小。"(《联灯会要》卷一六,天宁守卓禅师)

还有很多佛教典故语在禅宗文献中有了新的形式与含义。据《首楞严经》卷四记载,室罗城中有愚人演若达多,"忽于晨朝以镜照面,爱镜中头眉目可见,嗔责己头。不见面目,以为魑魅,无状狂走"。这就是"认影迷头"的故事。愚者见镜中之像欢喜,离开镜子,看不见面目,误以为是鬼魅作怪,吓得四处狂奔。比喻世间愚痴之人认假为真,不能明见自身本性。例如:

师初开堂,示众曰:"祖师西来,特唱此事。自是诸人不荐向外驰求,投赤水以寻珠,就荆山而觅玉。所以道,从门入者非宝,认影为头,岂非大错!"(《祖堂集》卷九,黄山和尚)

师作《五位君臣》颂云:……偏中正,失晓老婆逢古镜,分明觌面别无真,休更迷头犹认影。(《瑞州洞山良价禅师语录》)

至于达磨西来,直指人心,见性成佛,不立文字语言,岂不是先圣方便之道?自是当人不信,却自迷头认影,奔逐狂途,致使伶俜,流浪生死。(《续传灯录》卷一五,沩潭洪英禅师)

禅录中有"将头觅头"等成语,实际上就是暗用演若达多的典故。例如:

道流,大丈夫儿今日方知本来无事,只为尔信不及,念念驰求,舍头觅头,自不能歇。……如此之流,取舍未忘,染净心在。(《镇州临济慧照禅师语

录》）

如今多有人唤心作佛，认智为道，见闻觉知，皆云是佛。若如是者，演若达多将头觅头，设使认得，亦不是汝本来佛。（《祖堂集》卷一六，南泉和尚）

譬如演若达多认影为头，岂不是担头觅头？然正迷之时，头且不失。及乎悟去，亦不为得。何以故？人迷谓之失，人悟谓之得。得失在于人，何关于动静？（《景德传灯录》卷二五，报恩匡逸禅师）

"舍头觅头"、"将头觅头"、"担头觅头"均是置本有之头不顾，却向外寻找的愚痴行为。这种行为，正如禅录中所言"使佛觅佛"、"骑牛觅牛"一样，不识自心是佛，却反向外寻求成佛之法，实在愚昧可笑。

如果说"认影迷头"等仍是使用典故的本来意义，那么下面这则典故用语则在禅录中产生了新的引申意义。据《华严经》卷四，入法界品记载，善财童子依文殊之指示，往胜乐国登妙峰山，从吉祥云比丘请示菩萨行。然善财七日之中遍寻不见，一日却在别峰相见，比丘为善财说法后，童子"礼吉祥云比丘足，绕无数匝，殷勤瞻仰，恋慕而去"。"妙峰"即须弥山，在佛教宇宙观中，须弥乃一小世界的中心。此典故用于禅录后，有了新的禅义。据《祖堂集》卷十，长庆和尚章记载：

师与保福游山次，保福问："古人道妙峰顶，莫只这个便是不？"师云："是即是，可惜许。"有僧举似鼓山，鼓山云："若不然者，髑髅遍野，白骨连山。"

故事谓长庆与保福游山之时，保福指着山中之地，说这莫非就是妙峰顶，意谓眼前即是妙峰顶，无须向外寻求。《佛果圆悟禅师碧岩录》卷三，第二三则记载的也是这则公案，圆悟评唱曰："教中说妙峰孤顶。德云比丘从来不下山。善财去参，七日不逢，一日却在别峰相见。及乎见了，却与他说一念三世，一切诸佛，智慧光明，普见法门。德云既不下山，因什么却在别峰相见？"妙峰顶乃是玄妙的禅悟境界，善财未能明悟因此不能相见，及至别峰相见，乃是方便法门而已。又如：

师子王常独步，百怪千邪离惊怖，龙天释梵总归依，此是妙峰真正主。（《汾阳无德禅师歌颂》卷下《与重岩道者住山歌》）

举，僧问赵州："如何是妙峰顶？"州云："不答尔者话。"僧云："为什么不答？"州云："我若答，落在平地。"（《云门匡真禅师广录》卷中）

古人道，譬如掷剑挥空，莫论及之不及。斯乃空轮绝迹，剑刃非亏。好诸禅德，若能如是，心心无知，即是蹋妙峰孤顶。非但善财七日不逢，设使文殊百劫亲来，也摸索不著。（《明觉禅师语录》卷一）

"妙峰"、"妙峰（孤）顶"所指的即是彻悟者的绝妙境界。

第六节　成语、俗谚语、歇后语

　　禅录语言高度口语化,生动活泼,率性自然。这与禅师们大量使用成语、俗谚语、歇后语是有很大关系的。

　　成语是熟语中最重要的一种,是沿袭而用的特殊固定词组,言简意赅而又形象生动,形式简短而可传达的内容丰富。禅宗主张"不立文字",而面对中下根器又不得不"放一线道",使用成语即可于片言只语间传达丰富的禅义。例如:

　　　　曰:"如何是学人转身处?"师曰:"街头巷尾。"(《五灯会元》卷一二,汾州道一禅师)

　　"街头巷尾"即大街小巷,在这里是截断学人思路的"无义句"。这是"街头巷尾"的较早用例。

　　　　僧到参次,师便把住,云:"莫屈著兄弟摩?"对云:"不屈。"师推出僧,云:"如许多时,虚踏破草鞋作什摩?"(《祖堂集》卷十,长庆和尚)

　　　　本色行脚道流,不在游州猎县。(《密庵和尚语录·示觉禅人》)

　　"踏破草鞋"、"游州猎县"指禅僧到处游方行脚。同类成语还有"芒屩①访道"、"上门上户"、"横担拄杖"等(参《禅宗大词典》相关条目)。

　　　　早知今日事,悔不慎当初。若也放一线道,因风吹火,用力不多。(《宏智禅师广录》卷四)

　　"因风吹火"本指借助风势吹燃火焰。禅林多用来比喻顺势而为的机锋施设,或依学人之不同根器加以开导。

　　　　未透得已前,一似银山铁壁。及乎透得了,自己元来是铁壁银山。(《佛果圆悟禅师碧岩录》卷六,第五七则)

　　"银山铁壁"、"铁壁银山"喻难以参透,高玄幽密之机锋。禅录中很多成语、俗谚语等形式并不固定,富于变化,这也是口语性的表现。

　　　　垂示云:休去歇去,铁树开花。有么有么?點儿落节。(同上,卷四,第四十则。落节:吃亏。)

　　　　师乃云:"一丝不挂,犹涉廉纤。独脱无依,未为极则。衲僧家去来不以象,动静不以心。冥运无方,群机顿显。便见云黄峰顶铁树抽枝,小白花边无

---

　　① "芒屩"即草鞋,古代南方僧人行脚多穿草鞋。

风起浪。处处普门境界,头头弥勒道场。"(《虚堂和尚语录》卷二)

"铁树开花"、"铁树抽枝"、"无风起浪"是奇特语,禅录中常用来形容超越俗念情识的悟道境界,或谓超越常规的机锋施设。"一丝不挂"喻不为一切世俗妄念所牵累,又作"寸丝不挂",例如:"问:'寸丝不挂时如何?'师云:'不挂什摩?'僧云:'不挂寸丝。'师云:'大好不挂!'"(《祖堂集》卷一八,赵州和尚)

坐断情尘意想,不落见闻觉知。(《密庵和尚语录》)

到这里,须是个真实汉,聊闻举著,彻骨彻髓见得透,且不落情思意想。(《佛果圆悟禅师碧岩录》卷一,第五则)

"情尘意想"、"情思意想"即俗情妄念。"彻骨彻髓"即彻底、通透到底。

玄(即九峰玄)曰:"太平时世,饥餐困卧,复有何事?吾本无事,汝与么来相寻,是无事生事。无事生事,道人所忌,何不各自歇去?"(《禅林僧宝传》卷七,九峰玄禅师)

"无事生事"谓言句作略种种皆为虚妄徒劳,无事无为才是参禅之道。

向上一路,千圣不传。学者劳形,如猿捉影。(《祖堂集》卷一五,盘山和尚)

"如猿捉影"比喻徒劳无益的行为。以分别妄心求禅法,所得只是虚妄假象,并非真正禅要。

僧问:"祖师门下水泄不通,明眼人前固难启口。未审和尚如何为人?"师云:"无孔铁锤当面掷。"(《圆悟佛果禅师语录》卷四)

"水泄不通"谓固封严密,喻禅法微妙固密,非言语所能授受。学僧如此申问,已落言诠,所以禅师谓之"无孔铁锤",混沌没有开窍。

我们注意到,禅录中的成语往往有其特定的行业意义,不能仅仅按照字面理解。其他如"水不洗水"、"金不博金"、"做贼(人)心虚"、"看风使帆"、"浪死虚生"、"钵盂安柄"、"担雪填井"、"打草惊蛇"、"驴前马后"、"忍俊不禁"、"张三李四"、"半斤八两"、"斩钉截铁"、"信手拈来"、"众口难调"、"胡言乱语"、"千里迢迢"等等,很多在现代汉语中仍然使用,不过在具体含义上已经去行业化了。如"以心印心",在禅录中指的是不靠语言文字,直指人心的禅旨,例如:

自如来付法迦叶已来,以心印心,心心不异。(《黄檗山断际禅师传心法要》)

现代汉语中使用频率极高的成语"心心相印"即源于此,只不过禅义已经消失。

谚语和歇后语都属于俗谚范围。与成语相比较,俗谚更加生动活泼,充满生活气息。禅师们可以不假思索,信手拈来,运用自然。而在学人看来,如此生活性、通俗性的语汇,也更容易亲近与接受。

《坛经》中有著名的"如人饮水,冷暖自知"谚语:

> 明曰:"惠明虽在黄梅,实未省自己面目。今蒙指示,如人饮水,冷暖自知,今行者(指慧能)即惠明师也。"(宗宝本《坛经》)

这是惠明在慧能指示下开悟后所说之语。意谓禅悟之事乃是各人本分大事,需要自己亲身体会,如人饮水,感觉如何只有自己知道。以朴素的日常生活经验传达禅旨,远比长篇大论来得直接亲切,也更契合禅的本质。这句谚语因此常常被引用,例如:

> 师云:"法不可见闻觉知。若行见闻觉知,是则见闻觉知,非求法也。既离见闻觉知外,却唤甚么作法?到这里如人饮水、冷暖自知。除非亲证亲悟,方可见得。"(《大慧普觉禅师住径山能仁禅院语录》卷四)

类似的有"如人上山,各自努力",用来说明禅悟乃各人自己的事,需要自身努力,例如:

> 恁么则九旬无虚弃之功,百劫有今时之用。堪报不报之恩,以助无为之化。此即是涅槃妙心,金刚王宝剑。敢问大众,作么生得到这田地去?如人上山,各自努力。(《续传灯录》卷三十,默堂绍悟禅师)

谚语在禅录中俯拾皆是,略举示如下:

> 上堂:"古者道:了得一,万事毕。今朝是九月一,诸人作么生了?"蓦拈拄杖云:"不得唤作拄杖子,便了取好。既不唤作拄杖子,作么生了?"掷下云:"差之毫厘,失之千里。"(《大慧普觉禅师住径山能仁禅院语录》卷二)

> 若一切事,须向这里及尽,始得无过,方得出身。若有一毫发去不尽,即被尘累,岂况更多?差之毫厘,过犯山岳。(《禅林僧宝传》卷六,宏觉臀禅师)

> 至道无难,唯嫌拣择。但莫憎爱,洞然明白。毫厘有差,天地悬隔。(《续传灯录》卷二八,瞎堂远禅师)

《大戴礼记·礼察》:"《易》曰:'君子慎始,差若毫厘,缪之千里。'取舍之谓也。"这是源于儒家经典的谚语,谓禅机玄妙,若有丝毫差误便相距甚远。

> 问:"如何是和尚家风?"师曰:"不欲说似人。"僧曰:"为甚么却如此?"师曰:"家丑不外扬!"(《五灯会元》卷一五,化城鉴禅师)

> 少林九年面壁,家丑不欲外扬。二祖三拜立时,口讷谁知内敏?(《宏智禅师广录》卷四)

南泉云:"心不是佛,智不是道。"无门曰:南泉可谓,老不识羞。才开臭口,家丑外扬。然虽如是,知恩者少。(《禅宗无门关·智不是道》)

"家丑不外扬"指家庭内部不体面的事不对外人传扬,禅录中喻指自心本性不可言传。

举,世尊一日升座,文殊白椎云:"谛观法王法,法王法如是。"世尊便下座。(著语:)愁人莫向愁人说,说向愁人愁杀人。打鼓弄琵琶,相逢两会家。(《佛果圆悟禅师碧岩录》卷十,第九二则。谛观法王法,法王法如是:禅院开堂的仪式用语,一般新任住持僧说法结束,由维那或者其他有地位的僧人击椎并念诵此语。)

只如雪峰道南山有一条鳖鼻蛇,诸人还知落处么?到这里须是具通方眼始得。不见真净有颂云:打鼓弄琵琶,相逢两会家。云门能唱和,长庆解随邪。古曲无音韵,南山鳖鼻蛇。何人知此意?端的是玄沙。(同上,卷三,第二二则)

上堂,举"女子出定"话,乃曰:"从来打鼓弄琵琶,须是相逢两会家。佩玉鸣鸾歌舞罢,门前依旧夕阳斜。"(《续传灯录》卷三二,光孝致远禅师)

"会家"即行家。"打鼓弄琵琶,相逢两会家"喻指禅机应对、禅语问答中双方或多方都是行家。

赵州一日在佛殿上,见文远礼佛,以拄杖打一下。远云:"礼佛也是好事。"州云:"好事不如无。"(《大慧普觉禅师住径山能仁禅院语录》卷四)

问:"剃发染衣,受佛依荫。为什么不许认佛?"师曰:"好事不如无。"(《景德传灯录》卷一六,雪峰义存禅师)

人人自具佛性,无须向外寻求。"好事不如无",无事而为,把持自然之心才是悟道之路。

上堂,举,德山问龙潭:"久向龙潭,及乎到来,潭又不见,龙又不现。"潭云:"子亲到龙潭。"师云:"龙潭老人,可谓骑贼马赶贼。"便下座。(《法演禅师语录》卷中)

举,僧问琅琊觉和尚:"清净本然,云何忽生山河大地?"觉云:"清净本然,云何忽生山河大地?"师云:……琅琊云:……清净本然,云何忽生山河大地?此唤骑贼马赶贼,夺贼枪杀贼。(《万松老人评唱天童觉和尚颂古从容庵录》六,第一百则《琅琊山河》)

师问卧龙:"明己底人,还见有己么?"龙云:"不见有己,始明得己。"师又问:"长连床上学得底,是第几机?"龙云:"第二机。"师云:"作么生是第一机?"龙云:"紧峭草鞋。"妙喜云:"骑贼马赶贼队,借婆帔子拜婆年。"(《联灯会要》卷二四,云门文偃禅师。紧峭草鞋:系紧草鞋,须要继续行脚参学以求悟道,是禅师讥斥未悟僧徒的习语。)

龙潭、琅琊觉、卧龙的回答都有一个共同的特点,就是承接或借用对方的话头,回答对方的问题。这是禅师接引学人的一种施设,以超出常规的答语截断语言形式的障碍,显示禅机深妙。"骑贼马赶贼(队)"、"夺贼枪杀贼"、"借婆帔子拜婆年"等都是此种禅家施设的形象比喻。

师问南泉:"古人道:'道非物外,物外非道'。如何是'物外非道'?"泉便棒,师云:"莫错打。"南泉云:"龙虵易弁,纳子难谩。"(《祖堂集》卷一八,赵州和尚)

雪窦有《静而善应颂》云:"觌面相呈,不在多端。龙蛇易辨,衲子难瞒。金锤影动,宝剑光寒。直下来也,急著眼看。"(《佛果圆悟禅师碧岩录》卷二,第一二则)

僧问:"至道无难,唯嫌拣择。如何是不拣择?"师曰:"昨日初三,今日初四。"僧云:"此犹是拣择。"师曰:"龙蛇易辨,衲子难瞒。"(《续传灯录》卷四,报恩谭禅师)

"龙蛇"喻不同资质者。意谓龙蛇容易分辨,而禅僧难以蒙骗。"蛇"、"辨"、"瞒"等均有多种不同的写法,是禅录词语口语性的体现。

禅录中或沿用旧谚,或创造新谚,谚语的使用十分频繁。除以上所举,还有:"金以石试,人以言试"、"水涨船高,泥多佛大"、"赤脚人趁兔,著靴人吃肉"、"因一事,长一智"、"一度著蛇咬,怕见断井索"、"一人传虚,万人传实"、"踏著秤锤硬似铁"、"看他人食,终自不饱"、"痴人面前,不得说梦"、"枷上更著杻"、"踞虎头,收虎尾"、"八字不著撇"、"不是冤家不聚头"、"过河便拆桥,得路便塞路"、"大智慧人面有三尺暗"、"路见不平,拔剑相为"、"家家有路透长安"、"养子方知父慈"、"有钱使得鬼走"、"肉重千斤,智无铢两"等等。

歇后语是一种特殊的谚语,有隐语的性质,由近似"谜面"、"谜底"两部分组成,即比喻部分与解释部分,两部分互相依存,才能完整传达意义。而在具体使用时,人们往往隐去歇后语挑明含义的解释部分,让人猜测体味。禅籍中的歇后语也很多,并且它们较多地是由民间俗谚演变而来。如"矮子看戏"就是俗谚"矮子看戏,随人上下"的省略。例如:

上堂云:"说佛说法,拈椎竖佛,白云万里;德山入门便棒,临济入门便喝,白云万里。然后恁么也不得,不恁么也不得,恁么不恁么总不得,也则白云万里。忽有个汉出来道:长老,你怎么道,也则白云万里! 这个说话,唤作矮子看戏,随人上下,三十年后,一场好笑。且道笑个什么? 笑白云万里。"(《五灯会元》卷一九,五祖法演禅师)

法演以此谚语比喻自心未悟,法眼未明,只知机械跟从模仿他人的禅僧。有时仅保留谜面性质的"矮子看戏",而省略"随人上下"的说明,即形成了歇后语,例如:

学者既无正知见,往往如矮子看戏。(《虚堂和尚语录》卷四)

今人都不曾识:好处也不识,不好处也不识;不好处以为好者有之矣,好者亦未必以为好也。其有知得某人诗好,某人诗不好者,亦只是见已前人如此说,便承虚接响说取去。如矮子看戏相似,见人道好,他也道好。及至问著他那里是好处? 元不曾识。(《朱子语类》卷一一六)

禅录中的歇后语也很丰富,略举例如下:

蛇入竹筒——曲心犹在。比喻邪见妄识、分别之心尚未根除。例如:"僧问:'仰山谓香严云:如来禅许师兄会,祖师禅未梦见在。此意如何?'师云:'蛇入竹筒。'"(《虚堂和尚语录》卷二)

勾贼破家——自犯说。例如:"上堂:'才升此座,已涉尘劳。更乃凝眸,自彰瑕玷。别传一句,勾贼破家。不失本宗,狐狸恋窟。所以真如凡圣,皆是梦言。佛及众生,并为增语。到这里回光返照,撒手承当。未免寒蝉抱枯木,泣尽不回头。'"(《五灯会元》卷一四,芙蓉道楷禅师)禅宗倡导"不立文字",不用文句表述,不用载之典册。所以"别传一句"已是自破原则,非行家所为,犹人引贼入室,自犯家规。

贼入空室——一无所得。例如:"问:'师见古人得个什摩?'师云:'如贼入空室。'"(《祖堂集》卷八,龙牙和尚)

贼过后张弓——为时已晚。例如:"举,赵州到黄檗,檗见来便关却方丈。州云:'救火,救火!'黄檗便出擒住云:'道! 道!'州云:'贼过后张弓。'师云:'直是好笑,笑须三十年。忽有个衲僧问:雪窦笑个什么? 笑贼过后张弓。'"(《明觉禅师语录》卷三)又:"望儿孙,剩烧(纸),相共冥间出道理,贼过后张弓虚费工,也不如(闻健先祗备)。"(《敦煌变文集新书》卷二《无常经讲经文》)"贼过后张弓虚费工"说的也是同样的道理。

耕夫置玉漏——不是行家作。例如:"遵曰:'莫便是和尚家风也无?'师曰:'耕夫置玉漏,不是行家作。'"(《景德传灯录》卷一六,韶山寰普禅师)

担枷过状——自求解脱。例如"曰:'如何是道中人?'师曰:'担枷过状。'"

(《续传灯录》卷七,翠岩可真禅师)又作"担枷陈状":"新到僧参,师云:'汝是新到否?'云:'是.'师云:'且放下葛藤会么?'云:'不会.'师云:'担枷陈状,自领出去.'"(《景德传灯录》卷一二,睦州陈尊宿)

哑子吃苦瓜——说不得。例如:"僧问:'如何是默默相应底事?'师曰:'哑子吃苦瓜.'"(《五灯会元》卷一四,洞山微禅师)又作"哑子吃蜜":"问:'知有道不得时如何?'师曰:'哑子吃蜜.'"(同书,卷一六,怀深慈受禅师)

值得注意的是,成语、谚语和歇后语等多源于口语,常常因语境不同而变换书写形式。

成语"沙里无油"比喻于言句中寻觅佛法乃是徒劳虚妄的行为,例如:

又有僧称讲《金刚经》。问曰:"如是信解,不生法相如何?"时有狗卧绳床前。芝(即翠岩芝)趯之,狗起去。问僧:"解么?"僧曰:"不解。"芝曰:"若解即成法相。"作偈曰:沙里无油事可哀,翠岩嚼饭喂婴孩。一朝好恶知端的,始觉从前满面灰。(《禅林僧宝传》卷一六,翠岩芝禅师)

此成语在禅录中有多种说法,例如:

蒋山勤云:"仰山虽善进前退后,发明古今。其奈沩山向胡饼里呷汁,压沙觅油。"(《潭州沩山灵祐禅师语录》)

是以若于外别求,从他妄学者,犹如钻冰觅火,压沙出油。以冰砂非油火之正因,欲求济用,徒劳功力。(《宗镜录》卷二)

有人问岩头:"尘中如何辩主?"头云:"铜沙锣里满盛油。"(《大慧普觉禅师住径山能仁禅院语录》卷四)

有僧问:"既不向这壳漏子上著到,未审如何保任?"师曰:"无尔用心处。"曰:"和尚岂无方便?"师曰:"鏊饼既无汁,压沙那有油?"(《续传灯录》卷二四,黄檗惟初禅师)

觉道无过自悟,参禅不要他求。却来心外觅佛,如向沙中取油。(《楚石梵琦禅师语录》卷一八《明真颂》)

这里的"向胡饼里呷汁"、"钻冰觅火"等亦表达徒劳虚妄的意思。

又如谚语"灸疮瘢上更著艾焦",即在烧灼而致的疮痕上再用艾绒烧烤,比喻错上加错。例如:

药山与么来,早是无事起事,好肉上剜疮。遵公(指遵布衲)不见来病,却向灸疮瘢上更著艾焦。(《黄龙慧南禅师语录》)

这里的"焦"又可以写作"燋"、"爝"、"炷"等,它们都有烧灼的含义。例如:

师复谒夹山会和尚。会问:"什么处来?"曰:"卧龙来。"会曰:"来时龙还

起未?"师乃顾视之。会曰:"炙疮上更著艾燋。"(《景德传灯录》卷一七,瑞岩师彦禅师)

和尚子,直饶尔道有什么事,犹是头上安头,雪上加霜,棺木里眨眼,炙瘢上更著艾燋,这个是一场狼藉不少也! 尔合作么生?(《云门匡真禅师广录》卷上)

若遇著个无面目汉,便好掀倒禅床,痛捶一顿。亦使诸人知道,强中更有强中手,佛法何曾滞一边? 众中还有这个人么? 如无,则山僧向炙瘢上重添艾炷。(《天如惟则禅师语录》卷九《宗乘要义》)

又如"金屑虽贵,眼里著不得",谓黄金屑粒虽然贵重,但绝不能放到眼睛里,喻指言句作略等对于禅悟是多余甚至是有碍的,例如:

"如何是浮沙何处停?"师云:"金屑虽贵,眼里著不得。"(《祖堂集》卷一六,南泉和尚)

这句谚语有多种表达形式,如:"金屑虽贵,落眼成翳"、"金屑眼中翳"、"金屑虽珍宝,在眼亦为病"、"金沙堕眼中"等等。也可以省略后半部分,以歇后语的形式出现,例如:

僧拈问安国:"全肯为什摩却成辜负?"安国曰:"金屑虽贵。"(同上,卷六,洞山和尚)

歇后语"徐六担板,各(只)见一边"则演变出谚语的形式。"徐六"在唐宋口语中用作人物的泛指,如今人所言张三、李四等。"徐六担板,各(只)见一边"本指担板之人只能看到板的一面,而无法看到另外一边,比喻看法片面或认识不同。例如:

师举,灵云见桃花悟道,呈颂于沩山。山云:"从缘入者,永无退失。"玄沙闻云:"谛当甚谛当,敢保老兄未彻在。"……雪窦云:"本无迷悟数如麻,独许灵云是作家。"玄沙道未彻,雪窦独许作家。——徐六担板,各见一边。(《万松老人评唱天童觉和尚颂古从容庵录》三,第三九则《赵州洗钵》)

上堂,举,南泉和尚道:"我十八上便解作活计。"赵州和尚道:"我十八上便解破家散宅。"师云:"南泉、赵州也是徐六担板,只见一边。华藏也无活计可作,亦无家宅可破,逢人突出老拳,要伊直下便到。"(《续传灯录》卷三二,华藏宗演禅师)

还可以有省略的说法"徐六担板"、"徐六担片板"等,例如:

问:"丹霄独步时如何?"师云:"脚下踏索。"进云:"天下横行去也。"师云:"徐六担板。"(《明觉禅师语录》卷一)

入方丈据座云:"狮子教儿迷子诀,拟前跳掷早翻身。罗纹结角交锋处,鹞眼临时失却踪。古人与么道,也是徐六担片板。"(《密庵和尚语录》)

进一步演变则"担板禅和"、"担板汉"等可指固执一端不能明悟者。例如:

上堂曰:"摩竭掩室,尽大地人被他热瞒。毗耶杜词,金毛师子败阙不少。便怎么去,大似停桡举棹,且向湾内泊船。而今莫有唤不回头底么?担板禅和,如麻似粟。"(《嘉泰普灯录》卷六,龟山晓津禅师)

或见讲僧,乃召曰:"座主!"主应诺,师曰:"担板汉!"(《五灯会元》卷四,睦州陈尊宿)

衲僧家须是句里呈机,言中辨的。若是担板汉,多向句中死却。(《佛果圆悟禅师碧岩录》卷七,第七十则)

其他如谚语"美食不中饱人"又作"美食不中饱人吃"、"美食不中饱人餐";"炙脂帽子,鹘臭布衫"的"炙"又可写作"䐍";歇后语"蚊子上铁牛——无你下嘴处"或作"蚊子咬铁牛";"抱桥柱澡洗——放手不得"或作"抱桩打拍浮";等等。

成语、谚语、歇后语的使用,充分体现了禅宗语录口语性、修辞性的特点。尤其是歇后语,形式特别,而又形象风趣、生动含蓄,契合禅宗"不说破"的宗旨。

第六章

禅录词语的历史变化

词汇的形式与意义处于不断变化、发展的过程中,整个词汇史就是一个不断演变发展的连续过程。从历史演变的角度来观察和研究词语,认识词语发展变化的规律,是词汇史研究的重要内容,尤其是汉语这样历史悠久的语言,探讨词语的来龙去脉,更是一项很有意义的工作。禅宗语录,时间跨度大,禅录词语随着时代的推进也发生了种种变化。

第一节　口语词向行业语的演变

禅录口语色彩浓厚,口语词数量极为丰富。同时,禅录文献有着强烈的个性,很多口语词进入禅录词汇系统后,都发生了行业化的演变,成为禅宗行业语。这是口语词演变的有趣现象。

“铁酸馅”、“铁酸臁”,异形同词,是口语词在书面的不同书写形式。原指面饼、馒头中又硬又酸,难以咬嚼、消化的馅子,禅录中则比喻超越言句义理、极难参究的公案、机语。例如:

　　法演游方十有余年,海上参寻,见数员尊宿,自谓了当。及到浮山圆鉴会下,直是开口不得。后到白云门下,咬破一个铁酸馅,直得百味具足。且道馅子一句作么生道?(《法演禅师语录》卷上)

　　虚空挂剑,杀活临时,鞭起临济瞎驴,放出五祖铁酸臁,尽大地人,亡锋结舌。(《密庵和尚语录》。臁:豆馅。)

尤为值得注意的是,“铁酸馅(臁)”是宋代禅录中才出现的新词,在晚唐五代的禅录中没有用例,反映出禅录词语系统的发展变化。

据袁宾(1992a),“只如”置于疑问句句首,有指示疑问的主题或前提的作用,形成“只如”式疑问句。此句式禅录常见,但在其他文献中却难看到,是具有行业色彩的句型。例如：

　　　　只如达摩是祖师不？（《祖堂集》卷九，大光和尚）

　　　　问："有问有答则不当宗风，只如宗门中事如何？"师良久。（又，卷一二，荷玉和尚）

　　第一例"达摩"是疑问句发问的主题，即主要内容。第二例"有问有答则不当宗风"，则是发问的前提，意为在这样的前提下，宗门中事是如何呢？在这些疑问句中，如果没有"只如"所指示的主题或前提，句义是不完整的，甚至疑问句是不能成立的。"只如"式疑问句大多具有承接上文的语气，例如：

　　　　如体禅师《雄颂》曰：

　　　　古曲发声雄，今古唱还同。

　　　　若论第一拍，祖佛尽迷踪。

　　　　长庆拈问僧："只如'祖佛尽迷踪'，成得个什摩边事？"对云："成得个佛未出世时事，黑豆未生芽时事。"庆云："只如佛未出世时事，黑豆未生芽时事，成得个什摩边事？"对云："某甲到这里举不得。未审和尚如何？"庆云："成得个痕缝边事。"（又，卷一一，惟劲和尚）

　　第一个"只如"式疑问句，承上提出"祖佛尽迷踪"的疑问主题。第二个"只如"式疑问句，又承接僧徒的回答提出问题。"只如"在这里有着承上启下的语气和作用。

　　从上面的例句可以看到，"只如"式疑问句有一定的格式，即：

　　只如 A，B？

　　这里的 A，表示提问的主题或前提。B 表示疑问句中的发问部分。

　　有时疑问句中 A 的部分文字较多，内部成分较为复杂：

　　　　只如释迦如来说一代时教，如瓶注水，古德尚云，犹如梦事寐语一般，且道据甚么道理便恁么道？（《五灯会元》卷十，龙华慧居禅师）

　　　　只如善财礼辞文殊，拟登妙峰谒德云比丘，及到彼所，何以德云却于别峰相见？（又，卷十，华严志逢禅师）

　　　　只如僧问乾峰："十方薄伽梵，一路涅槃门。未审路头在甚么处？"峰以拄杖画一画曰："在这里。"且道此老与他先圣凡流相去几何？（又，卷一六，万年处幽禅师）

　　尽管主题或前提部分结构复杂，但这部分的文字都受"只如"管制。"只如"与发问的部分相互呼应，使句义明晰完整。也就是说，句首"只如"的使用，使得整个松散、复杂的句子结构，变得清晰紧凑。"只如"显示出了较强的语法功能。

"只如"式疑问句中的B,即发问部分,可以是特指问,例如:

> 只如洞山有何亏阙?(《祖堂集》卷七,岩头和尚)

> 只如天上无弥勒,地下无弥勒,未审谁与安名?(《筠州洞山悟本禅师语录》)

也可以是反复问,例如:

> 寻后有僧举似化度,化度却问其僧:"只如长庆行这个杖,还公当也无?"对云:"公当。"(《祖堂集》卷十,镜清和尚)

> 师云:"只如那个人,还觅牛也无?"僧无对。(又,卷一三,招庆和尚)

也可以是选择问,例如:

> 只如释迦身长丈六,弥勒身长千尺,为复是身解短邪? 衣解长邪?(《五灯会元》卷十,天台德韶禅师)

> 只如眼耳鼻舌身意所对之物,为复唯是你等心? 为复非是你等心?(同卷,瑞鹿本先禅师)

值得注意的是,袁宾(1992a)调查了《敦煌变文集》一至四卷(唐、五代)、《镇州临济慧照禅师语录》(唐代中叶)、《祖堂集》(五代)、"五灯八卷"(南宋)中全部以"只如"打头的句子,"只如"式疑问句在"只如"句中所占比例随着时间推进而逐渐提高,在"五灯八卷"里,"只如"句已经是清一色的疑问句了。也就是说,句首"只如"的语法作用是随着时间推移逐渐转变的。

与"只如"相类似的还有"且置"式疑问句。据袁宾(1992a),"且置"式疑问句,一般由两个分句构成,具有复句的形式。"且置"放在复句前分句末尾,表示排除前分句内容,不作为本复句主题。引出的后分句是主题句,且大多是疑问句。例如:

> 与摩时且置,不与摩时作摩生?(《祖堂集》卷一八,仰山和尚)

> (南院)于左膝拍一拍,师便喝。院于右膝拍一拍,师又喝。院曰:"左边一拍且置,右边一拍作么生?"(《五灯会元》卷一一,风穴延沼禅师)

"且置"含有"暂且搁在一边,暂且不说"的意思,因此"且置"式疑问句大多含有承上启下的连接作用,例如:

> (南泉)问:"如何是庵中主?"师曰:"苍天! 苍天!"泉曰:"苍天且置,如何是庵中主?"(《五灯会元》卷四,大慈寰中禅师)

"且置"又常写作"且从,且止,且致"等:

> 互换之机且从,只今作摩生?(《祖堂集》卷一一,保福和尚)

> 僧问:"根尘俱泯,为甚么事理不明?"师曰:"事理且从,唤甚么作俱泯底

根尘?"（《五灯会元》卷十,灵隐清耸禅师）

那个且从,这个作么生?（又,卷一二,法华全举禅师）

（青林和尚）曰:"剩栽无影树,留与后人看。"师曰:"若是无影树,岂受栽邪?"林曰:"不受栽且止,你曾见他枝叶么?"（《五灯会元》卷一三,石门献蕴禅师）

宗门事且止,这个事作么生?（又,卷一六,法昌倚遇禅师）

无边身菩萨说偈且止,诸人还解自量也无?（《法演禅师语录》卷下）

三教且致,老君什摩时生?（《祖堂集》卷八,钦山和尚）

肃宗不会且致,耽源还会么?（《明觉禅师语录》卷二）

适来公案且致,从上诸圣什么处去?（又,卷三）

少数"且置"式疑问句的主句在形式上不是问句:

进云:"明达后如何?"师云:"明即且置,还我达来。"（《云门匡真禅师广录》卷上）

乾坤崩陷且致,再见天日,道将一句来。（《明觉禅师语录》卷三）

这样的主句实际上还是要求对方给以回答,作用仍相当于问句。

"且置"式疑问句是一种具有固定的语法形式与语法意义的疑问复句。"且置"、"且从"、"且止"、"且致"等在这种疑问复句中具有固定的位置,对复句的构成与语法意义的表达起着关键的作用,具有语法标记的功能。在唐宋时代禅录以外的各种文献中,我们很少看到"且置"式疑问句,这是一种带有行业色彩的句型。袁宾（1992a）指出,"且置"式疑问句在《敦煌变文集》和《镇州临济慧照禅师语录》中未见用例,"大概它的产生时间要比'只如'式疑问句略晚些"。可见,禅录中常常使用的"且置"式疑问句也有一个逐渐产生形成的过程。

又据袁宾（2001）,"什（么/摩）处去来"、"甚处去来"作为唐宋一般口语,用于询问,包含"上哪去了"和"从哪来"两层含义。例如:

师问雪峰:"什摩处去来?"对曰:"斫槽去来。"（《祖堂集》卷六,洞山和尚）

百丈一日问师:"什么处去来?"曰:"大雄山下采菌子来。"（《景德传灯录》卷九,黄檗希运禅师）

记得长沙一日游山归,首座问:"甚处去来?"沙云:"游山来。"（《宏智禅师广录》卷四）

而在禅录中,它们进一步演变为禅门机语,在交流禅法或启发学人时有着特殊的作用,例如:

（安国）遂于龙华寺东禅依师染剃，依年具戒，便诣雪峰，密契玄关。寻离欧越，遍历楚吴。后再入雪峰，雪峰才见，便问："什摩处来?"师云："江西来。"峰云："什摩处逢见达摩?"师云："分明向和尚道。"峰云："道什摩?"师云："<u>什摩处去来</u>?!"（《祖堂集》卷十，安国禅师）

前文"什摩处来"，是一般的询问。后文"什摩处去来"是有禅义的。"逢见达摩"暗喻领悟禅旨之大事，安国不予说破，雪峰却一直追问，于是安国以"什摩处去来"的喝斥截断雪峰之妄执。此乃安国禅师初显锋芒。"什（么/摩）处去来"等常常用于这样的机语问答中，如果一方犹豫迟钝或是执著于言句概念，另一方便以此语讯斥或喝断之，例如：

初开堂时，才揽衣升座，乃云："珍重。"时有学者出来拟申问，师便喝出云："什摩处去来?!"（《祖堂集》卷九，罗山和尚）

问："祖祖相传，未审传个什么?"师曰："汝问我，我问汝。"僧曰："恁么即缁素不分也。"师曰："什么处去来?!"（《景德传灯录》卷一六，鹿苑晖禅师）

久之南昌移文，请住翠岩。方至，首座出迓问曰："德山宗乘即不问，如何是临济大用?"悦厉语曰："汝甚处去来!"首座拟对，悦掌之。又拟申语，悦喝曰："领众归去!"于是一众畏仰。（《禅林僧宝传》卷二二，云峰悦禅师）

"什（么/摩）处去来"、"甚处去来"有"上哪去了"和"从哪来"两层含义，以此作为喝斥语，有警醒学人回归自心的隐含意义。

口语词的行业化表现出系统性的特征。

"活计"是常见的口语词，也是一个多义词。首先，"活计"可以指谋生手段、谋生行当：

汝比有灾，值我雍溪兄弟非理。破除汝家活计，损失财物，作诸怪异，计汝必甚畏之，今已遣去矣。（宋·李昉《太平广记》卷三五二，巴川崔令）

禅录中多由此引申比喻禅法或禅机作略：

森罗万象，古佛家风。碧落青霄，道人活计。（《筠州洞山悟本禅师语录》）

活计自然，家风成现。顺水便风，归舟到岸。寒山拾得笑呵呵，此心分付知音辨。（《宏智禅师广录》卷一）

真净和尚云："这两个老古锥，窃得临济些子活计，各自分疆列界，气冲宇宙，使明眼人只得好笑。"（《大慧普觉禅师住径山能仁禅院语录》卷四）

传来铁钵盛猫饭，磨衲袈裟入墨盆。祖翁活计都坏了，不知将底付儿孙?（同上）

其次,"活计"可用于表示生活资料或生活费用、家产:

尊有陶潜酒,囊无陆贾金。莫嫌贫活计,更富即劳心。(《全唐诗》卷四六零,白居易,《闲居贫活计》)

引申可表示俗情妄念,这是获得禅悟的牵绊:

问:"如何是闭门造车?"师曰:"活计一物无。"曰:"如何是出门合辙?"师曰:"坐地进长安。"(《景德传灯录》卷一七,沩潭匡悟禅师)

外相犹似痴人,肚里非常峭措。活计虽无一钱,敢与君王斗富。愚人摆手憎嫌,智者点头相许。(同书,卷三十,苏溪《牧护歌》)

贫似范丹,气如项羽。活计虽无,敢与斗富。(《禅宗无门关·清税孤贫》)

更常使用的是"作活计"一语。首先,"作活计"可指禅法或作略的日常实际运用。如南泉普愿上堂语:

上堂曰:"诸子,老僧十八上解作活计。有解作活计者出来,共尔商量,是住山人始得。"良久,顾视大众,合掌曰:"珍重! 无事各自修行。"(《景德传灯录》卷二八,南泉普愿禅师)

此公案在禅林多有拈提,例如:

直须会取古人意旨,然后自心明去,更得通变自在,受用无穷,唤作自受用身佛。不从他教,便识得自家活计。所以南泉云:王老师十八上已解作活计。(《古尊宿语录》卷十《汾阳昭禅师语录》)

意谓体得自心,通透明亮,就能"解作活计",能自如运用禅法而不受羁绊。又如:

莫依倚,莫停留,直使无丝毫粘惹,方唤作解作活计底人,解绍家业底人。(《宏智禅师广录》卷一)

衲僧家各有一片田地,年头至年尾,在里许作活计,只是蹹不著。纵饶蹹得著,埋没己灵,孤负先圣。(《虚堂和尚语录》卷一)

其次,"作活计"有纠缠言句,执著妄念的意思。这种情况下,"作活计"往往以"……作活计"、"作……活计"等框架结构出现,在不同的语境中,可以填充不同的词语,变化丰富。其中,使用较多的有"鬼趣里作活计"、"鬼窟里作活计"等:

师问长生:"维摩观佛,前际不来,后际不去。今则无住,长生老作摩生观?"对云:"放某甲过,有个商量。"师曰:"放长老过作摩生?"长老良久。师云:"教阿谁委?"对云:"徒劳侧耳。"师云:"正知你鬼趣里作活计。"(《祖堂集》卷十,玄沙和尚)

且道,放开为人好,把定为人好? 开也造车,握也合辙。若谓闭门造车,出门合辙,我也知尔向鬼窟里作活计。(《明觉禅师语录》卷三)

才作计较,便是黑山鬼窟里作活计。若见得彻,信得及,千人万人自然罗笼不住,奈何不得。(《佛果圆悟禅师碧岩录》卷三,第二五则)

师云:"思而知,虑而解,是鬼家活计,日下孤灯,果然失照。"(《景德传灯录》卷七,盐官齐安禅师)

"鬼趣""鬼窟""鬼家"均与鬼类世界相关,常用来比喻陷于邪见妄念、情识意想。如:

师云:"垂钩四海,只钓狞龙。格外玄机,为寻知己。南泉老人虽善别机,宜识休咎,要且未知鲁祖落处。如今莫有知得落处者么? 切忌向鬼窟里卜度。"(《大慧普觉禅师住径山能仁禅院语录》卷二)

唯务要人各知归休歇,不起见刺向鬼窟里弄精魂。(《圆悟佛果禅师语录》卷一五《示智祖禅德》。弄精魂:故弄玄虚,虚妄作为。)

因此,所谓"鬼趣里作活计"等等,也就是陷于邪见知解。其他各类形式还有:

上堂:"尽大地是沙门眼,遍十方是自己光。为甚么东弗于逮打鼓,西瞿耶尼不闻;南赡部洲点灯,北郁单越暗坐? 直饶向个里道得十全,犹是光影里活计。"(《五灯会元》卷一九,育王端裕禅师)

师云:"南岳引马祖,入牛角里作老鼠活计。忽然得个出路,却笑南岳坐在里许。"(《虚堂和尚语录》卷三)

更有一般底,才闻说个休歇处,便向阴界里闭目合眼,老鼠孔里作活计,黑山下坐,鬼趣里体当,便道:"我得个入路也。"(《云门匡真禅师广录》卷上)

上堂,云:"我今日共汝说葛藤,屎灰尿火,泥猪疥狗,不识好恶,屎坑里作活计。"(同上)

师或云:"非色非声体上明得是第几机?"代云:"不可向野狐窟里作活计。"(同书,卷中)

诸禅德,殊不知这碧眼胡儿腾空而来、腾空而去,一生只在虚空里作活计。(《仰山慧寂禅师语录》)

若是本色真正道流,要须超情离见别有生涯,终不向死水里作活计,方承绍得他家基业,到此须知有向上事。(《圆悟佛果禅师语录》卷一四)

举,玄沙见鼓山来,作一圆相。山云:"人人出这个不得。"沙云:"情知汝向驴胎马腹里作活计。"(同上,卷一七)

作家宗师,终不去一言一句上作活计。(《佛果圆悟禅师碧岩录》卷三,第

二二则）

此外,还有"向苍龙窟里作活计"、"虾蟆窟里作活计"、"向针孔里作活计"、"眉毛上作活计"、"向拄杖头上作活计"、"语言上作活计"等等,词语形式灵活多变,充分体现了禅录词语口语性与系统性的特点。

从"活计"到"作活计"再到"……作活计"、"作……活计"等框架格式,这个口语性的词汇不仅在禅录中实现了行业化的转变,而且发展扩大形成了一组词语群。这样的词语群在禅录中很常见,我们再看一组关于"漆桶"的词语。

"漆桶"是日常生活中常见的事物,以其胶固无明,禅录中常用作对愚昧不悟之人的詈称,指斥其眼前、心中一片漆黑,心地不明。例如:

问:"若能转物即同如来,未审转什么物?"师曰:"道什么?"僧拟进语。师曰:"遮漆桶!"(《景德传灯录》卷二四,延庆传殷禅师)

又作"黑漆桶"、"漆桶不快"、"不快漆桶",均是对愚暗不明者的斥责语:

此土与西天,一队黑漆桶。诳惑世间人,看看灭胡种。(《续传灯录》卷三三,荐福休禅师)

陕府铁牛白癫,嘉州大像耳聩。两个病痛一般。咄哉!漆桶不快。(《大慧普觉禅师住径山能仁禅院语录》卷十)

直钩钓龙,已是不快漆桶;离钩三寸,已输船子夹山。(《万松老人评唱天童觉和尚颂古从容庵录》三,第三九则《赵州洗钵》)

与此相反,"打破漆桶"也就是化暗为明,由迷痴转为明悟:

李参政项在泉南,初相见时,见山僧力排默照邪禅瞎人眼,渠初不平,疑怒相半。蓦闻山僧颂"庭前柏树子"话,忽然打破漆桶,于一笑中千了百当。方信山僧开口见胆,无秋毫相欺,亦不是争人我。便对山僧忏悔。(《大慧普觉禅师住径山能仁禅院语录》卷四)

这层含义又可以用"打破黑漆桶"、"爆破漆桶"来表示,例如:

要见本来人,如空中钉橛。打破黑漆桶,方是大休歇。(《憨山老人梦游集》卷三七《示道脉源禅人》)

今朝九月初一,打板普请坐禅。第一切忌瞌睡,直下猛烈为先。忽然爆破漆桶,豁如云散秋天。(《如净和尚语录》卷上)

又有"漆桶生光"语,即黑漆桶中生出光亮,比喻驱除黑暗,打破妄执,由迷转悟。例如:

入寺,上堂,僧问:"华藏海中张巨网,惯打鲲鲸;凌宵峰顶握钳锤,陶铸佛祖。而今炉鞴既开,一锤便就时如何?"师曰:"漆桶生光。"(《密庵和尚语

录》）

转迷为悟,更为彻底的是"桶底脱"。朱熹在回答学人提问时曾说:

> 凡接物遇事,见得一个是处,积习久自然贯通,便真个见得理一。禅者云:"如桶底脱相似。"可谓大悟。(《朱子语类》卷六十)

可见,在当时人看来,"桶底脱"是一个具有禅宗行业色彩的词语。桶底脱落则通透明亮,比喻驱除情识妄见,彻底领悟禅法:

> 所谓言无味,语无味。欲明这个公案,须是向上人,方能见此语不涉理性,亦无议论处。直下便会,如桶底脱相似,方是衲僧安稳处,始契得祖师西来意。(《佛果圆悟禅师碧岩录》卷五,第四四则)

> 道贵无心,禅绝名理。唯忘怀泯绝,乃可趣向。回光内烛,脱体通透,更不容拟议。直下桶底子脱,入此大圆寂照胜妙解脱门,一了一切了。(《圆悟佛果禅师语录》卷一六。直下:当下。)

> 如此商量,要且未会云门意在。若是桶子底脱,红丝线断,方知总不恁么。(《万松老人评唱天童觉和尚颂古从容庵录》二,第一九则《云门须弥》)

综合以上可见,口语词不仅在禅宗语录中被大量使用,而且在禅录词语系统中发生了巨大的变化,产生了行业性的意义与用法,甚至形成了大量的颇具特点的词语群。并且由于其口语性的特点,没有固定的形式,也造就了其灵活多变的个性,为词语群的形成提供了基础与动力。

第二节　古语词向行业语的演变

禅宗的兴起是佛教中国化深入的表现(参杨曾文 1999 序言)。禅宗在一开始就与中华民族的传统文化思想保持着紧密的联系,禅录词语系统中大量雅语文言的运用就是一个明显的表现。而禅录词语系统的生命力显然是极其旺盛的,很多文言词、古语词在这个系统中获得了新的生命,开始了它们向行业语的演变。

1. 行李

"行李"本义为使者,引申可作动词出使,继而可用来指行旅:

> 道明在岭头分首,便发向北去。于虎州,果见五十余僧来寻卢行者。道明向僧曰:"我在大庾岭头怀化镇左右,五六日等候,借访诸关津,并不见此色目人过,诸人却向北寻觅。"云:"其人石碓碓损腰,行李恐难。"(《祖堂集》卷一八,仰山和尚)

子胥答曰:"吾闻人相知于道术,鱼相望(忘)于江湖,下奏(走)身是游人,岂敢虚相诳语! 今缘少许急事,欲往江南行李。自拙为人,幸愿先生知委;傥蒙赐渡,恩可杀身,若也不容,自当息意。"(《敦煌变文集新书》卷五《伍子胥变文》)

这是一般文献中习用的义项。而禅录中的"行李"还有其独特的行业意义。例如:

师每上堂云:"夫出家人,但据自己分上决择,切不得分外。到者里合作摩生行李? ……尔千乡万里行脚来,为个什摩事? 更向这里容易过,则知不得。莫为小小因缘妨于大事。大事未办,日夜故合因修。……若向这里不得,万劫千生著钝。"(《祖堂集》卷八,云居和尚)

据《祖庭事苑》卷八"行脚"条:"行脚者,谓远离乡曲,脚行天下,脱情捐累,寻访师友,求法证悟也。"也就是说,行脚乃是出外寻师访友,参习求法的修行方式。说行脚之事,实是说参禅大事。"合作摩生行李"实际上是提出如何参禅的问题。这里的"行李"引申指参习、参禅。又如:

问:"十二时中如何行李?"师云:"一步不得移。"僧曰:"学人不会,乞师指示个入路!"师云:"不过于此。"(同书,卷十,镜清和尚)

此外,作为常见义项,"行李"还可指出行所带的东西:

候于邮亭久之,忽见数十担过。温公(指司马温)问:"谁行李?"荷担者应曰:"新招提(寺名)和尚行李。"(《大慧普觉禅师宗门武库》)

引申指各人本有之心性:

有北禅礼和尚,机辩峻捷,衲子少得登其门者。师一日访之……礼云:"甚处来?"师云:"福严。"礼云:"行李在甚么处?"师云:"在旦过堂。"礼云:"我不问尔者个行李。"师云:"若是那个行李,北禅门下著不得,倾倒不忍舍。"(《虚堂和尚语录》卷十)

"那个行李"隐指自心本性,具此"行李"则可悟道。由此,"行李"亦可谓悟道者的机用实践。例如:

"如今若得,共起初一般。古人曰:体得那边事,却来这边行李。那边有什么事? 这边又作么生行李? ……"又曰:"欲体此事,直似一息不来底人,方与那个人相应。若体得这个人意,方有少许说话分,方有少许行李分。"(《禅林僧宝传》卷六,宏觉膺禅师)

问:"如何是诸佛行李处?"师云:"直下无生路,行时不动尘。"(《汾阳无德禅师语录》卷上)

问:"如何是学人行李处?"师云:"青松绿竹下。"(《天圣广灯录》卷一九,
庐山庆云禅师)

2. 偈傥

司马迁《报任安书》:"古者富贵而名摩灭,不可胜纪,唯偈傥非常之人称焉。"
"偈傥"本指卓越非凡,不同寻常。禅录中使用"偈傥"一词,形容根机灵利,了悟
禅法。例如:

岩头英灵偈傥,打发学人,克的精敏,不减德山。(《万松老人评唱天童觉
和尚颂古从容庵录》三,第四三则《罗山起灭》)

偈傥衲子出来,眼似铜铃,口似悬河。也说他不得,也觑他不著。天宁
(系圆悟自称)意欲要与诸人解黏去缚,拔楔抽钉,到这里伎俩一点也使不著。
且道,为什么如此?他家自有通霄路,切忌当阳指画伊。(《圆悟佛果禅师语
录》卷一一)

立地可成佛,杀人不眨眼。碎生死窠窟,要个偈傥汉。(同上,卷二十)

"偈傥衲子"、"偈傥汉"均谓根机灵利,悟道深透之人。用作动词,则"偈傥"
指明悟、领会:

峡州东山驰法嗣书到,上堂……复云:"坐见东山振古风,顶门眼正有全
功。操持临济金刚剑,偈傥杨岐栗棘蓬。铁壁银山须作用,魔宫虎穴亦流通。
摄将香水无边刹,并入钳锤炉鞴中。"(同上,卷四)

栗树果实的外壳多刺,唤作栗棘蓬。禅家以此喻指古人公案、机缘辞句。宋
代参习公案之风兴盛,这是当时的习用词语。"偈傥杨岐栗棘蓬"即领会杨岐的公
案机语。更常用的形式是"偈傥分明",形容彻底、明晰地领悟禅法:

正当恁么时,不是心,不是佛,不是物。敢问诸禅德,毕竟是什么?若向
这里偈傥分明,便能独步大方,横身三界,握金刚宝剑,破生死魔军。(《续传
灯录》卷一四,万寿普勤禅师)

师示众云:"西天二十八祖、唐土六祖、天下老和尚,总在拄杖头上。直饶
会得偈傥分明,只在半途。若不放过,尽是野狐精。"(《云门匡真禅师广录》
卷中)

3. 大方,大方家

"大方"本指"方正之极",如《老子》四一章:"大方无隅,大器晚成,大音稀
声。"又引申为"大道、常道",如《庄子·山木》:"不知义之所适,不知礼之所将;猖
狂妄行,乃蹈乎大方。"禅录中,引申指禅宗道法或是悟道之境界。例如:

乐小法者,导之以大方。(《续传灯录》卷二十,佛海有瑞禅师)

上堂:"九月又重阳,菊华依旧黄。渊明是醉不是酒,荡荡游心于大方。只如会得底,也是个时节。不会底也是个时节。"(《宏智禅师广录》卷四)

又,"大方家"语出《庄子·秋水》:"吾长见笑于大方之家。""大方之家"指深明大道之人,后指见识广博或精通某种学问或艺术,有专长之人。今犹有成语"贻笑大方"。禅录以"大方(之)家"指本色当行的禅家高手。例如:

举,米胡和尚令僧问仰山:"今时人还假悟否?"山云:"悟即不无,争奈落第二头何?"胡深肯之。拈云:"米胡酌其菁华,仰山碎彼璘玭。自非大方家问答不及此。只如肯诺不得全,米胡又且如何?"(《无异(元来)禅师广录》卷十)

峰(指雪峰)大方之家,直饶浪击千寻,争奈龙王不顾,只道个:"老僧住持事繁。"(《万松老人评唱天童觉和尚拈古请益录》卷二,第五二则《雪峰古境》)

4. 知方

"知方"本义指知礼法,语本《论语·先进》:"可使有勇,且知方也。"又谓知道正确的行为方向,如《荀子·君道》:"尚贤使能,则民知方。"王先谦集解:"知方,皆知所向。"禅录中多以"知方"表示明悟禅法:

从上宗乘合作么生议论? 直得三世诸佛不能自宣,六代祖师全提不起,一大藏教诠注不及。所以棒头取证,喝下承当,意句交驰,并同流浪。其有知方作者,相共证明。(《明觉禅师语录》卷一)

"知方作者"即明悟禅法、机用杰出的禅家高手。"作者"是禅宗习用之行业语,也是由古语词演变而来。本指创始之人,如《礼记·乐记》:"作者之谓圣,述者之谓明。"引申指高手、内行之人,例如《敦煌变文集新书》卷二《佛说阿弥陀经讲经文(一)》:"摩陀心中惊怕,今日又逢作者。"于禅录中,"作者"与"作家"等都用来指称本色当行的禅家高手。例如:

师云:"华岳三峰,黄河九流,还有人于此观得么? 若此观得,何假胸题万字,足步祥莲,菩提场中,始成正觉。然此事莫非知方之者,共相证明。晚进初机,有疑请问。"(《建中靖国续灯录》卷一一,白鹿伸豫禅师)

举,洛浦久为临济侍者,到夹山,问:"自远趋风,乞师一接。"山云:"目前无阇梨,此间无老僧。"浦便喝。山云:"住,住,阇梨! 莫草草匆匆。云月是同,溪山各异。截断天下人舌头即不无,争教无舌人解语?"浦无对,山便打。

师云:"者汉可悲可痛,钝致他临济。他既云月是同,我亦溪山各异。说什么无舌人不解语,坐具劈口便摵夹山。若是个知方汉,必然明窗下安排。"(《明

觉禅师语录》卷三）

"明窗下安排"谓寺院主持遇到根机灵利的禅僧,安排于环境良好的席位。洛浦在与夹山的机锋对峙中,无法接机应对,非灵利通悟之人。因此,明觉评论说,如果他是个明悟禅法的人,必然会安排到明窗下的位置,以示褒奖。"知方汉"即领悟禅法之人。又如:

> 举。紫湖和尚山门立一牌,牌上有字云:"紫湖有狗,上取人头,中取人腰,下取人脚。拟议则丧身失命。"时见新到,便喝:"看狗!"僧才回首,湖便归方丈。师云:"众中总道者僧著一口。著即著了也,争奈者僧在? 敢问诸人,紫湖狗著者便死,因甚么者僧犹在? 若无知方眼救得者僧,设使紫湖出世,咬杀百千万个,有甚益?"(同上,卷二)

"紫湖狗"奇特峻烈,是禅门著名公案。"知方眼"也就是悟道者的法眼、慧眼,又如:

> 宗乘一举,作者埋冤。古路纵横,若为措足? 苟非知方俊眼,出格上机,举一明三,普同流浪。(《古尊宿语录》卷三十《示道三偈并叙》)

5. 浑沦,浑仑

"浑沦"又作"浑仑",本义指宇宙形成之前混沌不分的迷蒙状态,如《列子·天瑞》:"太初者,气之始也;太始者,形之始也;太素者,质之始也。气形质具而未相离,故曰浑沦。浑沦者,言万物相浑沦而未相离也。"这反映了我国古代人们原始的、朴素的宇宙观,也是中国人思维方式的反映,也就是说,从天、人的关系,从自然界与人类社会的关系,从世界万物与个人的关系来观察事物。

"浑沦(仑)"在禅录中用来形容禅法之融汇固密,超越一切情识意解。这是因为禅宗的宇宙观、思维方式受到中国传统文化的较大影响,"禅宗说法中常提到的'色心不二'、'理事圆融'等,就蕴含相当于传统文化中天人关系的思想"(杨曾文1999:561)。禅林最至高无上,最幽玄固密的就是超越一切言诠分别,无可言传只能意会的禅法妙旨。因此,用宇宙未分之"浑沦(仑)"来形容玄妙之禅法,也是很自然的。例如:

> 鸟道须知举足难,玄机不许丝头挂。同中有异异中同,彻底浑沦无缝罅。(《宏智禅师广录》卷一)

> 灵山会上千叶腾芳,少室峰前一枝独秀。生佛未具已见蟠根,空劫那边转彰文彩。浑仑擘不破,扑鼻更馨香。八面自玲珑,通身转绵密。(《圆悟佛果禅师语录》卷四)

> 师见僧来,展开两手,僧无语。师云:"会么?"云:"不会。"师云:"浑仑擘

不开,与尔两文钱。"(《镇州临济慧照禅师语录》)

　　　问:"浑仑提唱,学人根思迟回;曲运慈悲,开一线道。"(招庆)云:"这个是老婆心。"(《祖堂集》卷一三,招庆和尚)

提举公案机语加以评议,称为提唱。"浑仑提唱"就是超越诠解分别的本色指示,与"开一线道",启方便法门的慈悲接引是相对立的。

　　6. 左右逢原(源);胶柱调弦;刻舟记(寻)剑;缘木求鱼

　　　师云:"纵横得妙,<u>左右逢原</u>底人,庄子所谓:圆者中规,方者中矩。子谓颜渊曰:'用之则行,舍之则藏,唯我与尔有是夫。'如其不然,则<u>胶柱调弦</u>、<u>刻舟记剑</u>也。"(《万松老人评唱天童觉和尚颂古从容庵录》卷四,第六六则《九峰头尾》)

　　　师乃拈主丈云:"便与么去,早是节外生枝。更若较短论长,何啻崖州万里。所以道,太阳门下,日日三秋,明月堂前,时时九夏。何用<u>刻舟寻剑</u>、<u>缘木求鱼</u>?"(《虚堂和尚语录》卷二)

首例"左右逢原"语本《孟子·离娄下》:"自得之,则居之安;居之安,则资之深;资之深,则取之左右逢其原。"原指学识广博,应付自如。比喻做事得心应手。所谓"纵横得妙,左右逢原底人"即机用无碍的彻悟者。据《续传灯录》卷十,签判刘经臣章,刘经臣悟道之后,对禅法大道予以评论:

　　　夜夜抱佛眠,朝朝还共起。起倒镇相随,语默同居止。欲识佛去处,只这语声是。此佛者之语道为最亲者。立则见其参于前也,在舆则见其倚于衡也。瞻之在前也,忽焉在后也,取之左右逢其源也。此儒者之语道最迩者。

可见,"左右逢原"的确是对悟道状态的极佳诠释。又作"左右逢源":

　　　若脱洒履践得,日久岁深,自然左右逢源,打成一片。(《圆悟佛果禅师语录》卷一四《示世祥禅人》)

"左右逢源"、"打成一片"均是形容彻悟后的境界,断除一切分别对立之心,圆融贯通。

"胶柱调弦"、"刻舟记(寻)剑"、"缘木求鱼"也都是常见的古成语。"胶柱调弦"典出三国魏邯郸淳《笑林》:"齐人就赵人学瑟,因之先调,胶柱而归,三年不成一曲。""刻舟记(寻)剑"典出《吕氏春秋·察今》:"楚人有涉江者,其剑自舟中坠于水,遽契其舟曰:'是吾剑之所从坠。'舟止,从其所契者入水求之。舟已行矣,而剑不行,求剑若此,不亦惑乎?""缘木求鱼"典出《孟子·梁惠王上》:"以若所为求若所欲,犹缘木而求鱼也……缘木求鱼,虽不得鱼,无后灾。以若所为求若所欲,尽心力而为之,后必有灾。"此三者本是比喻固执拘泥,不知变通。于禅林中,多用来形容学人执著妄念而不自知,无法应接师家示法。这些典故用语在禅录中往往有其他变式,如"刻舟记(寻)剑"又作"剑去远兮,何必刻舟"、"剑去久矣,方乃刻舟"等:

> 问:"承古人有言:'看时浅浅用时深。'浅则不问,如何是深?"师便叉手闭目。学人拟问,师云:"<u>剑去远兮,何必刻舟</u>?"(《祖堂集》卷八,曹山和尚)

> 上堂:"尽乾坤大地,唤作一句子。担枷带锁,不唤作一句子。业识忙忙,两头俱透脱。净裸裸赤洒洒,没可把。达磨一宗,扫土而尽。所以云门大师道,尽乾坤大地,无丝毫过患,犹是转句。不见一色,始是半提,更须知有全提时节。大小云门<u>剑去久矣,方乃刻舟</u>。"(《密庵和尚语录》)

> 得皮得髓,刚立阶梯;缀叶缀花,遂成流布。衲僧觑得破,怪他祖师西来作许多事,节外生枝,眼里著屑。更有般汉,刺头做无限伎俩,<u>刻舟记剑</u>。甚么时得相应?(《宏智禅师广录》卷六)

> 上堂:"学者无事空言,须求妙悟。去妙悟而事空言,其犹逐臭耳。然虽如是,罕逢穿耳客,多遇<u>刻舟人</u>。"(《续传灯录》卷一八,觉然宝月禅师。穿耳客:原指西域僧人,因其俗多穿耳系环,禅录中指灵悟者。)

7. 当仁不让

> 山(指博山无异)时相与商榷玄奥,师每当仁不让。山叹曰:"这汉生平自许,他时天下人不奈渠何。"(《永觉元贤禅师语录》卷三十)

> 师入室咨决,罔替晨昏,又阅《楞严经》发明心地。由是应机敏捷,与修多罗冥契。诸方玄学有所未决必从之请益。至若与雪峰和尚征诘,亦当仁不让。(《景德传灯录》卷一八,玄沙师备禅师。修多罗:一切佛法之总称。)

"当仁不让"典出《论语·卫灵公》:"当仁不让于师。"朱熹集注:"当仁,以仁为己任;虽师亦无所逊。言当勇往而必为也。"禅录中的"当仁不让"指禅师在禅法问答、机锋应对中,积极应答,灵活祗对。作为一个古成语,"当仁不让"还可以省略为"当仁",但意义有所变化:

> 于时有府福先寺师,荷泽寺法师及余方法师数十人,齐声请禅师坐,咸言:"今日正是禅师辩邪正定是非日,此间有四十余个大德法师为禅师作证义在。"和上(即和尚,指神会)固辞不已,时乃就坐。……和上以无疑虑,此日当仁。(《神会遗集·菩提达摩南宗定是非论》,据《中国佛教思想资料选编》第二卷第四册)

> 问:"先师归于雁塔,当仁一句,请师垂示。"师曰:"修罗掌内擎日月,夜叉足下踏泥龙。"(《景德传灯录》卷二四,石门绍远禅师)

此处"当仁"指为僧众说法,启悟引导学人。

> 问:"三台有请,四众临筵。既处当仁,请师一唱。"师曰:"要唱也不难。"
(《五灯会元》卷八,白云令弇禅师)

这里的"当仁"则是指僧徒导师之位。无论是为僧众说法,还是处于导师的位置,都要当仁不让地启发引导学人,决不能有丝毫推诿。因此"当仁"有这样的引申意义也是可以理解的。

第三节　佛教词语的禅化

作为佛教深度中国化的产物,同时也是影响最为深远的佛教宗派,禅宗产生、发展、兴盛的过程,也就是对传统佛教思想体系不断改革创新的过程。反映在禅宗语录的词语形式上,佛教词语的禅化就是这一历史发展的表现。

禅宗凸显个性心灵的瞬间体验,在禅法传承、修习方式等方面均提出了全新的理念,对传统佛教体系进行了一系列的革新。佛教词语的禅化,也更多地体现在对佛教名词概念的全新诠释上。

1. 生缘

"生缘"一词,在唐宋禅僧语录中经常使用:

> 师问(从上座):"从上座年多少?"对云:"二十八。"师云:"太嫩在!甚须保持。生缘什摩处?"对云:"信州人。"(《祖堂集》卷九,落浦和尚)

> 渠本宣州人,生缘在宁国。(《大慧普觉禅师住径山能仁禅院语录》卷四《江令人请赞》)

显然,"生缘"是"籍贯,出生地"的意思。此语在禅录之外的文献中也有少量用例:

> 本贯属京兆,生缘在帝乡。(《敦煌变文集新书》卷七《燕子赋(二)》)

> 无况来江岛,逢君话滞留。生缘同一国,相识共他州。竹影斜青藓,茶香在白瓯。犹怜心道合,多事亦冥搜。(《全唐诗》卷八三八,齐己,《逢乡友》)

> 梁陆倕志法师墓志铭曰:法师自说姓朱,名保志。其生缘桑梓,莫能知之。(《艺文类聚》卷七七,墓志)

按,敦煌变文中仅见《燕子赋》一例。《逢乡友》诗的作者齐己,也是晚唐五代时期著名诗僧。齐己卒后,门人集其诗作成《白莲集》十卷,今《全唐诗》亦存诗十卷。而《艺文类聚》的用例也是关系僧人的。这些用例透露出这样的信息:"生缘"的产生与佛教有某种联系。

"生缘"原本是佛教词语。"生"、"缘"是佛教中的重要名词概念,有着较为复杂的宗教含义:

> 而读此经,闻无明缘行,行缘识,识缘名色,名色缘六入,六入缘触,触缘受,受缘爱,爱缘取,取缘有,有缘生,生缘老病死忧悲苦恼。是名集谛。无明灭则行灭,……有灭则生灭,生灭则老病死忧悲苦恼众苦集聚灭。(《大庄严论经》卷一)

这里的"生缘"仍是两个单独的词,谓"生"攀缘于"老病死忧悲苦恼",这也是佛经中常常提及的重要概念。组合为"生缘"一词,一般指受生转世的因缘:

> 尔时此女,既生天中,与五百天子,娱乐受乐,不知生缘。时舍利弗,在忉利天,知此天子生天因缘。(《贤愚经》卷五《迦旃延教老母卖贫品》第二六)

> 又俱舍小乘师有四释不同。……三说得住四十九日,生缘未具,死已更受,亦不限时节。(《法苑珠林》卷九七)

此外,"生缘"还可用于指尘世的缘分,例如唐顾况《送少微上人还鹿门》诗:

> 少微不向吴中隐,为个生缘在鹿门。行入汉江秋月色,襄阳耆旧几人存。

如此,"生缘"一词引申指"籍贯"。

禅录中常借用"生缘"作为启发学人禅悟或是探索禅法的机语。例如:

> 寿山解禅师行脚时,造师法席。师问曰:"阇黎生缘何处?"云:"和尚若实问,某甲即是闽中人。"(《筠州洞山悟本禅师语录》)

寿山解禅师之所以说"若实问",乃是因为"生缘何处"是禅师勘测学人的常用话头,多是"虚问"。例如:

> 师室中常问僧出家所以、乡关来历,复扣云:"人人尽有生缘处,那个是上座生缘处?"又复当机问答,正驰锋辩,却复伸手云:"我手何似佛手?"又问诸方参请宗师所得,却复垂脚云:"我脚何似驴脚?"三十余年,示此三问,往往学者多不凑机,丛林共目为三关。(《黄龙慧南禅师语录》)

这是禅林著名的"黄龙三关":生缘、佛手、驴脚。"生缘"一关,谓人人皆有出生之处,哪里是"上座生缘处"?此"生缘"即是"虚问"。它是黄龙勘验、启发学人破除执著分别心的门庭施设。据《嘉泰普灯录》卷三,黄龙慧南禅师章:

> (黄龙三关)脱有酬者,师未尝可否。人莫涯其意。有问其故,师曰:"已过关者,掉臂径去,安知有关吏?从吏问可否,此未透关者也。"

对于悟道之人已经无关可言,执著未通透的人,才会问这问那。如何才是过关之人呢?《五灯会元》卷一七,隆庆庆闲禅师章记载了黄龙慧南与弟子庆闲关于

"三关"的对话:

> 龙问:"如何是汝生缘处?"师曰:"早晨吃白粥,如今又觉饥。"问:"我手何似佛手?"师曰:"月下弄琵琶。"问:"我脚何似驴脚?"师曰:"鹭鸶立雪非同色。"

庆闲的回答都是与问题毫不相关的"无义"之句,然下文黄龙称他为"灵俐衲子",应该还是予以认可的。"黄龙三关"的公案后世丛林多有拈提,如《禅宗无门关·黄龙三关》颂:

> 我手何似佛手,摸得枕头背后,不觉大笑呵呵,元来通身是手。
>
> 我脚何似驴脚,未举步时踏著,一任四海横行,倒跨杨岐三脚。
>
> 人人有个生缘,各各透彻机先,那吒析骨还父,五祖岂藉爷缘。
>
> 佛手驴脚生缘,非佛非道非禅,莫怪无门关险,结尽衲子深冤。

2. 因缘

"因缘"是梵语的音译。细分之,"因"是引发结果的直接内在原因,"缘"则是间接原因。统称之,则"因缘"相当于因果报应中的"因",善恶的思想言行是"因",会引来相应的善恶报应之"果"。例如:

> (阇夜多)遥见伽耶舍多,作礼问:"我家父母心常供养,亦求佛道,未省是何因缘,长萦疾苦。又观邻舍常行凶杀,不乐修行,而无所患。此二事实未晓之,唯愿慈悲,为我解说!"(《祖堂集》卷二,第十九祖鸠摩罗多尊者)

但禅录中的"因缘",多数情况下与禅门"公案"、"话"的含义接近:

> 疏山到参,值师示众云:"行脚高士,直须向声色里睡眠、声色里坐卧始得。"疏山问:"如何是不落声色句?"师竖起拂子。疏山云:"此是落声色句。"师放下拂子归方丈,疏山不契。便辞香严。香严云:"何不且住?"疏山云:"某甲与和尚无缘。"香严云:"有何因缘,试举看。"疏山遂举前话。(《潭州沩山灵祐禅师语录》)

"因缘"相当于"举前话"之"话"。"举"是禅林行业用语,作为禅宗语录中的格式语,表示下文记载的是禅师举说某则公案的语句,在这里有举说、复述的含义。"话"即机缘之说话,指典范的言教或古则公案。"举话"是禅林表示举说话头公案的行业用语。"因缘"与"公案"、"话"等均指典范的机缘语句、禅机作略,是后人参禅修行的法则,也是悟道之依凭。又如:

> 代宗皇帝问:"师百年后要个什摩?"师曰:"与老僧造个无缝塔。"帝乃胡跪曰:"请师塔样。"师良久,帝罔措。师曰:"吾有付法弟子在,耽源却谙此事,问取他去。"国师顿世后,帝乃诏耽源,举此因缘,问:"此意如何?"耽源乃作

偈曰：

湘之南，潭之北，中有黄金充一国。

无影树下合同船，琉璃殿上无知识。（《祖堂集》卷三，慧忠国师。良久：沉默无语。）

"无缝塔"是禅林著名的公案机语，意即用整块大石雕成，没有缝隙之塔，喻禅法幽玄隐密，无法用言语表达。耽源所作之偈，实是用另外的奇特语，暗示相同的玄机。代宗"举此因缘"，即举示慧忠国师之机缘语句。又如：

师在沩山前坡牧牛次，见一僧上山，不久便下来。师乃问："上座何不且留山中？"僧云："只为因缘不契。"师云："有何因缘，试举看。"僧云："和尚问某名甚么，某答归真和尚。云：归真何在？某甲无对。"（《仰山慧寂禅师语录》）

龙牙问："如何是祖师西来意？"师云："与我过禅板来。"牙便过禅板与师，师接得便打。牙云："打即任打，要且无祖师意。"牙后到翠微，问："如何是祖师西来意？"微云："与我过蒲团来。"牙便过蒲团与翠微，翠微接得便打。牙云："打即任打，要且无祖师意。"牙住院后，有僧入室请益云："和尚行脚时参二尊宿因缘，还肯他也无？"牙云："肯即深肯，要且无祖师意。"（《镇州临济慧照禅师语录》。住院：主持寺院。）

然禅法大道清净无染，不可述诸言语。"因缘"机语，动作言教也只是权宜手段，并非根本大法，例如：

上堂云："适来思量得一则因缘，而今早忘了也。却是拄杖记得。"乃拈起拄杖云："拄杖子也忘了。"遂卓一下云："同坑无异土。咄！"（《法演禅师语录》卷上）

上堂云："有一则奇特因缘，举似诸人。欲说又被说碍，不说又被不说碍。欲举山河大地，又被山河大地碍。从教头上且安头，真金不博鍮。丈夫意如此，快乐百无忧。"（同上，卷中）

3. 方便

"方便"是梵语词的意译，犹言善巧、权宜。据《妙法莲华经义记》卷二《方便品》，佛谓："吾从成佛以来，种种因缘，种种譬喻，广演言教，无数方便，引导众生令离所执。""方便"是巧妙地施设、安排，利益他人、化度众生的智慧与方法。简单而言，就是因材施教，引导领悟佛法真谛，是一种向上引导的方法。

禅门重视自我的心灵体验，以"不立文字"、"以心传心"为宗旨，提倡"顿悟"的根本法门。但面对中下根器，禅师们也不得不采用变通权宜的方法，使用动作、

言语或其他方法,称之为"方便法门"。例如:

> 道由心悟,不在言传。近年以来学此道者,多弃本逐末,背正投邪,不肯向根脚下推穷,一味在宗师说处著到。纵说得盛水不漏,于本分事上了没交涉。古人不得已,见学者迷头认影,故设方便诱引之,令其自识本地风光,明见本来面目而已。初无实法与人。(《大慧普觉禅师住径山能仁禅院语录》卷四《示妙明居士》)

这就是说,言句、手段等"方便"之法,并非根本真实大法,是应舍弃的。也正是基于这样的观念,禅师们称方便法为"巧便",即取巧的门径:

> 究论吾宗,本以单传心印,直接上根。道个直指,早是曲了。岂容复有言说哉!其后根器不齐,宗师垂手处不得已曲施巧便,如黄檗痛棒临济,临济见僧便喝。(《天如惟则禅师语录》卷八《答汴京月堂明戒师》)

基于这样的悟道与传法理念,很多佛教概念、理论也就成了"巧便",必须驱除对它们的执著。如"化仪"指佛陀化导众生的形式与方法,于禅宗看来,也只是方便,例如:"至于佛祖相承,更无别意。设有言教,落在化仪。"(《联灯会要》卷九,临济义玄禅师)

又如"因果报应",是佛教的基本理论之一。而在禅家看来,不存在相对立的因与果,因果报应理论也只是佛的方便法门、权宜之说,并非根本大法。因此,"福田"、"功勋"等与因果报应相关的言说也都带上了权宜方便之说的色彩:

> 我不乐生天,亦不爱福田。
> 饥来即吃饭,睡来即卧暝。
> 愚人笑我,智乃知贤。
> 不是痴钝,本体如然。(《祖堂集》卷三,懒瓒和尚《乐道歌》)

> 设使万里无寸草,净地却迷人;长空绝点埃,青天须吃棒。更乃著脚威音路上,横身兴化门头,步步不触物,心心无处所。子细点捡将来,尽是功勋边事。不见古人道,诸佛不出世,四十九年说;祖师不西来,少林有妙诀。若人识祖佛,当处即超越。(《宏智禅师广录》卷一)

前例"福田"即可生福德之田,比喻积善行道可获福报。这是植根于因果报应理论而来,不是悟道的根本,"饥来即吃饭,睡来即卧暝"才是自如解脱的状态。后例"功勋"指修行的阶段,"功勋边事"也是积累功德获得果报之事,同样不是彻悟之法。

4. 涅槃

"涅槃"是梵语音译词,又可意译作"圆寂"、"灭度"、"寂灭"等。作为一般的

佛教用语,"涅槃"是佛教修习所要达到的最高理想境界,是圣人所能证悟的不生不灭、超越时空的觉悟境界。例如:

> 唯有佛世尊,是世间大师。
>
> 善降大魔军,能度诸有情。
>
> 到涅槃彼岸,如来大觉尊。
>
> 于天上人间,无有能等者。(《佛说帝释所问经》)

> 惠可白和尚:"今日乃知一切诸法本来空寂;今日乃知菩提不远。是故菩萨不动念而至萨般若海;不动念而登涅槃岸。"(《祖堂集》卷二,第二十八祖达摩和尚)

这是对"涅槃"超脱生死的肯定说法。此外,较为多见的是"涅槃妙心":

> (世尊)末后临般涅槃,于人天百万众前,拈华普示,唯金色头陀破颜微笑。遂云:"吾有正法眼藏、涅槃妙心,分付于汝。"自是西天四七、东土二三,天下老和尚各各以心传心,相续不断。(《大慧普觉禅师住径山能仁禅院语录》卷一)

"涅槃妙心"作为禅门宗祖世代相传的宗旨,实际就是"以心传心"的禅宗玄旨。这是"涅槃"禅化的表现之一。此外,这里的"正法眼藏"与"涅槃妙心"所指类似,谓禅宗教外相传之心印,这也是佛教词语禅化的结果。"正法"乃梵语音译词,本指佛陀所说之真正教法,即佛法。佛教又有"正法、末法、像法"三时之说,指释迦牟尼逝世之后,佛法正、末、像三期之变迁。在禅录中,"正法"指以心传心之禅法宗旨:

> 迦叶乃告阿难言:"我今年不久留,今将正法付嘱于汝,汝善守护。"(《五灯会元》卷一,一祖摩诃迦叶尊者)

又作"正法眼",即能彻见玄旨之智慧清净法眼:

> (迦叶)乃告阿难言:"如来正法眼付嘱于我,我今年迈,持佛僧伽梨衣入鸡足山,待慈氏下生。汝受佛嘱,弘扬正法,勿令断绝。"(《祖堂集》卷一,第一祖大迦叶尊者)

同是记录迦叶付法阿难之事,在不同的文献中分别写作"正法"、"正法眼"、"正法眼藏",可见它们所指相同。

在禅林,"涅槃"等又常常成为被贬斥的对象,例如:

> 十地满心犹如客作儿,等妙二觉担枷锁汉。罗汉辟支犹如厕秽,菩提涅槃如系驴橛。(《镇州临济慧照禅师语录》。等、妙二觉:最高修行阶位中的二种佛位。)

这是禅宗"呵佛骂祖"的颠覆性禅门作略的体现。

此外,禅录中"涅槃"一词还可指僧人、佛教徒的逝世。例如:

> 时后魏第八主孝明帝大和十九年入涅槃,寿龄一百五十,葬在熊耳吴坂也,武帝敕昭明太子而述祭文。(《祖堂集》卷二,第二十八祖达摩和尚)

> 国师缘终,将入涅槃,乃辞代宗。代宗问曰:"国师百年后所须何物?"(《佛果圆悟禅师碧岩录》卷二,第一八则)

这也是与"涅槃"超脱生死的本义有关联的,是一种美称。甚至禅门安置老病僧人的堂宇也称为涅槃堂。例如:

> 因两个僧造同行,一人不安,在涅槃堂里将息,一人看他。(《祖堂集》卷六,洞山和尚。不安:生病。)

> 大师(指南泉)曰:"汝去涅槃堂里看,有一僧死也无?"侍者到于半路,逢见涅槃堂主著纳衣走上来,侍者云:"和尚教专甲看涅槃堂里有一人死也无?"堂主对曰:"适来有一僧迁化,特来报和尚。"(同书,卷一六,南泉和尚。迁化:死亡。)

而"涅槃堂里汉"在禅录中则是一个常见的斥骂用语:

> 举,岩头、雪峰、钦山到德山。钦山问:"天皇也恁么道,龙潭也恁么道。未审德山作么生道?"山云:"尔试举天皇、龙潭底看。"钦山拟议,德山便打。钦山被打,归延寿堂云:"是即是,打我太杀。"岩头云:"尔恁么,他后不得道见德山。"师云:"……德山令行一半。令若尽行,雪峰、岩头总是涅槃堂里汉。"(《明觉禅师语录》卷三。延寿堂:即涅槃堂。)

> 问:"欲入无为海,须乘般若船。如何是般若船?"师曰:"便请。"曰:"便恁么进去时如何?"师曰:"也是涅槃堂里汉。"(《景德传灯录》卷一九,保福从展禅师)

"涅槃堂里汉"用来指斥在禅法交流、禅机交锋中挫败之僧人。"入涅槃堂"同样也用作詈词。例如:

> 雪峰负一束藤,路逢一僧,便抛下。僧拟取,峰便蹋倒归。举似长生,乃云:"我今日蹋者僧甚快。"生云:"和尚替这僧入涅槃堂始得。"峰休去。(《汾阳无德禅师颂古代别》卷中)

5. 威音已前,威音未朕前,威音那畔,空劫已前

佛教之"威音王佛"乃过去庄严劫最初之佛名,距离现在之时间极为久远。禅录中多用"威音已前"等表示极为久远的从前、古代,隐指超越时间空间分别的禅悟境界:

威音已前灵苗秀,到今光彩转新鲜。万卉芬芳风景丽,寿山高到大椿年。
(《圆悟佛果禅师语录》卷五)

上堂,召大众云:"休去歇去,玲珑岩上落花雨。消焉息焉,路入清关别有天。尘不到,暑不到。行亦禅,坐亦禅。高蹈威音未朕前。正恁么时如何?吃粥吃饭过,听风听雨眠。"(《环溪惟一禅师语录》卷一)

第二例"威音未朕前"即威音王佛未出世之前,它与"威音已前"均指灭除分别之心的禅悟境界。即如第二例禅师示众之语,其实是从不同的角度展现禅悟之状态。又如:

离一切相即且致,威音王已前一句作么生道? 云中生石笋,火里出青莲。

(同上,卷七)

"威音王已前一句"犹禅家所言"第一句",是不可用语言文字表达的宗门妙语,是直指人心、传达妙义的语句。后文"云中生石笋,火里出青莲"即是禅门奇特句,是破除一切妄执分别之心的禅语,是"第一句"、"威音王已前一句"。再如:

若要会去,直须向威音那畔、空劫已前轻轻觑著,提起便行,捺著便转,劫向万仞峰前进一步。可以笼罩古今,坐断天下人舌头。如今还有恁么者么?
(《续传灯录》卷三十,廓庵师远禅师)

"威音那畔"同"威音王已前",指悟道境界。"空劫已前"与"威音那畔"同义连用。"空劫"也是一个源于佛典的词语,乃佛家四劫之一。佛家将一世界之生灭分为成、住、坏、空四劫,空劫之时世界坏灭、一片虚无。禅林以"空劫已前"指无限久远之前,喻指超越时空的禅悟之境。禅录中"威音"与"空劫"有着类似的引申路径,常常并提连用。例如:

而今默照邪师辈,只以无言无说为极则,唤作威音那畔事,亦唤作空劫已前事。(《大慧普觉禅师住径山能仁禅院语录》卷四)

"威音那畔事"、"空劫已前事"也就是禅家本分大事,是明心见性、超脱生死轮回之大事。又如:

威音那畔一著子,往古宿衲忘躯命,力行之。务要拈花面壁之风不坠,以图报佛祖深恩。(《虚堂和尚语录》卷四)

更须回途就父,向稳处著脚,净处放身。独孤标,亡伴侣,透威音那畔一路子。方能尽中边,彻顶底,杀活卷舒,有自由分。(《宏智禅师广录》卷六)

前例"威音那畔一著子"也就是禅悟者"力行"之机用实践。后例"威音那畔一路子"则是指获得禅悟之路径。

6. 盲龟值浮木孔,浮木值盲龟,接盲龟

有时佛经词语的禅化是伴随着形式变化的。据《杂阿含经》卷一五：

> 尔时世尊告诸比丘："譬如大地悉成大海，有一盲龟寿无量劫，百年一出其头。海中有浮木，止有一孔，漂流海浪，随风东西。盲龟百年一出其头，当得遇此孔不？"阿难白佛："不能，世尊。所以者何？此盲龟若至海东，浮木随风，或至海西。南、北四维围绕亦尔。不必相得。"佛告阿难："盲龟浮木，虽复差违，或复相得。愚痴凡夫漂流五趣，暂复人身，甚难于彼。"

"盲龟浮木"是佛经中常用的譬喻，以盲龟遇浮木之难，比喻得人身、闻佛法之不易。禅录中也常常引用这一典故，比喻机会难得：

> 问："盲龟值浮木孔时如何？"师云："不是偶然事。"(《古尊宿语录》卷一四《赵州真际禅师语录之余》)

> 善男子，汝须知，遭逢难得似今时。既遇出家披缕褐，犹如浮木值盲龟。大丈夫，须猛利，紧束身心莫容易。倘能行愿力相扶，决定龙华亲授记。(《缁门警训》卷二《大唐慈恩法师出家箴》)

又，"接盲龟"成为禅师努力接引未悟学人的比喻说法：

> 众生在业海之中，头出头没，不明自己，无有出期。俱胝老垂慈接物，于生死海中，用一指头接人。似下浮木接盲龟相似，令诸众生得到彼岸。(《佛果圆悟禅师碧岩录》卷二，第一九则)

7. 拂子

"拂子"作为一种掸尘、驱赶蚊虫的器具，在印度使用广泛。于佛教戒律中也允许比丘使用拂子，以拂除蚊虫。其中，白拂乃拂子中的贵重之物，佛教经典中常常有菩萨或长者手持白拂的记录(参《佛光大辞典》"拂子"条)。较之传统佛教而言，禅家所使用的"拂子"更有其特殊的意义。禅林中，禅师住持寺院、为众说法常手持拂子，或者其他人代替住持说法，亦手持拂子。也就是说，"拂子"成为住持寺院的资格的象征，也是某种权力的象征。因此，禅录中一些与"拂子"相关的词语往往别有所指：

> 如是应酬数反。木庵云："吾兄(指松源)下语，老僧不能过，其如未在。他日拂柄在手，为人不得，验人不得。"(《松源崇岳禅师语录》卷下。未在：未契合禅法。)

> 晚抵天台万年山寺，始偿其志，编次类列，分为五宗，名之曰《人天眼目》。……若其执拂柄据师位者，外是则无以辩验邪正也。有识博闻者，必垂印可。(《人天眼目》自序)

"拂柄在手"、"执拂柄"也就是住持寺院、为僧众说法。第二例"执拂柄"、"据师位"，表达的是相同的含义。

　　吉州青原齐禅师，福州陈氏子。二十八辞父兄，从云盖智禅师出家，执事首座。座一日秉拂罢，师问曰……（《续传灯录》卷一七，青原齐禅师）

　　师憩湘西。会佛果禅师住道林，命典藏，为众秉拂。（《嘉泰普灯录》卷一七，月庵善果禅师）

　　踰年，复还祖（指五祖法演）山。众请秉拂，却说心说性。（《五家正宗赞》卷二，真净文禅师）

"秉拂"之僧人也是为众上堂说法，但与"执拂柄"的住持僧身份不同。前二例"秉拂"者分别为首座、典藏，是禅院中较有地位的僧人。第三例中真净克文禅师归于五祖会下，而能秉拂说法，是因为其精于禅法受到众人的认可。也就是说，"秉拂"是禅院中首座等地位较高的僧人或者是其他造诣较高的僧人代替住持僧上堂说法的行为。《佛光大辞典》"秉拂"条载："凡前堂首座、后堂首座、东藏主、西藏主、书记等，皆具秉拂之资格，并称为秉拂五头首。又秉拂者之侍者，称为秉拂侍者。"可为佐证与补充。

　　室中单提祖印，牢把铁关。虽英衲鳞集，率皆望崖而退。绝未见其滥有许可，付拂传衣，以图门庭热闹。（《永觉元贤禅师广录》卷一《禅余内集序》）

　　曾见付拂之辈，有颠狂而死者，有罢道还俗者，有啸聚山林劫掠为事者。他如纵恣险恶，为世俗所不齿者，在在有之。灭如来种族，必此辈也，呜呼危哉！（又，卷三十）

第一例中"付拂"、"传衣"连用。中国之禅宗从初祖达摩至于六祖慧能，均是单传心印，在传授禅法的同时传付法衣，以之为法信。这就是"传衣"，是传授禅法的象征。拂子是权力的象征物，"付拂"也就如同"传衣"，交付拂子也就是禅师传法于弟子，从此弟子可以开堂说法。

第四节　禅录内部词语演变

　　语言系统、词汇系统总是处于运动发展的过程中。在长期的语言实践中，在不断创新的"禅"的精神推动之下，禅录词语系统必然不断更替、发展。我们要全面、客观地把握禅录词语的全貌，就要观照禅录内部词语的历史变化问题，从历时的角度进行更为深入的探索。这一方面是语言系统向前推进的结果，另外一方面也是禅宗不断改革创新的思想在词汇层面上的反映。

相传释迦牟尼佛在灵山大会上拈花示众,唯迦叶尊者默然相契,破颜微笑。于是释迦牟尼将"正法眼藏"(即禅法)传付给摩诃迦叶。"释迦拈花,迦叶微笑",禅僧们精心编制了这样一个极富禅味的传说,将禅宗的源头推溯至如来佛。如来所习之禅法,称"如来禅",是《楞伽经》中所说四种禅之一。唐代宗密《禅源诸诠集都序》卷一称其为"最上乘禅":

> 若顿悟自心本来清净,元无烦恼,无漏智性本自具足,此心即佛,毕竟无异。依此而修者,是最上乘禅,亦名如来清净禅……达摩门下展转相传者是此禅也。

"如来清净禅"即"如来禅"。永嘉玄觉禅师(665—713)在他的《证道歌》中写到:

> 顿觉了,如来禅,六度万行体中圆。(《景德传灯录》卷三十。六度万行:一切修行解脱法门。)

这是对"如来禅"的称颂之语。又如:

> 瑝(即潭州瑝禅师)问:"汝从能大师(指六祖慧能)处来,大师以何法教汝?"荣(指大荣禅师)答曰:"大师教荣不定,不乱,不坐,不禅,是如来禅。"瑝于言下便悟。(《曹溪大师别传》)

潭州瑝于如来禅下大悟,可见如来清净之禅法是被肯定推崇的。但是到了晚唐,"如来禅"被禅门否定,大家转而推崇"祖师禅"。据《祖堂集》卷一九,香严和尚章:

> 仰山便去香严处,贺喜一切后,便问……香严便造偈对曰:
> 去年未是贫,今年始是贫。
> 去年无卓锥之地,今年锥亦无。
> 仰山云:"师兄在知有如来禅,且不知有祖师禅。"

"祖师禅"与"如来禅"对称,指祖师相传,不立文字,教外别传,以心印心,见性成佛之微妙禅法。而出自《楞伽经》之"如来禅",只是佛教经典中所述之禅,并非至极微妙的真正禅法。"如来禅"的含义由褒而贬,反映的正是禅宗不断革新的精神。从中唐到晚唐,五家创立,各具门风特色,传承自成系统。禅宗思想不断推陈更新,显然"祖师禅"更符合新的形势变化与禅法发展。

一、词义变化

词义变化的原因与方法有多种。首先是词义引申。据于谷(1995),唐宋时期常用的口语词"特地",本是"特意,专门为某件事(而有所作为)"的意思,例如:

> 为忆去年梅,凌寒特地来。(《全唐诗》卷二七四,戴叔伦,《题黄司直

园》）

天地那里说我特地要生个圣贤出来！也只是气数到那里,恰相凑着,所以生出圣贤。及至生出,则若天之有意焉耳。(《朱子语类》卷四)

山中住万叠,千重谁伴侣? 纵使知音特地来,云深必定无寻处。(《法演禅师语录》卷下《山中四威仪》)

法演的偈颂传达的是禅家对于"特地"的独特理解,悟禅之道不须刻意做作,应以随性自然的心态去体悟。北宋圆照宗本禅师圆寂之时有这样的故事:

元符二年十二月甲子,(圆照宗本)将入灭,沐浴而卧。门弟子环拥请曰:"和尚道遍天下,今日不可无偈。幸强起安座。"本熟视曰:"痴子! 我寻常尚懒作偈,今日特地图个什么? 寻常要卧便卧,不可今日特地坐也。"(《禅林僧宝传》卷一四,圆照本禅师)

宗本此语是对"特地"求禅的明确斥责。禅家主张"饥来吃饭,困来即眠"的平常心,"特地"反而不能悟禅。因此,禅录中"特地"常常用作"反而"的意思,表示转折语气:

黑豆未生前,商量已成颟。更寻言语会,特地隔西天。(《云门匡真禅师广录》卷下《颂云门三句语·辨亲疏》)

格外无踪迹,风前强指南。头头无向背,一一绝廉纤。拈华特地生风草,令人长笑老瞿昙。(《圆悟佛果禅师语录》卷五)

用作转折的"特地"在同时期的其他文献中也有用例(参江蓝生、曹广顺《唐五代语言词典》"特地"条)。例如:

比来怕业慊(嫌)怨债,特地如今却煞生。(《敦煌变文集新书》卷二《双恩记第七》)

因知好句胜金玉,心极神劳特地无。(《全唐诗》卷八三六,贯休,《苦吟》)

从另外一个角度来看,"特地"是执著之心的表现,不能悟禅的同时,离开真正的悟禅之道也更加遥远。如此,禅录中"特地"又有"更加"的意思,表示程度深,例如:

直下犹难会,寻言转更赊。拟论佛与祖,特地隔天涯。(《祖堂集》卷十,鼓山和尚。赊:远。)

师室中常以拂子示众曰:"唤作拂子,依前不是。不唤作拂子,特地不识。汝唤作什么?"(《续传灯录》卷二一,静照宗什庵主)

首例鼓山的偈颂,谓当下尚且难以领会,寻言逐句就更远离悟道正途。若是继续执著"论佛与祖",则更加与禅法相距遥远。如此,一切刻意的作为都是徒劳虚妄的。因此,"特地"又有"刻意做作,徒劳枉为,多余累赘"的意义,例如:

> 学道之士,初无信向……遂作窠臼。向机境上,立照立用,下咄下拍,努眼扬眉,一场特地。更遇本色宗匠,尽与拈却如许知解,直下契证,本来无为无事无心境界。然后证羞惭,知休歇,一向冥然。(《圆悟佛果禅师语录》卷一四)

> 不须更问古佛心,不须更问西来意。洞山父子不喞嚠,临济儿孙成特地。(《永觉元贤禅师广录》卷二。不喞嚠:不中用。)

"特地"作为常用的口语词,在禅录中产生了丰富的意义变化,并且我们可以看到,此种词义演变与禅宗宗旨有着密切的联系。这也是禅宗文献中词义发展的一个普遍特点。

与"特地"相反,禅录中"是即(则)是"的固定语,在长期的使用过程中,却渐渐地由行业用语虚化为一般的关联词。

据袁宾(2001),唐宋禅录中多见前分句结构为"A 即(则)A"的转折复句,这里的 A 多是单音节的动词或形容词,并且后 A 的前后,常常可以加入表修饰、说明或补足的词语,略举例如:

> 得则得,脑后少一锥。(《虚堂和尚语录》卷四)

> 得即得,情理难容。(《万松老人评唱天童觉和尚颂古从容庵录》二,第一七则《法眼毫厘》)

> 打即任打,道即不道。(《法演禅师语录》卷一)

可以看到,前分句"A 即(则)A"含有让步性的肯定或推测语气,引导出后分句的转折性语义。

"是即(则)是"是"A 即(则)A"式转折复句中,使用最为频繁的形式,并成为禅录中的固定语:

> 问:"如何是西来意?"师云:"如何是不西来意?"又云:"是即是,莫错会!"(《祖堂集》卷十,安国和尚)

> 上堂云:"古人道:无边刹境,自他不隔于毫端;十世古今,始终不离于当念。"师云:"是即是,只是太旧。"(《法演禅师语录》卷下)

> 举,僧问长庆:"如何是合圣之言?"长庆云:"山僧被阇梨一问,直得口似匾檐。"师拈云:"是则是,应机无差,争奈大惊小怪。"(《圆悟佛果禅师语录》卷一七)

> 上堂:"壁立千仞,三世诸佛,措足无门。是则是,太杀不近人情。放一线

道,十方刹海,放光动地。是则是,争奈和泥合水。"(《续传灯录》卷三二,开善道谦禅师)

这里的"是即(则)是"除了表示句法上的转折功能,还有着一些实在的意义。"是"作"肯定,正确"解,"是即(则)是"表示对于禅机、禅法让步性的肯定,即"虽说是契合禅法"。"是即(则)是"渐渐成为禅师机锋应对、交流禅法的惯常用语。

但是,在宋代的一些禅籍中,固定语"是即(则)是"有逐渐虚化的趋势。例如刊行于北宋孝宗乾道二年(1166)的《应庵昙华禅师语录》中有这样的句子:

衲僧家到得个田地后,是则是快活无忧,若不就本色宗匠钳锤,便打入拨无因果队里去,辛牵挽不回。(《应庵昙华禅师语录》卷九《示一化士》)

这里的"是则是"既不能以整体的形式充当转折复句的前分句,也不再保留原来的词汇意义,它已经变成纯粹的关联词了。袁宾(2001)指出,此种虚化的"是即(则)是"在北宋初期以前成书的《祖堂集》、《景德传灯录》等禅录中未见用例,而在南宋禅师智愚(1185—1269)的《虚堂和尚语录》中,此固定语已经清楚地分化为两种用法,且虚化后的第二种用法已经超过了第一种用法。

具有禅宗行业色彩的"是即(则)是"格式,在长期反复的使用中,虚化成为表示一般语法意义的关联词,这是禅录中词语意义演变的另外一种重要形式。"是即(则)是"虚化以后得到了更为广泛的使用,在俗家作品中颇为多见。《汉语大词典》就引用了包括辛弃疾词、《西厢记诸宫调》、《水浒传》在内共四个例句,其中辛弃疾词例为:

东篱多种菊,待学渊明,酒兴诗情不相似。十里涨春波,一棹归来,只做个、五湖范蠡。是则是、一般弄扁舟,争知道,他家有个西子。(《洞仙歌·开南溪初成赋》)

其他例如:

渐渐东风暖,杏梢梅萼红深浅。正好花前携素手,却云飞雨散。是即是、从来好事多磨难。就中我与你才相见,便世间烦恼,受了千千万万。(《全宋词》,晁元礼,《安公子》)

(萧)翼依期而往,出其书以示辨才。辨才熟详之曰:"是即是矣,然未佳善也。贫道有一真迹,颇是殊常。"(宋·李昉《太平广记》卷二零八,购兰亭序)

是则是有此理,如何便到这田地!(《朱子语类》卷三三)

可以看到,这些文献中的"是即(则)是"已经完全虚化,在复句中充当关联的成分。此固定语的虚化过程,是禅录行业语语法化,并向俗家文献扩散的典型例子。

其次,词义的渗透、感染也是词义演变的重要途径,它们是在两个或两个以上词语之间发生的意义的流转变化,但这种变化并不与词的本义发生直接的、事理上的联系。最为直接的词义感染方式,是两个经常连用的词语,其中一个词语受另一个的感染,直接产生另外一个词语的意义。例如禅录中的"良久",常常用来表示"沉默不语"的意义:

> 举,文殊菩萨问维摩居士云:"我等各自说已,云何是仁者所说不二法门?"师云:"这一转语,丛林话会不少。有道默然,有道良久,有道据坐,有道不对。要且摸索不著。"(《圆悟佛果禅师语录》卷一六。一转语:一句机语、一则机语。)

禅师所举即"毗耶杜词"的典故,典出《维摩诘所说经》卷中,文殊在毗耶离城向维摩诘问不二之法门,维摩诘沉默不语,文殊赞曰"善哉!"以禅法玄妙无法用言语传达。这里的"默然"、"良久"、"不对"是沉默不语的不同说法而已,"据坐"也是沉默的一种表现形式。又如:

> 外道问佛:"不问有言,不问无言。"佛乃良久。外道作礼赞曰:"善哉! 善哉! 世尊有如是大慈大悲,开我迷云,令我得入。"(《祖堂集》卷一,释迦牟尼佛)

> 问:"但有施为,尽是傍通鬼眼。如何是正眼?"师良久。(又,卷七,雪峰和尚)

释迦、雪峰沉默不语,未以言句说破,正体现了禅宗不涉言诠、以心传心的宗旨。有时禅师上堂说法,也直接以沉默的方式示机:

> 师上堂,良久,百丈收却面前席,师便下堂。(又,卷一四,马祖和尚)

> 上堂,良久。有僧出礼拜。师云:"太迟生!"僧应喏。师云:"这漆桶!"(《云门匡真禅师广录》卷上)

"良久"表沉默不语,是它在禅录中独有的行业意义。"良久"本指"很久",为什么会产生沉默不语的词义呢? 据袁宾(1990),"良久"常与"默然"、"沉吟"、"不语"、"思惟"等词语连文:

> (孙)权默然良久曰:"君言是也。"(《三国志》卷四五,蜀书一五,邓芝)

> (李)远恐有变,沉吟良久,乃曰:"大丈夫宁为忠鬼,安能作叛臣乎!"(《北史》卷五九,列传第四七,李贤)

> 王遣所司,问其根绪。六师哽噎声嘶,良久沉吟不语。(《敦煌变文集新书》卷三《降魔变文一卷》)

于是远公出庵而望,忽见一寺造成,叹念非常,思惟良久,远公曰:"非我之所能,是他《大涅槃经》之威力。"(同上,卷六《庐山远公话》)

禅录中,这样的用法也是极为常见,略举例如下:

众人良久思惟,不见行者(指慧能)数日,恐是将法去也。(《祖堂集》卷二,第三十二祖弘忍和尚)

北院(指北院通)辞师,拟入岭去。师曰:"善为!飞猿岭峻,好看!"院沉吟良久。师曰:"通阇黎。"院应诺。师曰:"何不入岭去?"因此省悟。(《筠州洞山悟本禅师语录》)

初礼岩头,致问曰:"如何是本常理?"岩头曰:"动也。"曰:"动时如何?"岩头曰:"不是本常理。"师沉思良久。岩头曰:"肯即未脱根尘,不肯即永沉生死。"师遂领悟,身心皎如。(《景德传灯录》卷一七,瑞岩师彦禅师)

记得三十年前在宝善参闻谷大师。大师问予(即永觉元贤):"如何是本法?"予当时默然良久。大师曰:"情知在鬼窟里作活计。"(《永觉元贤禅师广录》卷三。宝善:闻谷大师道场。)

显然,"默然"、"沉吟"、"沉思"、"不语"、"思惟"等都有着沉默、不说话的共同特征,它们形成了聚合关系。"良久"与此聚合中的词语长期连用,久而久之,也就感染了它们的"沉默不语"义。这是由于连用而产生的词义转移。

第三,词语的缩略简省也是词义变化的重要原因。唐宋时期的禅宗语录里,"且"字常常用作疑问副词,表示追问语气,相当于"究竟、到底",例如:

师云:"或有人借问汝,汝且作摩生向他道?"僧云:"今日多好雨。"(《祖堂集》卷一三,报慈和尚)

从上来且是个什么事?如今抑不得已,且向诸人道。(《禅林僧宝传》卷二,云门弘明禅师)

自是汝诸人信根浅薄,恶业浓厚,突然起得如许多头角。担钵囊千乡万里受屈作么?且汝诸人有什么不足处?(《云门匡真禅师广录》卷上)

诸仁者,且诸佛是,祖师是?(《五灯会元》卷二十,径山宝印禅师)

这个"且"既可以用于特指问句(上举前三例),也可以用于选择问句(第四例)。有时还能与疑问副词等连用,表示追问语气,例如:

师入院,上堂,示众云:"夫第一义谛,非智辩所诠,心机所测。教外别传,不立文字。既到这里,复且如何?"(《古尊宿语录》卷二六《舒州法华山举和尚语要》)

"复且"即"究竟,到底"。

　　　　且只如截断两头一句作么生道？（《圆悟佛果禅师语录》卷四）

　　　　且如差别是过不是过？若是过，一切贤圣尽有过。若不是过，决定唤什么作差别？（《景德传灯录》卷二三，明招德谦禅师）

　　第一例"且"与"只如"连用，表追究语气。禅录中，"只如"多置于疑问句句首，有指示疑问的主题或前提的作用。第二例的"且如"相当于"且只如"，是简略形式。

　　　　如智者大师，说止破止，说观破观。住止没生死，住观心神乱。且为当将心止心，为复起心观观？（《景德传灯录》卷二八，大珠慧海禅师）

　　"且"用于选择问句。"为当……为复……"是唐宋时代常见的选择问句格式（参江蓝生、曹广顺《唐五代语言词典》"为当"、"为复"条）。

　　可见，"且"是一个较为活跃的疑问副词。那么，它是如何产生的呢？据袁宾等（1998），"且"是"且道"、"且问"的简省形式。

　　"且道"、"且问"在唐宋时代的口语文献中常见，多用来引出疑问句，例如：

　　　　经云："若以二十二相观如来者，转轮圣王即是如来。"又云："若以色见我"，乃至"不能见如来"。经且置，待小时徵大德，且道那个是如来？（《祖堂集》卷一四，大珠和尚）

　　　　欲知此事，如人家养三儿。以一著州中，一著村中，一著县中。其一用家中财物，其一用外处钱物，有一人不得家中钱物用，亦不得外处钱物用。且道那一个合在州中？那一个合在县中？那一个合在村中？（《禅林僧宝传》卷二十，华严隆禅师）

　　　　上堂云："虚空为鼓，须弥为槌。打者甚多，听者极少。且问谁是解打者？"（《明觉禅师语录》卷二）

　　　　且问诸人，把定即是？放行即是？（《续传灯录》卷第八，开元智孜禅师）

　　这一组含有"且道"、"且问"的疑问句，与含"且"字的疑问句相比照，"且道"、"且问"与"且"可以互换，并不影响句义与语法意义，它们所传达的语气也相同。"且道"、"且问"可以引出特指问句（上举一、三例），也可以引出选择问句（上举二、四例）。也就是说，在语法作用、句法形式等各方面"且道"、"且问"与"且"表现出一致性，下面这个例子可以更好地说明这个问题：

　　　　师上堂云："达摩道：吾本来此土，传教救迷情。诸人且道是什摩教，莫是贝多之教摩？……既不是此教，且是什摩教？"（《祖堂集》卷十，安国和尚）

　　前面用"且道是什摩教"，后面用"且是什摩教"，简省缩略显而易见。禅宗语录中多是僧人之间的机语问答，在迅疾敏捷、稍纵即逝的禅机往来中，在大量急速的辩论质询中,常用词语的简省是自然的现象,完全符合使用者的心理特征。"且道"、"且问"简省为"且",在开始可能是临时的。但使用得多了,也就逐渐固化并为人们所接受,"且"也就渐渐获得"究竟、到底"的意义,成为疑问副词。

二、词形变化

词语的意义没有改变,或基本没有改变,但外形却有所变化,这是词语演变的另一种情况。禅宗语录的高度口语化,决定了禅录词语的词形变化也是极为丰富的。

"牢笼、捞笼、劳笼、罗笼"是禅录中常见的动词,有时是控制之义,如:

道人行处,如火销冰。箭既离弦,无反回势。所以牢笼不肯住,呼唤不回头。古圣不安排,至今无处所。(《禅林僧宝传》卷四,玄沙备禅师)

捞笼不肯住,呼唤不回头。(《宏智禅师广录》卷一)

劳笼不肯住,呼唤不回头。(同上,卷五)

罗笼不肯住,呼唤不回头。(《圆悟佛果禅师语录》卷五)

"牢笼不肯住"是唐代玄沙师备禅师的著名言句,大意谓悟道者大机大用,自由无碍,绝不偏执一端,在机锋较量中是不受控制的(住:停止)。后世禅林经常拈提这个句子。同一个句子,"牢笼"亦写作"捞笼、劳笼、罗笼",可见在众多禅僧看来,这些是同一个词儿,只是写法不同而已。

禅家的机锋较量常是为了启发、接引后学,所以这个动词有时含有"接引(后学)、救拔(众生)"之义,例如:

予每见黄龙先师,应世利生,已四十年。语默之间,动静之际,竟不曾将颜色取悦人,以礼貌牵合人,亦不曾以文字才学牢笼人。众中果有见地稳密,履践真实者,则委曲以成襦之。襦,成就也。其谨慎尊重处,真得古人体格。诸方似难得与之伦类而比拟之也。(《禅林宝训笔说》卷一。按,《禅林宝训笔说》共三卷,作者智详,《禅林宝训》之注释书也。)

飈是金仙,久默斯要。于不二境,作大佛事。入寂此土,经纶三界。道洽大千,化均百亿。言满法界,捞笼群生。(《续传灯录》卷二十,佛海有瑞禅师)

因为是口语中的常用词,有时难免依音记字,同音替代,以"龙"代"笼",例如:

三十三州七十僧,驴腮马额得人憎。诸方若具罗龙手,今日无因到净明。(《雪岩祖钦禅师语录》卷二)

例中"罗龙"即"罗笼"。"罗龙手"意为禅师在机锋较量中控制、制驭对方或

启发引导学人的手段。笼字谐音为龙,龙又联系到凤,如此产生出"罗龙打凤"、"捞龙打凤"等一批新的词语,例如:

百丈野狐、女子出定之类,唤作宗门关键、罗龙打凤底钳锤。(《列祖提纲录》卷三二)

仙岩仲谋和尚遗书至,上堂:"杜城山顶打凤罗龙,黄池水边张虾钓鳖。逗到衣锦还乡,一味斩钉截铁。如今傀儡线索断,五色祥麟步天岸。有伴何妨却再来,了却先师旧公案。且先师公案作么生了?"卓拄杖,喝一喝。(同上,卷三一)

问石门皋云:"近离甚么处?"云:"石门。"师云:"我闻石门路险,水泄不通。因甚到这里?"云:"十里双牌,五里单堠。"师云:"途中事作么生?"云:"到处行松色,时时听水声。"师云:"来时水牯牛在甚么处?"云:"自有人看。"师云:"鼻索为甚么在法昌手里?"皋云:"这老汉瞒却多少人。"随后打一坐具。师云:"三十年捞龙打凤,今日被鼠咬。"(《禅林类聚》卷三,法昌遇禅师)

虽则亘古亘今,亦能随时逐节。有时作出海金龙,兴云布雨。有时作漫天丝网,打凤捞龙。有时作金刚宝剑,斩妖戮魔。有时作探竿影草,勘赃验贼。(《永觉元贤禅师广录》卷三)

师之始入院也,盖曰:"自国一、大慧以来,诸大尊宿罗龙网凤于兹焉。"(《昙芳守忠禅师语录》卷一)

为祥为瑞,今正是时。号令既行,云何话会?捞龙趁凤男儿事,浅种深耕效仰山。(《开福道宁禅师语录》卷一)

禅录中新生的这些四字语,它们的语义仍然多指禅师在机锋较量中控制、制驭对方或引导启悟学人。

值得注意的是,"打凤捞龙"等四字语进入了元明时期的口语作品中,并且常见使用,例如:

孟门关外拥黑貅,打凤捞龙意不休。但得他来府门下,那时谁敢不低头?(明·汤显祖《紫钗记》第三二出)

要指望合欢共笼,月枕双欹,云衾并拥。铺谋下打凤捞龙。只除天与人方便,再得相逢。(《全元散曲》,朱庭玉,【南吕】一枝花,思忆【还京乐】)

安排下打凤牢龙,准备着天罗地网;也不是待客筵席,则是个杀人、杀人的战场。(《元曲选外编》,元·关汉卿,《关大王单刀会》第三折)

(周瑜领卒子上,云)安排打凤牢龙计,准备兴邦立国机。某乃周瑜是也。我遣鲁肃持书一封,直至赤壁连城,请刘玄德赴会,此人欣然而来。某今日在此黄鹤楼上,安排筵宴,等待刘玄德,他此一来中我之计。英雄甲士,暗藏在壁衣之后。令人楼下觑者,若刘玄德来时,报复我知道。(《元曲选外编》,无名氏,《刘玄德醉走黄鹤楼》第三折)

由于语言环境的大不相同,这些戏曲小说作品用例的意义也有所变化。原本的宗教意义没有了,多谓设计控制对方、使对方落入圈套。如第一例说的是镇守孟门的卢太尉设计拉拢、控制富有才华的李君虞,"打凤捞龙"有招致、控制之义。语义继承的脉络仍清晰可见。并且还出现了若干变化形式,如:

有一等妬女每相随,并不说家克计,则打听些闲是非;说一会不明白打凤的机关,使了些调虚嚣捞龙的见识。(《元曲选》,元·关汉卿,《窦娥冤》第二折)

【黄钟尾】到明朝安排下鸿门摆设重瞳宴,准备着打凤机关吕后筵。用心肠,使机见。这权术,要巧便。奏笙歌,列管弦。花如锦,酒似川。我更谦下,做软善。董太师,酒性颠。见红颜,决顾恋。那其间我把这美貌貂蝉伪托献。暗暗的对天说咒愿。(带云)你道我愿甚的来?(唱)则愿的早灭了贼臣,将俺那圣明来显。(《元曲选》,无名氏,《锦云堂暗定连环计》第二折)

【滚绣球】炉焚着宝篆香,酒斟着玉液浆,奏笙歌乐声嘹亮,今日个画堂中别是风光。虽然是锦绣乡,暗藏着战斗场,则争无虎贲郎将,玳筵前拥出红妆。我只待窝弓药箭擒狼虎,布网张罗打凤凰,不比寻常。(又,第三折)

【后庭花】拿着这虚飘飘的纸一张,上写着黑真真字儿行。他则是仗剑施威计,埋伏打凤凰。这件事不寻常,那里有风波千丈,我言语不是谎。(刘末云)凭着俺三兄弟张飞英勇,可量他到的那里也?(《元曲选外编》,无名氏,《刘玄德醉走黄鹤楼》第一折)

由"牢笼、捞笼、劳笼、罗笼"变作"捞龙打凤"、"打凤捞龙"等多种形式,又变作"打凤"、"打凤凰",这个词语的意义有了一定的变化,但更为有趣的是词形变化的过程。

三、附属义变化

在概念意义和词语形式之外,我们还应注意到词语的附属义。禅录中的词语,作为一个运动发展的整体,有时词语的形式、意义没有改变,但是附加的感情义、形象义等有所改变。

感情是人与客观事物发生关系时,所表现出来的态度。词语的附加感情色彩也是词义组成的重要方面(参符淮青1985)。有的词语原本是用作贬义的,但后来却演变而表示褒义。

"汉"用为男子的通称,始于汉朝,当时国力强盛,语含褒义。但随着国力的逐渐衰微,"汉"的词义也逐渐向贬义转化。例如:

> 今人谓贱丈夫曰汉子,盖始于五胡乱华时。北齐魏恺自散骑常侍迁青州长史,固辞之。宣帝大怒,曰:"何物汉子,与官不受!"此其证也。(宋·陆游《老学庵笔记》卷三)

禅录中的"汉"也有此类用法:

> 问:"澄澄绝点时如何?"师云:"我此间不著这个客作汉。"(《祖堂集》卷一八,赵州和尚)

"客作"本义为佣夫。"客作汉"含有不见自心是佛,盲目向外驰求之义,禅家常用作斥责之语。

> 接物应机,须通俊士。应时如风,应机如电。一点不来,犹同死汉。当锋一箭,谁肯承当?(同上,罗山和尚)

"死汉"多指接机迟钝者。

> 须是眼里有睛,皮下有血,眼若无睛,何异瞎汉? 皮下无血,何异死人?(《黄龙慧南禅师语录》)

"瞎汉"即瞎子。常用作对禅僧的詈称,谓其参学眼目不明。

> 举,僧问长庆:"羚羊未挂角时如何?"庆云:"草里汉。"(《明觉禅师语录》卷三)

"草"在禅录中多喻言句纠缠、情识妄解。"草里汉"用于斥责陷入俗情妄念的参禅者。

> 冬至,上堂,僧问:"化纽转枢,又是一阳生也。乾坤那畔,还有此个消息也无?"师云:"日月不到处,古今无尽时。"进云:"寒岩回暖信,华笑不萌枝。"师云:"犹是门外汉。"进云:"作么生是门里底人?"师云:"不得名邈。"僧礼拜。(《宏智禅师广录》卷四)

"门外汉"即未悟禅法者。我们现在所说的"门外汉"即源于禅录。

> 师有时云:"满眼觑不见眼根昧,满耳听不闻耳根背。二途不晓,只是瞌睡汉。"(《祖堂集》卷一二,中塔和尚)

> 三世诸佛不能唱,十二分教载不起。如今嚼涕唾汉争得会? (同上,卷七,雪峰和尚)

> 上堂云:"……入得汾阳门,得见汾阳人。若见汾阳人者,堪与祖佛为师。不见汾阳人,尽是立地死汉。如今还有人入得门么?"(《汾阳无德禅师语录》卷上)

"瞌睡汉"、"嚼涕唾汉"、"立地死汉"均是对痴迷不悟者的斥骂之语。其他如"虚头汉"、"噇酒糟汉"、"三家村里汉"、"俗汉"、"堕根汉"、"披枷带锁汉"等等，都是用作贬义，含有斥责的意味。

但从禅宗语录的实际用例来看，"汉"的使用范围渐渐扩大，修辞意义也有所变化，可以用于调侃，甚至是称赞的场合，例如：

师云："德山老汉只凭目前一个白棒，曰：'佛来也打，祖来也打。'虽然如此，交些子。"（《祖堂集》卷七，岩头和尚。交些子：马马虎虎，过得去。）

岩头于德山会下契法，此语实是对德山的肯定，"老汉"有调侃的意味。

须是那汉始得。运筹帷幄之中，不妨坐断天下人舌头。（《佛果圆悟禅师碧岩录》卷一，第四则）

"坐断天下人舌头"是截断一切言语、意路的本色机用，是禅门所谓行家手段。"那汉"指悟道且具大机大用之人，是肯定赞扬的说法。其他例如：

上堂云："大众，芝麻压得油，粳米炊得饭，还我丛林饱参汉。衲僧履道贵平怀，何必临机争转换？活计自然，家风成现。顺水便风，归舟到岸。寒山拾得笑呵呵，此心分付知音辨。"（《宏智禅师广录》卷一）

耕云种月自由人，田地分明契券真。黄独将看炊作饭，白牛今已牧来纯。钁头活计时时用，物外家风处处亲。禾黍十分秋可望，饱丛林汉著精神。（同上，卷八《心知庄求颂》）

"饱参汉"、"饱丛林汉"均指广参名师，深谙道法的禅师，谓其广泛参究，有所造诣。

性燥汉，真实识得者，决定无本据。者边也无本据，那边也无本据。不分晓汉，于一切言说，又添一重去也。（同上，卷五）

示众，拈拄杖，卓一下云："性懆汉，只消一锤。"（《联灯会要》卷一八，乾元宗颖禅师）

"性燥"、"性懆"，同词异写，意为爽利俊快。"性燥汉"、"性懆汉"多指能迅疾无碍领会禅义的灵利之人。

若是本色汉，提祖师印，转铁牛机，把拄杖一时穿却，方见衲僧手段。（《宏智禅师广录》卷三）

"本色汉"即真正本色当行的禅僧。

到这里，须是个真实汉，聊闻举著，彻骨彻髓见得透，且不落情思意想。（《佛果圆悟禅师碧岩录》卷一，第五则）

"真实汉"指的是断除虚妄情识，彻悟道法之人。

若是谛当汉,通身无隔碍。举措绝毫厘,把手出红尘。(《续传灯录》卷二五,法轮彦孜禅师)

德山拟拈挂杖要打,临济便掀倒禅床。尔看他了事汉,等闲蓦路相逢,自然各各有出身之路。(《大慧普觉禅师住径山能仁禅院语录》卷四)

"谛当"即"确当,恰当"。"了事汉"、"谛当汉"均是了悟禅法之人。

其他如"倜傥汉"、"知方汉"、"特达汉"等均指灵利、明达之悟道者,是褒义称赞的用法。甚至谓真正、本色的参禅者"是个汉":

当时若是个汉,等他道礼拜著,便与掀倒禅床。岂见有许多葛藤?(《佛果圆悟禅师碧岩录》卷九,第八八则)

感情义变化的另一种形式,是由表肯定转而表示否定。例如"玄解",本指"解悟玄妙道法":

文殊问佛,佛默然。众见佛默答,咸谓文殊玄解。所以迦叶复问文殊,文殊又默,众谓迦叶已解。如是传传,乃至五百。(《大般涅槃经疏》卷二十)

何处求玄解?人间有洞天。勤行皆是道,谪下尚为仙。(《全唐诗》卷七五五,徐铉,《步虚词》五首)

禅录中指领悟玄妙之禅法,例如:

不为六尘所梁,句句独契无生。正觉一念玄解,三世坦然皆平。(《景德传灯录》卷二九,志公和尚《十四科颂·境照不二》)

萨婆罗心知师玄解潜达,以手指空云……(《联灯会要》卷二,二十八祖菩提达磨)

然若执著于"玄解"无法解脱,那么"玄解"也就成为了悟道的障碍。例如:

智炬到参问云:"古人提持那边人。学人如何体悉?"师曰:"退步就己,万不失一。"炬于言下,顿忘玄解。(《抚州曹山元证禅师语录》)

只者直指底心,便是黄面老子四十九年横说竖说不著处,至精至妙,罕有达此正脉者。此心传授不得,唯自证自悟。到无迷悟处,只是平常著衣吃饭,更无许多玄解义路贯塞胸次。(《应庵昙华禅师语录》卷七)

一切众生有佛性,如何狗子独言无?赵州善用吹毛剑,衲子全抛待兔株。门外雪深人迹少,渡头风紧浪花粗。当阳若更求玄解,笑倒西天碧眼胡。(《楚石梵琦禅师语录》卷一八《示僧四首》。当阳:当面,当场。)

第一例"顿忘玄解"犹言"顿然领悟",是放下分别心、执著心之后的悟道体现。第二例"玄解义路",是与"平常著衣吃饭"的自然证悟相对而言的,是为禅家所反对的。

"玄解"附属义的变化,是基于禅宗教义的影响而产生的,是禅宗思想特质在词汇层面上的反映。"禅宗的创始人及历代著名禅师是怀着超越诸宗并且批评诸宗的意识创立和传播禅宗的。"(杨曾文《唐五代禅宗史·序言》)禅宗表现出极其明显的叛逆性,如禅林著名的"婆子烧庵"公案,事见《五灯会元》卷六,亡名道婆章:

> 昔有婆子供养一庵主,经二十年,常令一二八女子送饭给侍。一日,令女子抱定,曰:"正恁么时如何?"主曰:"枯木倚寒岩,三冬无暖气。"女子举似婆,婆曰:"我二十年只供养个俗汉!"遂遣出,烧却庵。

持戒修行本是传统佛教的基本教义之一。这位庵主面对如此巨大的考验,仍丝毫不为所动,可谓是严格遵守戒行,不想最后却落得如此下场。婆子超常出格的行为,显然是对传统佛教的极大讽刺,隐含着禅宗的革新精神。

禅宗创新改革的精神反映在词语上,很多传统佛教的名词概念在禅录中获得了新的附属义。例如:

> 是故禅者非内非外,非有非无,非实非虚。不见道,内见外见俱错,佛道魔道俱恶。(《黄龙慧南禅师语录》)

于禅者看来,"内外"、"有无"、"实虚"、"内见"、"外见"乃至"佛道"、"魔道"的区分对立,都是虚妄之见,佛教的传统被彻底颠覆。

又如,"染"、"净"是传统佛教中的一组重要概念。"染"为爱著、烦恼、污秽。"净"即解脱,远离烦恼,清净之义。"染"、"净"常常并提,如"染净衣"、"染净事"、"染净心"等。但禅家反对区别、妄执,认为如此刻意区分"染"、"净"是不符合禅旨的,例如:

> 若论诸人分上事,未入父母包胎已前,净裸裸地。及乎撞入父母包胎里,也净裸裸地。一旦跳出头来,也净裸裸地。千圣著眼不到,万灵瞻仰无门。日往月来,不觉不知。一念心才动,堕落染净二缘,便见有天堂地狱,九有四生,有禅道可参,有佛祖可敬,有异类可贱。如此是是非非,纷然于怀。(《密庵和尚语录》。诸人分上事:参禅悟道大事。)

> 凡夫于染净性中,计有能所,即堕生死。(《联灯会要》卷二,天台云居智禅师)

第二例"染净"、"能所"、"生死"是传统佛教的三组概念,内部都包含了两个相对的成分,在禅家看来都是区别心的反映,违背禅宗"直指人心"的宗旨。

不仅如此,禅宗内部也在不断地否定、革新。例如"冷湫湫"一语,常用来形容空寂清静的悟道境界。"湫"有清静义。例如:

田地稳密密处,活计冷湫湫时,便见劫空。无毫发许作缘累,无丝糁许作障翳。虚极而光,净圆而耀。(《宏智禅师广录》卷六。田地:指悟道境界。)

至节,上堂云:"二十五日已前,群阴消伏,泥龙闭户。二十五日已后,一阳来复,铁树开花。正当二十五日,尘中醉客,骑驴骑马。前街后街,递相庆贺。物外闲人衲帔蒙头,围炉打坐。风萧萧,雨萧萧,冷湫湫。谁管尔张先生、李道士、胡达磨!"(《续传灯录》卷三二,西禅懒庵禅师)

第二例"物外闲人"乃超脱尘俗的彻悟之人,"风萧萧,雨萧萧,冷湫湫"正是以空寂景象象征其悟道之境界。"冷湫湫"还可谓学人铲除情识妄念之时,仍待最终明见真性自心:

上堂云:"灵苗发种,觉树敷春,冷湫湫处却要温和,干爆爆时还须津润。若能如是,便乃能方能圆,能曲能直。"(《宏智禅师广录》卷一)

"冷湫湫"的此种用法主要出现在宏智正觉的语录中,它所反映的是以宏智为代表的"默照禅"的参习方法。"所谓默照禅是要求通过坐禅'休歇身心',抑制和停止对内外的追求和思维分辨活动,以体悟先天本有的清净空寂之性的一种禅法。"(杨曾文2006:507)默照禅由于坚持了悟道解脱必须破除迷妄和断除烦恼的思想,受到丛林和社会的广泛认可,得到迅速的传播与发展,流传范围极广。

但宋代提倡"看话禅"的大慧宗杲一派,却从未停止过对"默照禅"的批评。提倡"看话禅"是宗杲禅法的重要特色。"看话禅"也叫看话头、参话头,通过对古代禅师机缘语句的参究体悟禅法。"看话"与"默照"是两种截然不同的修习方式。在大慧宗杲的语录和书信中,常将默照禅称之为"邪禅":

近年丛林有一种邪禅,以闭目藏睛,嘴卢都地作妄想,谓之不思议事,亦谓之威音那畔、空劫已前事。才开口便唤作落今时,亦谓之根本上事,亦谓之净极光通达,以悟为落在第二头,以悟为枝叶边事。盖渠初发步时便错了,亦不知是错,以悟为建立,既自无悟门,亦不信有悟者。这般底谓之谤大般若,断佛慧命。(《大慧普觉禅师住径山能仁禅院语录》卷二九《答曹太尉》)

因此,反映默照禅法的"冷湫湫"在大慧的语录中也成了被批评的对象:

如今人多是得个身心寂灭,前后际断。休去歇去,一念万年去,似古庙里香炉去,冷湫湫地去,便为究竟。殊不知,却被此胜妙境界障蔽,自己正知见不能现前,神通光明不能发露。(《大慧普觉禅师住径山能仁禅院语录》卷四)

在大慧看来,"冷湫湫"是过于执著冷寂境界的表现。又如:

若只守一机一境,终日冷湫湫地打坐,等个悟来,便是丧达磨正宗魔子

也,宜善思之。(《密庵和尚语录》)

这也是对默照修行的批评。我们看到,"冷湫湫"的基本含义其实并没有改变,只不过不同的派别、不同的禅师对它有不同的看法,导致这个词语有了两种截然相反的附属意义。

第七章

禅录词语考释分类示例（上）

　　前辈尝谓禅录难读，这与禅录中含有一大批疑难词语是有关系的。因此，解释禅录中的疑难词语，应该是汉语史词汇研究的一项重要课题。全面系统地考释禅录疑难词语，将会牵涉到多方面的问题。既有汉语本身的语音、语法、修辞、方言等问题，也有禅宗的特殊教义、特殊的传教与表达方式等问题。禅宗文献语言具有深广的社会生活及历史文化背景，也会给词语训释带来许多难题，须要拓宽视野、综合考察，方能揭示禅录词语的准确意义。

　　本章拟以前贤时修大量的词语考释成果以及我们的研究实践与体会为基础，将与禅录词语考释有关的若干问题，分门别类，示以实例，旨在使此项具体工作条理化，系统化。这对于今后更加深入地研究禅录词语，对于把词语考释实践与训诂学、词汇学理论更加密切地结合起来，或许会有益处。

第一节　词语考释与语音有关

一、辨明读音

　　辨明文字的读音，是训诂工作的份内事。有些字该读何音，与词义密切相关，更应引起重视。

　　1. 獦獠

　　日僧无著道忠(1653—1744)较早对"獦獠"的意义作了探讨。在其著作《〈五家正宗赞〉助桀》中，无著道忠引证了中国古代大量的史籍及字书、韵书资料，认同"獦"为短喙犬，"獠"为西南夷。郭朋(1983)认为"獦獠"是"对携犬行猎为生的南方少数民族的侮称"。丁福保(1984)也解释说："獦音葛，兽名。獠音聊，称西南夷之谓也。"邓文宽(1996)认为"獦獠"是古代汉人对崇狗重狗的西南"獠"民的贬称。

潘重规《敦煌写本〈六祖坛经〉中的"獦獠"》（《中国文化》，1994年第9期）一文指出，"獦獠"一词惟见于写本《六祖坛经》，不见于诸史记载，而检寻一百余卷敦煌写本，"獦"字凡四见，皆当为"猎"之俗写，例如："迦夷国王入山射獦，挽弓射鹿。"（《佛说父母恩重经》）因此，敦煌六祖坛经写本中的"獦"字亦应当是"猎"字的俗写，"獦獠"即"猎獠"。张新民（1997）也持此意见，并从獠人长期存在猎取人头以祭祀神灵的文化习俗角度证明"獦獠"是"猎头獠人"。

芮逸夫（1948）认为"獠"的古读音是个复辅音，"獦獠"、"葛獠"、"仡佬"、"狤獠"等都同"獠"，"獦"、"葛"、"仡"、"狤"只是"獠"的前一音素的记音符号，没有意义。《六祖坛经》里的"獦獠"是"五祖贱视六祖之词，不是说六祖是'獦獠'族。但是，这是由唐人常以'獠'为詈南方人而来"。蒙默（1995）则认为獠人迟至晚唐五代尚无打猎习俗，"獦獠"不能读作"猎獠"，而应是"仡佬"的异写。袁宾、康健主编《禅宗大词典》"獦獠"条释为："唐代南方少数民族之称。与今南方仫佬等少数民族有渊源关系。"《汉语大词典》"獦獠"条也释为："古代对南方少数民族的称呼。亦以泛指南方人。"

王闰吉（2013）则提出"獦獠"及其多种异文等均为"舌头扭转弯曲"的意思。南方人慧能的语音面貌与中原有着极其显著的区别，"舌头扭转弯曲"也就是"语音不正"，谓其发音不符合中原的标准语音。"'獦獠'可能也有族群意义，因为区分族别一个重要标志就是语言，但这应该是后起的意义。"

我们觉得，唐宋禅录中的"獦獠"，应该就是"猎獠"。《祖堂集》卷二，第三十三祖惠能和尚章：

> 不经一月余日，则到黄梅县东冯母山。礼拜五祖，五祖问："汝从何方而来？有何所求？"惠能云："从新州来，来求作佛。"师云："汝岭南人，无佛性也。"对云："人即有南北，佛性即无南北。"师曰："新州乃猎獠，宁有佛性耶？"对曰："如来藏性遍于蝼蚁，岂独于獦獠而无哉？"

同一则对话中，上句用"猎獠"，下句用"獦獠"，极可表明"獦獠"与"猎獠"是同一个词，因而必是同一种读音。据唐宋重要韵书《广韵》《集韵》记载，"獦"字有"良涉切"、"古达切"等读音，但是"猎"字只有"良涉切"一种读音。并且《集韵》"入声叶韵"特地注明"猎"通作"獦"。因此，在《祖堂集》作者口里，上引例中"獦獠"的"獦"应该读同"猎"（良涉切）。"猎（獦）獠"是对岭南新州少数民族之称呼，与该民族多以打猎为生有关。佛家禁止杀生，故弘忍以"新州乃猎獠，宁有佛性耶？"的问题来考测惠能。除了上述理由，还可举出两条证据。第一条是《祖堂

集》内证。该书共使用两次"獦"字(据日本《祖堂集索引》),除"獦獠"外,另一例是:

> 鱼被网裹却,张破獦师肚。(卷七,雪峰和尚)

此例"獦师"显然就是"猎师"。雪峰此偈句亦载于《雪峰真觉禅师语录》卷下(据卍续藏),正作"猎师"可证。"猎师"即捕猎者,是佛经、禅籍中的常见词,例如:

> 不至淫舍,不至寡妇,不至童女,不近捕鸟网鱼猎师,不近魁脍旃陀罗人,不近他妻饮酒之人。(《大方广三戒经》卷上)

佛经中也有将"猎师"写作"獦师"的例子,如:

> 而王不能忍此事故,寻时敕唤网捕獦师,而语之言:"卿等急速至彼鸟处,生捕将来。"其诸獦师,闻王敕已,启白王言:"如王所敕,不敢违命。"獦师往至,以其罗网捕得此鸟,生捉将来付梵德王。(《佛本行集经》卷五二)

佛经、禅籍中的这些"獦师"显然不能读作"葛师"。

第二条证据是《广韵》《集韵》的记载:

《广韵》入声曷韵:獦,獦狚,兽也。古达切。

《广韵》入声叶韵:獦,戎姓,俗作田獦字,非。良涉切。

《集韵》入声曷韵:獦,许葛切,短喙犬。

《集韵》入声曷韵:獦,居曷切,獦(獦)狚狚,巨狼。

《集韵》入声叶韵:獦,戎姓。力涉切。

《广韵》《集韵》是唐宋时代影响较大的两部韵书,两书在"獦"作"戎姓"解时一致标为"力涉切",至少反映了当时多数人的读音。

二、同词异形

2. 帩,峭,悄

唐宋禅录文献中存在许多同词而异形的现象。如禅家习语"紧帩草鞋"是禅师对未悟僧徒的讥斥语,意谓须要系紧草鞋,继续行脚参学以求悟道:

> 问:"樟示双趺,当表何事?"师云:"言。"进云:"未审师意如何?"师云:"紧帩草鞋!"(《云门匡真禅师广录》卷上)

> 师在岭中时,问卧龙和尚:"明己底人还见有己么?"龙云:"不见有己,始明得己。"又问:"长连床上学得底是第几机?"龙云:"第二机。"师云:"作么生是第一机?"龙云:"紧帩草鞋!"(又,卷下)

其中,"帩"是缚,系之义。《广韵》笑韵:"帩,缚帩。"《集韵》笑韵:"帩,缚

也。"然而这个"哨"在禅录文献中经常写作"峭"或"悄",如:

僧问:"如何是出身一路?"师曰:"三门前。"曰:"如何领会?"师曰:"紧峭
草鞋!"(《五灯会元》卷九,觉城信禅师)

若也道得,观音、势至、文殊、普贤,只在目前;若道不得,直须撩起布裙,
紧峭草鞋,参!(又,卷一六,开元智孜禅师)

问:"如何是祖师西来意?"师云:"山高海阔。"进云:"学人不会。"师云:
"紧悄草鞋!"(《明觉禅师语录》卷一)

僧问:"承学士有言,辍翠峰之祖席,登雪窦之道场。如何是不动尊?"师
云:"下坡不走,快便难逢。"进云:"与么则动若行云,止犹谷神。"师云:"尔须
紧悄草鞋!"(又)

在其它词语组合中,这个"哨"也多见写作"峭":

紧峭离水靴,踏破湖湘月。(《五灯会元》卷一七,云盖守智禅师)

所以肩筇峭履,乘兴而行。(又,卷一八,胜因咸静禅师)

从这个词有"哨、峭、悄"等不同字形来看,它应该是一个口语词;有些人对其
本字(据《广韵》、《集韵》,应是"哨")还不熟悉,便依音记录,写作同音的"峭、
悄"。

从上引五代、两宋禅录中的部分用例来看,这个"哨"可以说是个多用词。《汉
语大词典》收有"哨"字,但未释词义。由于编纂《汉语大词典》时的基础资料中,
禅录文献很少,所以未能注意到"哨"的缚、系义。今后《汉语大词典》增订时,似
宜补上。

3. 啰啰哩,逻罗哩,㘝㘝哩,啰唻哩,啰哩啰,哩啰哩,哩哩啰,哩棱逻,哩而喻
啰,里棱罗,啰啰哩哩,啰哩哩啰,哩啰啰哩,哩啰

据袁宾(2002),"啰啰哩"语习见于唐宋以来的口语文献,禅宗语录尤多使
用。其语形变化不定,仅在宋代文献里就可见到多种写法,例如:

(1)觉阿上人,日本国滕氏子也……袖香拜灵隐佛海禅师……明年秋,辞
游金陵,抵长芦江岸,闻鼓声忽大悟,始知佛海垂手旨趣。旋灵隐,述五偈叙
所见,辞海东归。偈曰:"……(其五)竖拳下喝少卖弄,说是说非入泥水。截
断千差休指注,一声归笛啰啰哩!"海称善。(《五灯会元》卷二十,觉阿上人)

(2)到蒋山,上堂:"玄沙白纸费封题,一听雷音万仞低。慰释私怀已无
量,那堪更唱逻罗哩!"(《古尊宿语录》卷二九《龙门佛眼和尚语录》)

(3)上堂:"迎日出门去,已觉披烟雾。冒月望山归,重露湿禅衣。心悄
悄,步迟迟。无孔笛,再三吹。哩哩㘝,㘝㘝哩!游子乍闻征袖湿,佳人犹唱翠

眉低。君更听,莫狐疑,是何曲? 归堂去!"(同上)

(4)上堂:"薄福住杨岐,年来气力衰。寒风凋败叶,犹喜故人归。啰唻哩! 拈上死柴头,且向无烟火。"(《嘉泰普灯录》卷三,杨岐方会禅师)

(5)茶陵郁山主……一日乘驴度桥,一踏桥板而堕,忽然大悟,遂有颂云:"我有神珠一颗,久被尘劳关锁,今朝尘尽光生,照破山河万朵。"因兹更不游方。师乃白云端和尚得度师,云有赞曰:"百尺竿头曾进步,溪桥一踏没山河。从兹不出茶川上,吟啸无非啰哩啰。"(《五灯会元》卷六,茶陵郁山主)

(6)相骂饶汝接嘴,相唾饶汝泼水。蓦然摸著蛇头,拍手啰啰哩哩!(《禅宗颂古联珠通集》卷四十,肯堂充颂"尽力道不得底句")

(7)涅槃老子顺风吹,啰哩哩啰争得知? 隔岭几多人错会,一时唤作鹧鸪词。(又,卷一二,白云端颂)

(8)若是你洒洒落落,不妨我哆哆和和。神歌社舞自成曲,拍手其间唱哩啰。(又,卷十,《百丈野狐》天童觉颂)

(9)(巫山神女)赋《惜奴娇》大曲一篇,凡九阕……《归》第九:"吾归矣,仙宫久离,洞户无人管之,专俟吾归……言讫无忘之,哩啰哩! 此去无由再至,事冗难言,尔辈须能自会。"(《夷坚志》乙志卷一三《九华天仙》)

(10)掌握千差都照破,石霜这汉难关锁,水出高源酬佛陀。哩棱逻,须弥作舞虚空和。(《全宋词》,李彭,《渔歌十首·慈明》)

(11)素发如今添老大,归来方是闲当座,旋擘黄柑匀白堕。哩喻啰! 从他扰扰如旋磨。(《全宋词》,郭应祥,《渔家傲·丁卯生日自作》)

(12)挂冠归去旧烟萝……水晶宫里家山好,物外胜游多。晴溪短棹,时时醉唱里棱罗,天公奈我何。(《全宋词》,刘述,《家山好》)

(13)堪笑多愁早老,管他闲是闲非。对花酌酒两忘机,唱个哩啰啰哩。(《全宋词》,赵长卿,《西江月·雪江见红梅对酒》。前"啰"字原误,据《全宋词》后《订补续记》改正。)

这些例中的"啰啰哩,逻罗哩,哩哩囕,囕囕哩,啰唻哩,啰哩啰,啰啰哩哩,啰哩哩啰,哩啰,哩啰哩,哩棱逻,哩喻啰,里棱罗,哩啰啰哩"的用法基本一致,都与以还乡为主题的歌诗关系密切:或充当咏叹语,或隐代还乡曲;在禅录里,世俗意义的还乡常和返本归源的悟道思想互为表里地联结起来,使此语具有双重隐代含义;在禅僧频繁使用此语的实践中,有时淡化了世俗的还乡意义,"啰啰哩"语便成了带有行业色彩的隐语,用来隐代禅道歌、悟道歌了。

据饶宗颐先生(1993)调查,唐宋金元时期此语还有"哩啰唻"、"啰哩唻"等形式：

　　（14）猿骑马，呈颠□，难擒难捉怎生舍，哩啰哢，哩啰哢。（王喆，捣练子，《道藏》太平部《王重阳全真集》卷七。按，一共十二首，末句皆同。）

　　（15）捣练子，具如何，从前罪孽暗消磨。啰哩哢，哩哢啰。

　　从初得，认波罗，色财勘破扑灯蛾，啰哩哢，哩哢啰，啰哩哢，哩哢啰。（谭处端，捣练子，《道藏》太平部《水云集》卷中）

　　（16）休将闲事苦萦怀。和——哩哩啰，哩哩啰哩哩来也。（董解元《西厢记》卷五"乔合笙"云）

同一词语拥有如此多的语形，从语音角度似可作如下认识。上述诸语形所用文字，声母均属来母，具备了同声相转的一定条件。有些语形属同音或近音通假，如：

啰啰哩，逻罗哩，㘑㘑哩。（同音通假）

哩棱逻，哩喻啰，里棱罗。（同音通假）

啰啰哩，啰唻哩。（近音通假）

哩哩啰，哩棱逻。（近音通假）

"啰啰哩"语经常使用于诗歌韵文，平仄、押韵及音节数量的限制也会影响语形。如上举第 5 例：

　　百尺竿头曾进步，溪桥一踏没山河。从兹不出茶川上，吟啸无非啰哩啰。

（《五灯会元》卷六，茶陵郁山主）

按七言绝句之平仄格律，要求末句第六字用仄声字，所以作者使用了通常读上声的"哩"；末字用"啰"，与"啰、河"押韵有关。又如第 7、8 例：

　　涅槃老子顺风吹，啰哩哩啰争得知？隔岭几多人错会，一时唤作鹧鸪词。

（《禅宗颂古联珠通集》卷一二，白云端颂）

　　若是你洒洒落落，不妨我哆哆和和。神歌社舞自成曲，拍手其间唱哩啰。

（又，卷十，《百丈野狐》天童觉颂）

诗句给出的空间分别是四个音节与两个音节，因而只能使用四字形式"啰哩哩啰"与两字形式"哩啰"。当然，例中"啰哩哩啰"、"哩啰"的使用还与平仄、押韵相关。总而言之，上述不同字形、不同音节的诸多"啰啰哩"语可以视作同一词语在不同年代、不同方言和不同使用环境里的变形。

上举第 4 例《嘉泰普灯录》所载北宋杨岐语录中的"啰唻哩"是较早的语形，后世引用常录作"啰啰哩"，如南宋末《虚堂和尚语录》卷一（无著道忠《〈虚堂录〉犁耕》谓本作"啰唻哩"）。这可以表明宋代某些方言中"啰啰哩"与"啰唻哩"的读音是比较接近的。这种现象在当时韵书中亦有记载,《集韵》平声支韵:"罗,邻知切。"又之韵:"来,陵之切。"按现代一些南方方言"罗"与"来"的读音仍较接近,如广州、梅县、阳江等地"罗"字韵母的元音与"来"字韵母的主要元音都是〔ɔ〕(据《汉语方言字汇》第二版,34 页,145 页),可为旁证。

在"啰唻哩"一语中,"唻"与"哩"的读音也是相近的。章炳麟《新方言·释词》:"(来)今语亦作哩。里、来,古音一也。"唐作藩《上古音手册》(75 页,77 页)将"来"、"里"均归入之韵。上引《集韵》,"来"读陵之切(读如釐)。今南方一些方言,如温州、广州、阳江等地"里"读作〔lei〕,厦门、潮州"里"读〔lai〕(据《汉语方言字汇》第二版,81 页),与"来"的读音仍近。

又上引《集韵》平声支韵:"罗,邻知切。"可知某些方言中"罗"与"里"的读音亦近。综上所述,宋代口语中的"啰唻哩"、"啰啰哩"及其它诸多语形,实际上记录了声母相同、韵母相近的一串音节。因发音者、记录者的语音感觉与用字习惯不同,所以在不同年代、不同方言和不同的使用环境里,此语具有数十种变化形式,便不足为怪了。

4. 赤骨力,赤骨历,赤骨律

意义:一无所有,赤裸裸。多喻荡尽俗情妄念,明悟本来面目。

用例:

> 师忽顿悟,仆于众,众掖之。师乃曰:"吾梦觉矣!"至夜小参,师出问曰:"净裸裸空无一物,赤骨力贫无一钱。户破家亡,乞师赈济!"(暗示已经省悟,请师给予证明。)(《五灯会元》卷一九,灵隐慧远禅师)

> 见兔放鹰因行掉臂,赤骨历穷方图富贵。放三顿棒尚迟疑,再挨方识利头锥。单提独脚机关外,明眼衲僧犹不会。(《圆悟佛果禅师语录》卷一九)

> 寸丝不挂,犹有赤骨律在;万里无片云处,犹有青天在。(又,卷五)

5. 足下无丝,足下无私

意义:谓行走自由自在,毫无束缚。是不为物拘,处处畅通的禅悟境界。

用例:

> 欲行鸟道,须得足下无丝;欲得玄学,展手而学。(《祖堂集》卷七,夹山和尚)

> 僧问:"师寻常教学人行鸟道,未审如何是鸟道?"师曰:"不逢一人。"云:"如何行?"师曰:"直须足下无私去。"(《瑞州洞山良价禅师语录》)

6. 拟议,拟谊

意义:思虑,迟疑。

用例：

师乃云："入门便见，更不容拟议寻思；开口便说，亦不复周由者也。"
(《圆悟佛果禅师语录》卷五)

上堂，云："紫霄峰上黑云靉靆，鄱阳湖里白浪滔天。一气无作而作，万法
不然而然。更若拟谊思量，迢迢十万八千！"下座。(《黄龙慧南禅师语录》)

7. 掠虚，略虚，落虚

意义：虚妄，妄言。

用例：

博问先知、自已亲证始得。莫与么掠虚、过却平生。他时后日、因果历
然。(《禅林僧宝传》卷三，首山念禅师)

若举宗乘，即院寂径荒。若留委问，更待个什么？ 还有人委么？ 出来验
看。若无人委，莫略虚好！(《景德传灯录》卷二一，龙山文义禅师)

五祖老师，平生孤峻，少许可人，乾曝曝地壁立，只靠此一著。常自云：
"如倚一座须弥山，岂可落虚弄滑头谩人？ 把个没滋味铁酸馅劈头拕似学者
令咬嚼。"(《圆悟佛果禅师语录》卷一四)

8. 蓝镵，儖儏，蓝搀

形貌丑陋，多形容鼻丑。《五灯会元》卷一九，保宁仁勇禅师章："有个汉，怪复
丑。眼直鼻蓝镵，面南看北斗。""鼻蓝镵"就是鼻子难看。《广韵》卷二，谈韵：
"儖，儖儏，形兒恶也。""蓝镵"就是"儖儏"("蓝"、"儖"音同，"镵"、"儏"音近)。
"眼直鼻蓝镵"谓汉之丑，"面南看北斗"谓汉之怪，与上句"怪复丑"相承接。"面
南看北斗"是禅林常用的奇特句，是消除分别妄心的禅悟境界。"鼻蓝镵"在这里
也是隐指已经省悟禅法。禅林相类似的词语还有"鼻孔累垂"：

弟昆各自逞功能，独有家兄彻骨贫。三拜起来无一语，鼻孔累垂盖上唇。
(《嘉泰普灯录》卷二八，闻庵宗禅师《二祖得髓》)

"鼻孔累垂"即下垂，隐指已悟禅法。

又，《太平广记》卷二五二，"李任为赋"条：

天成年，卢文进镇邓，因出城，宾从偕至。舍人韦吉亦被召。年老，无力
控驭。既醉，马逸，东西驰桑林之中，被横枝骨挂巾冠，露秃而奔突。仆夫执
从，则已坠矣。旧患肺风，鼻上瘢疹而黑，卧于道周。幕客无不笑者。从事令
左司郎中李任，祠部员外任瑶，各占一韵而赋之。赋项云："当其斤子潜窥，衙
官共看，喧呼于麦垄之里，偃仆于桑林之畔。蓝搀鼻孔，真同生铁之椎；腼䶉
骷髅，宛是熟铜之罐。"

"蓝揆鼻孔"与上文"鼻上瘾疹而黑",谓其难看。"蓝镜"与"儃㒧"、"蓝揆"是同词异写。

9. 垛根(跟);跺根(跟);採根;槕根;堕根

意义:定止、陷埋于虚妄境界,执着、拘泥于言解分别。

用例:

师召舍人,舍人抬头。师指依(指志依上座)云:"垛根衲子,斋他有甚益?"(《明觉禅师语录》卷二)

教忠光云:"云门跛脚阿师,泥水不辨,菽麦不分。悬羊头,卖狗肉。神出鬼没,争奈伊何! 还知乾峰落处么?"掷下拄杖云:"切忌向这里垛跟!"(《联灯会要》卷二三,越州乾峰)

才到洪山便跺根。(《五灯会元》卷一四,广德义禅师)

问:"拟心即差。不拟时如何?"师曰:"你拟向这里跺跟么?"(《永觉元贤禅师广录》卷八)

乍得心身宁静,切须努力,不得便向宁静处採根。教中谓解脱深坑可畏之处,须教转辘辘如水上葫芦,自由自在,不受拘牵。(《大慧普觉禅师住径山能仁禅院语录》卷四)

傍边有个槕根迦叶,起来不肯。(《祖堂集》卷七,夹山和尚)

法昌这里,有几个堕根阿师。病者病在膏肓,顽者顽入骨髓。若非黄龙老汉到来,总是虚生浪死。(《法昌倚遇禅师语录》卷一)

10. 当阳,当扬

意义:①显露,明白。②当面,当场,当下。

用例:

①当阳一句子,平地步青云。踏翻关棙处,便是主家春。(《古尊宿语录》卷四八《佛照禅师奏对录》)

明眼汉,没窠臼,辨风云,识休咎。破关击节,电转星飞。直截当扬,劈面快与。(《僧宝正续传》卷六,福严演禅师)

②瞥尔暂起见闻、便有张三李四。胡来汉去、四姓杂居。不亲而亲、是非互起。致使元关固蔽、识锁难开。疑网罗笼、智刀劣剪。若不当阳晓示,迷子何以知归?(《禅林僧宝传》卷六,洛浦安禅师)

师有时上堂云:"夫学道先须弁得自己宗旨,方可临机免失。只如锋芒未兆已前,都无是个非个。瞥尔暂起见闻,便有张三李四,胡来汉去,四姓杂居,各亲其亲,相参是非互起,致使玄关固闭,识锁难开,疑网笼牢,智刀方剪。若

不当扬晓示,迷子何以知归?"(《祖堂集》卷九,落浦和尚)

11. 钝置,钝致

意义:折腾,折磨,作弄。

用例:

　　南归中途,谓侍者曰:"我忽得风痹疾,视之口吻已㖞斜。"侍者以足顿地曰:"当奈何!平生呵佛骂祖,今乃尔。"公曰:"无忧,为汝正之。"以手整之,如故,曰:"而今而后,不钝置汝。"(《禅林僧宝传》卷二一,慈明禅师)

　　正宗久寂寥,后昆习窠白、守箕裘,转相钝致,举世莫觉其非,大家随语生解,祖道或几乎息矣。(《圆悟佛果禅师语录》卷一六《与耿龙学书》)

12. 累垂,橲椎,擂槌,擂捶

意义:喻指光头。

用例:

　　僧问:"牛头未见四祖时如何?"师曰:"头上戴累垂。"(《法演禅师语录》卷上)

答语意谓头上又戴着个头,含有重复、啰唆、多此一举之义。《云门匡真禅师广录》卷上:"和尚子,直饶尔道有什么事,犹是头上安头,雪上加霜,棺木里眨眼,炙盘上更著艾燋。""头上安头"也含有重复、多余之义,可相比参。按僧人实行剃度制度,故"头上戴累垂"实际上是说光头上戴着个光头。

据袁宾(1990)"累垂"条,元代杨景贤《西游记》杂剧第六出《村姑演说》"一饷儿麻"曲:"官人每簇捧着个大橲椎,橲椎上天生得有眼共眉,我则道是瓠子头葫芦对,这个人也索是跷蹊,甚么唐僧唐僧。""橲椎"本是一种杵棒,这里用来比喻唐僧的光头,上举《法演禅师语录》中的"累垂"就是"橲椎"。元代高明《琵琶记》第三出:"(净)……你不见东村李太婆,年七十岁,头光光的,也只是要嫁人。人问他,你老了,嫁甚的?这婆子做四句诗,做得好。(末)四句诗如何说?(净)道是:人生七十古来稀,不去嫁人待何时?下了头髻做新妇,枕头上放出大擂槌。"(据《元本琵琶记校注》)"擂槌"亦喻指光头,上文"头光光的"可以参比。此例引文出自清代陆贻典抄本(参见《元本琵琶记校注·前言》),明毛晋《六十种曲》本末二句作:"下了头髻床上睡,枕头上架两大擂捶。"又明末小说《梼杌闲评》第十四回:"那候二官怎生模样,但见他:垢腻形容,油妆面貌。稀毛秃顶若擂捶,缩颈卓肩如笔架。"均用"擂捶"比喻光头。以上"累垂"、"橲椎"、"擂槌"、"擂捶"均系同词异写。

13. 成持,成褫

意义:帮助,扶持,引导。

用例:

　　有洪州城大安寺主,讲经讲论。座主只观诽谤马祖。有一日,夜三更时,鬼使来挃门。寺主云:"是什摩人?"对云:"鬼使来取寺主。"寺主云:"启鬼使:某甲今年得六十七岁,四十年讲经讲论,为众成持。只观贪讲经论,未得修行。且乞一日一夜,还得也无?"鬼使云:"四十年来贪讲经论,不得修行,如今更修行作什摩? 临渴掘井有什摩交涉? 寺主适来道:'只观贪讲经论,为众成持。'无有是处。何以故? 教有明文:'自得度令他得度,自解脱令他解脱,自调伏令他调伏,自寂静令他寂静,自安隐令他安隐,自离垢令他离垢,自清净令他清净,自涅槃令他涅槃,自快乐令他快乐。'是汝自身尚乃未得恬静,何能令他道业成持?"(《祖堂集》卷一四,马祖和尚)

　　师初出世时,未具方便,不得稳便。因此不说法。过得两年后,忽然回心向徒弟曰:"我闻湖南石霜是作家知识。我一百来少师中,岂无灵利者? 谁去彼中,勤学彼中气道,转来密教老汉?"时有一僧名全表,便辞发到石霜。恰遇上堂日,便置问曰:"三千里外,久响石霜。到来为什摩寸步千里?"霜云:"我道落带手不长。"从此亲近石霜四十余日,后却归本山,成持和尚。(同书,卷一九,径山和尚)

　　早求生,速抛此,莫厌闻经频些子,

　　须知听法是津粮(梁),若缺津粮争到彼?

　　劝即此日申间劝,且乞时时过讲院。

　　莫辞暖热成持,各望开些方便,(《敦煌变文集新书》卷二《无常经讲经文》)

这是讲经僧希望听众常来寺院听法,热心布施钱财的话。

　　师见普化,乃云:"我在南方,驰书到沩山时,知俩先在此住待我来。及我来,得汝佐赞。我今欲建立黄檗宗旨,汝切须为我成褫。"普化:"珍重!"下去。(《联灯会要》卷九,临济义玄禅师)

　　僧问:"学人未达其源,乞师方便。"师云:"是甚么源?"云:"其源。"师云:"若是其源,争受方便? 雪窦云:死水里浸杀,有甚用处?"侍者随后问:"适来是成褫伊那?"师云:"无。"云:"不成褫伊那?"师云:"无。"云:"和尚尊意如何?"师云:"一点水墨,两处成龙。"(同上,卷二四,顺德付禅师)

14. 败缺，败阙

意义:受挫折,被挫败。

用例:

　　时僧守廓者,自南院颙公所来。华严升座曰:"若是临济、德山、高亭、大愚、鸟窠、船子下儿孙,不用如何若何,便请单刀直入。"廓出众便喝,华严亦喝。廓又喝,华严亦喝。廓礼拜起,指以顾众曰:"这老汉一场败缺。"喝一喝,归众。(《禅林僧宝传》卷三,风穴沼禅师。一场败缺:一场挫败。)

　　师行脚时到龙光。光上堂,师出问云:"不展锋芒,如何得胜?"光据坐。师云:"大善知识岂无方便?"光瞪目云:"嘎。"师以手指云:"这老汉今日败阙也。"(《镇州临济慧照禅师语录》)

15. 隔阔，隔阙

意义:别离,久别。

用例:

　　隔阔多时未是疏,结交岂在频相见?(《法演禅师语录》卷下《寄旧知二首》)

　　师见槔树坐次,师云:"作什么?"槔云:"和南。"师云:"隔阔来多少时?"槔云:"恰是。"乃拂袖出。(《景德传灯录》卷一四,道吾圆智禅师)

　　因槔树向火次,师问:"作什摩?"槔树曰:"和合。"师曰:"与摩则当头脱去也。"树云:"隔阙来多少时也?"师便拂袖而出。(《祖堂集》卷五,道吾和尚)

据袁宾(1990),《汉书》卷九七下《孝成赵皇后传》:"朝诸希阔。"注曰:"阔犹阙也。""阔"、"阙"同为溪母入声字,读音相近,意义相通,"隔阙"就是"隔阔"。又宋、元、明口语中有"间阔"一词,亦有离别、久别之义:

　　(玉虚)尊师语(南溟)夫人曰:"与安期生间阔千年,不值南游,无因访话。"(宋·李昉《太平广记》卷二五,元柳二公)

　　先父与府尹相交契厚,自先父下世,一向间阔,不曾问候。(《元曲选外编》,白朴《董秀英花月东墙记·楔子》)

　　且说史进转入城中,迳到西瓦子李瑞兰家……当下李瑞兰相叙间阔之情。(明·施耐庵、罗贯中《水浒传》第六九回)

按"间"、"隔"皆为见母字,《汉书》卷七三《韦贤传》附韦玄成传:"上陈太祖,间岁而祫。"注曰:"间岁,隔一岁也。"可见二字亦音近义通。"间阔"与"隔阔"可能同出一源。

223

16. 搆,构,觏

《五灯会元》卷七,玄沙师备禅师章:

> 我如今恁么方便助汝,犹尚不能搆得。可中纯举宗乘,是汝向甚么处安措? 还会么? (可中:假如。)

前用"搆",后用"会",两者意义相同。又如:

> 只要你直下搆取,便与佛祖齐肩。(《楚石梵琦禅师语录》卷七)

这里的"直下"即"当下"。禅录中"直下会取"、"直下悟去"与这里的"直下搆取"形式相近,意义相类:

> 上堂:"老僧事无一向,今日为人去也。"举起拂子云:"会么? 诸人若能于此直下会取,则鼓山禅到手了也。鼓山禅最简易最直捷。"(《永觉元贤禅师广录》卷三)

> 不消起一念动一尘,直下悟去,许你出意想知解、五蕴身田,一生参学事毕。(《楚石梵琦禅师语录》卷七)

比照之下可见,"搆"与"会"、"悟"同义,均为领会、领悟之义。

"构"、"觏"是"搆"的同词异写。同一事件,在多部语录或灯录中往往重复记载,可资比较:

> 举,保福示众云:"此事如击石火、闪电光。构得、构不得,未免丧身失命。"僧便问:"未审构得底人,还免丧身失命也无?"保福云:"适来且致,阇黎还构得么?"僧云:"若构不得,未免大众笑。"保福云:"作家,作家。"僧云:"是什么心行?"福云:"一杓屎拦面泼不知臭。"(《明觉禅师语录》卷一)

此公案又见《联灯会要》卷二四,保福从展章,以及《五灯会元》卷七,保福从展章,"构"均作"搆",为领会义。又如:

> 上堂云:"我看汝诸人,二三机中尚不能构得,空披衲衣何益! 尔还会么? 我为汝注破。"(《云门匡真禅师广录》卷上)

> 师云:"我看尔诸人,二三机中不能觏得,空披衲衣何益! 汝还会么? 与汝注破。"(《景德传灯录》卷一九,云门文偃禅师)

> 上堂:"我看汝诸人,二三机中尚不能搆得,空披衲衣何益! 汝还会么? 我与汝注破。"(《五灯会元》卷一五,云门文偃禅师)

同一句话,在不同的文献中分别作"构"、"觏"、"搆",可见是同一词的不同书写形式。

17. 蓦,陌

意义:正对着,当。

用例：

大小仰山被他将两杓恶水，蓦头浇了也。（《仰山慧寂禅师语录》）

大棒蓦头打，他不回头。老拳劈面槌，他亦不顾。（《五灯会元》卷一八，鼓山僧洵禅师）

"蓦头"皆当头之义。第二例的"劈面"即正对着面孔，"劈"与"蓦"均是正对着之义。

师蓦面与一唾云："野狐精！"（《祖堂集》卷一九，观和尚）

临济有僧，放大言云："我若见，与他拔却髭。"一日到来，作礼，欲起未起，师将衲衣角蓦面一拂。僧无语，泣泪而去。（《联灯会要》卷二一，岩头全豁禅师）

"蓦面"即正对着面孔，劈面。

有人问我会何宗，拈起拂子蓦口打。（《祖堂集》卷十，长庆和尚）

若是劈脊便棒，蓦口便掴，推将出去，方始亲切为人。（《佛果圆悟禅师碧岩录》卷三，第二八则）

"蓦口"意为正对着口。其他如"蓦胸"、"蓦项"、"蓦鼻"等用法甚多。"蓦"都是"正对着，当"的意思（参黄灵庚 1999）。

与现代汉语里的介词多由动词转变而来一样，"蓦"的介词用法也是由动词演化而来。《说文·马部》："蓦，上马也。"上马则有当腰而骑之义，由此引申出"当，正对着"之义。

"陌"与"蓦"读音相同，在唐代文献里常见通用，例如：

其时周氏闻宣敕，由如大石陌心嶣。（《敦煌变文集新书》卷一《捉季布传文一卷》）

"陌心"即当心、正对着心。又如：

饥火侵，难制遏，道俗僧尼无拣别。若非尖刀陌心穿，即是长枪胸上剔。（任半塘《敦煌歌辞总编》（一二三九首））

校记云："陌"意云"相对"。

"蓦（陌）"的介词用法在唐宋时代多见使用，然元代以下的文献里却罕见其例，似已逐渐消失。

三、谐音造词

有些常用词语在口头使用中，由于读音稍有变化，书写时依音用字，便产生了新的语形。新语形的词语在使用过程中，逐渐带上新的意义，便成了新生的词语。

18. 之乎者也,周由(游)者也,者也周由

"之乎者也"本是文言文中四个极为常见的虚词,至唐宋之际,已凝结为固定形式的四字语。例如:

> 二更深,教经一卷不曾寻。之乎者也都不识,如今嗟叹始悲吟。(《全唐五代词》,林楚翘,《五更转》)

此例"之乎者也"已从四个虚词转化出一般文字的意思,"之乎者也都不识"意谓全不识字("都"是总括副词,全部、统统之义)。又如:

> 太祖皇帝将展外城,幸朱雀门,亲自规画,独赵韩王普时从幸。上指门额问普曰:"何不只书'朱雀门',须著'之'字安用?"普对曰:"语助。"太祖大笑曰:"之乎者也,助得甚事!"(宋·文莹《湘山野录》卷中)

看来,城门上方写的应是"朱雀之门",宋太祖不仅认为"之"字多余,而且借机嘲笑了一般文人摆弄字词、舞文弄墨之嗜习。《汉语大词典》"之乎者也"条释此例为"借为对文人咬文嚼字的讽刺语"是妥帖的。

"之乎者也"作为固定语,在禅录中常见使用,多指文章,言句。例如:

> 故曰,无常迅速,生死事大,便是这个道理。这里便聪明也不得,记持也不得。我更问尔,平生做许多之乎者也,腊月三十日,将那一句敌他生死?(《大慧普觉禅师住径山能仁禅院语录》卷四。腊月三十日:指临死之际。)

> 平生安排得、计较得、引证得底,是文章,是名誉,是官职。晚年收因结果处,那个是实?做了无限之乎者也,那一句得力?(同上《答汪内翰(彦章)》)

> 上堂:"拈槌竖拂,祖师门下将黄叶以止啼;说妙谈玄,衲僧面前望默林而止渴。际山今日去却之乎者也,更不指东画西,向三世诸佛命脉中、六代祖师骨髓里,尽情倾倒,为诸人说破。"良久曰:"啼得血流无用处,不如缄口过残春。"(《五灯会元》卷二十,双林德用禅师)

> (兜率照逝后)无尽为之赞曰:兜率照老没可把,七月十五日解长夏。礼却观音三拜竟,退归方丈嗒然化。也无遗书忉忉怛怛,也无偈颂之乎者也。也无衣钵俵散大众,也无病痛呻吟阿耶。卒死丹方传与人,禾山鼓向别处打。(《僧宝正续传》卷一,兜率照禅师)

由于禅家提倡不立语言文字,因此这些指文章、言句的"之乎者也"用例多少带有贬义色彩。

据我们初步观察,固定语"之乎者也"在唐宋时代的多数用例出自禅录。由于常在禅僧口头使用,语音稍有变异,便演化出"周由者也"的说法,例如:

> 师乃云:"入门便见,更不容拟议寻思。开口便说,亦不复周由者也。"

（《圆悟佛果禅师语录》卷五）

所以上古尊宿，天下老和尚，拂子边，拄杖头，现无量神通。其实与尔诸人解黏去缚，抽钉拔楔。令汝直下到安闲之地，也无证，也无得。亦无周由者也，七十三，八十四。若也未到，不免搭糊去也。（又，卷九）

无罪可忏，而罪垢消除。无冤可解，而冤家解释。显现一切难思议，作为无边殊胜业。只消个一道清虚，更不用周由者也。正当恁么时，当机一句作么生道？（又，卷十）

若是灵利汉，聊闻举著，剔起便行，更不周由者也。还委悉么？（《大慧普觉禅师住径山能仁禅院语录》卷四）

"周由者也"的语义，在"之乎者也"多指文章、言句（带贬义）的基础上，也有所变化，多谓言语迂曲啰唆，不直截了当。须要指出的是，"周由者也"在禅宗文献以外罕见使用，它是由"之乎者也"通过语音变异而造成的一个新的四字语，一个行业内部使用的词语。而"言语迂曲罗嗦，不直截了当"也便是它的行业义。因为经常使用，它又有"周游者也"的不同写法：

僧问："教法甚多，宗归一贯。和尚为什么说得许多周游者也？"师曰："为尔周游者也。"（《景德传灯录》卷二三，三角志操禅师）

还有"者也周由"的倒序说法：

本然居士请，上堂云："寸丝不挂，犹有赤骨律在；万里无片云处，犹有青天在。若乃不尽去，未免者也周由。直饶一切坐断，已落佛祖圈缋。到这里作么生举扬，作么生提持？"（《圆悟佛果禅师语录》卷五）

第二节　词语考释与语法有关

一、虚词

1. 辄

副词，多置于否定词语"莫，不得"之前，用来加重劝止、禁止语气。"辄莫，辄不得"犹言"切莫，切不得"。其例如：

我劝出家辈，须知教法深。专心求出离，辄莫染贪淫。（《全唐诗》卷八〇七，拾得诗）

（道吾）处分安排，夜间唤院主，云："某甲欲得去天门山，辄不得出这个消

息!"当夜便发。(《祖堂集》卷五,华亭和尚)

　　师入园中,见一株菜,画圆相裹却,谓众曰:"辄不得损著者个!"众僧更不敢动著。(又,卷一五,归宗和尚)

　　菜头入方丈请益。师曰:"且去,待无人时来为阇梨说。"菜头明日伺得无人又来请和尚说。师曰:"近前来。"菜头近前。师曰:"辄不得举似于人。"(《景德传灯录》卷一五,投子大同禅师)

　　夫看经之法,后学须知。……义海涌于胸襟,智岳凝于耳目。辄莫容易,实非小缘。心法双忘,自他俱利。若能如是,真报佛恩。(《缁门警训》卷七《保宁勇禅师示看经》。容易:轻忽。)

禅籍以外的文献亦常见使用:

　　周氏向妻申子细,还道:"情浓旧故人。今遭国难来投仆,辄莫谈扬闻四邻。"(《敦煌变文集新书》卷六《捉季布传文一卷》)

　　一枝折寄,故人虽远,辄莫使、江南信断。(《全宋词》,无名氏,《鞓红》)

"辄莫,辄不得"犹言"切莫,切不得"。这是唐宋口语中的常见用法,《汉语大词典》"辄"条未设此项,可补。

2. 不然

选择句里的连词,相当于"或者"。《汉语大词典》未设此项,可补。例如:

　　佛法事不是隔日疟,皆由汝狂识凡情作差与不差解。忽然见我拈个槌子槌背,便作意度顾览。不然见我把个帚子扫东扫西,便各照管。是汝寻常打柴,何不顾览招呼便悟去?(《景德传灯录》卷二八,罗汉桂琛和尚)

这里的"不然"若按通常意思"不这样的话,就……"则无法解释,应理解为选择句的连词,相当于"或者"。"忽然……,不然……"相当于"倘或……,或者……"。"忽然"的"忽"是"或"的同音假借字,"忽然"即"假使、倘或"(详参《敦煌变文字义通释》"忽然"条)。"不然"用作连词,表"或者",是唐宋口语里的特殊用法。又如:

　　师举了曰:"风穴当时好大展坐具礼他三拜,不然与他掀倒绳床。"乃回顾衲子冲密云:"尔道风穴当时礼拜是? 掀倒绳床是?"(《续传灯录》卷二七,大慧宗杲禅师)

"不然"表示选择,用于两个并列选项的后项,意谓风穴当时应该礼拜,或者掀倒绳床。后面问句中"……是,……是"同样也是表示选择的问句,两相对照,意义显豁。

　　禅籍以外文献用例如:

世间之事，都未谙知，父母忧心，渐令诱引。年才长大，稍会东西，不然遣学经营，或即令习文笔，男须如此，女又别论。每交不出闺帏，长使调脂弄面。或亲歌乐，曲调分明。或仿裁缝，针头巧妙。（《敦煌变文集新书》卷二《维摩诘经讲经文（一）》。东西：外出，走动。）

"不然……，或即……"相当于"或者……，或者……"。"不然"用在两个并列选项的前项。又唐李泌《长歌行》：

天覆吾，地载吾，天地生吾有意无？

不然绝粒升天衢，不然鸣珂游帝都。

焉能不贵复不去，空作昂藏一丈夫。

"不然……，不然……"，表示两个并列的选择项。"不然"也是"或者"的意思。如此，我们可以较为清楚地看出"不然"选择连词的性质。再举几例：

但小客肩担五十秤，背负五十斤。通得诸路乡谈，辨得川广行货……欲经过五㢳山上。小客独自不敢向前，等待官程，不然车仗，厮赶过去。（《张协状元》第八出。据《永乐大典戏文三种校注》，下同）

客商因五㢳山有强盗出没，希求等待官程，即过路官员差役，或者车仗，一起过山。

那张解元未有信之前，奴家便有此念。还及第，奴竟往京都讨它，看如何？怕它两行真个泪，一片脱空心。恐怕它自去接了别人丝鞭，不然归乡里去。奴家一点气如何！（同上，第三十出。讨：寻找。脱空：欺骗。）

这是剧中贫女的说白，意思是恐怕她的丈夫张协高中状元后，或入赘显贵之家为婿，或者径直回到他自己的家乡。两例中的"不然"都当释为"或者"。

3. 大故

师遂谒浮山远禅师，请益前话。远云："我有个譬喻说似你。你一似个三家村里卖柴汉子，把个匾担向十字街头立地问人：中书堂今日商量甚么事？"师默计云："若如此大故未在。"（《五灯会元》卷一九，五祖法演禅师。未在：未领悟。）

末句意为：如果是这样的话，（我）实在是没有领悟呢。"大故"用作副词，表示确实，实在，十分。又如：

解夏，举："雪窦在灵隐小参时，有个颂子。初看极是冷淡无味，难解难入，往往从前少有拈掇。若子细看来，大故惊人，盖他古人。"（《续古尊宿语要》卷四，铁鞭韶和尚语）

此是大慧退闲时帖，既言省缘，又言省静。观其怎么写出，大故不省也。

(《佛鉴禅师语录》卷五《跋大慧出队归止知事头首出迎手帖》)

宛似福州发足要取长安，大故远在。(《绝岸和尚语录·示际山心长老》)

禅籍以外文献的用例如：

"人不知而不愠"，说得容易，只到那地位自是难。不愠，不是大故怒，但心里略有些不平底意思便是愠了。此非得之深，养之厚者，不能如此。(《朱子语类》卷二十)

子路地位高，品格亦大故高，但其病是有些子粗。(又，卷四十)

可见，"大故"是近代汉语时期常见的口语词。《汉语大词典》未设此项，可补。

4. 向

同类的语法形式，在适用范围上各有侧重，这是语法分工的表现。但是有时候这种分工会被打乱，使用范围不同甚至是相对立的语法形式却可以混用。例如介词"向"，一般用来表示动作的趋向、方向。而在禅录中"向"与介词"从"、"在"有所混用。

首先，"向"可以用如介词"从"，表示动作的起点、来源或经由。例如：

举，仰山问僧："近离甚处？"僧云："向南。"(《云门匡真禅师广录》卷中)

此事又见《仰山慧寂禅师语录》："师问僧：'近离甚处？'云：'南方。'"可见，"向南"意谓从南方来。

只知沤向水中出，岂知水不从沤生。(《祖堂集》卷九，落浦和尚《浮沤歌》)

前用"向"，后用"从"，"向"作"从"解。

山僧此间不论僧俗，但有来者尽识得伊，任伊向甚处出来，但有声名文句皆是梦幻。(《镇州临济慧照禅师语录》)

"任伊向甚处出来"，即任他从何处出来。

禅籍外文献用例如：

善庆曰："既言不识(远公)，《疏抄》从甚处得来？"道安答曰："向远公上足弟子云庆和尚处得来。"(《敦煌变文集新书》卷六《庐山远公话》)

前言"从"，后用"向"，可以看出两者的关联。又如：

又问："既是蛇身，如何得衣裳著？"答曰："向某家家中偷来。"(宋·李昉《太平广记》卷三四○，卢顼)

我这里观绝了悠悠的五魂也无，原来这丹阳师父领着一个护身符。他不是跨鹤来,可怎生有这般翅羽? 他把我当拦住,则我这泼性命向他跟前怎生过去? (《元曲选》,元·马致远,《马丹阳三度任风子》第二折)

此例的"向"相当于"从",表经由。又如:

看这瓜时,真个是:绿叶和根嫩,黄花向顶开,香从辛里得,甜向苦中来。(明·冯梦龙《古今小说》卷三三)

只见山凹里起一阵风,风过处,向那松树背后奔雷也似吼一声,扑地跳出一个吊睛白额锦毛大虫来。(明·施耐庵、罗贯中《水浒传》第一回)

其次,"向"又相当于"在",表示动作的地点、处所或位置。例如:

瑞州洞山晓聪禅师,韶州杜氏子,游方时在云居作灯头,见僧说泗洲大圣近在扬州出现。有设问曰:"既是泗洲大圣,为甚么却向扬州出现?"(《续传灯录》卷二,洞山晓聪禅师)

前为"在扬州出现",后说"向扬州出现",意义等同。"向"相当于"在"。又如:

师到石霜,将锹子向法堂前过来过去。(《祖堂集》卷六,渐源和尚)

上元,上堂:"今朝上元节,是处挂灯球。一灯燃百千灯,灯灯相续。重重无尽,如宝丝网。三世诸佛,向光影里出现。六代祖师,向光影里说法度人。四圣六凡,向光影里头出头没。山河大地,向光影里成立。诸人若信得及去,觅其光影来处,了不可得,便乃坐断报化佛头。若信不及,十二时中,被光影使得七颠八倒。"(《密庵和尚语录》)

"向"用如介词"在",于近代汉语时期的多种文献中可见:

显名于凤阁之中,画影向麟台之上。(《敦煌变文集新书》卷二,《维摩诘经讲经文(二)》)

"于"、"向"变文避复,意义相同。

想那捕鱼叟蓑笠纶竿,他向那寒潭独钓,和俺这采樵人迷却归来道。(《元曲选》,元·马致远,《邯郸道省悟黄粱梦》第三折)

(正末云)别人不见,老夫便见灯烛直下,跪着一个鬼魂。好是可怜人也。(唱)【庆东原】纸钱向身边挂,人头向手内提,向前来紧靠着灯前跪。我这里叮咛的问你:你家住在那里? (《元曲选》,元·武汉臣,《包待制智赚生金阁》第四折)

三骑马向征尘影里,转灯般厮杀。(明·施耐庵、罗贯中《水浒传》第六四回)

因用上等人参二两,王夫人取时,翻寻了半日,只向小匣内寻了几枝簪挺

粗细的。（清·曹雪芹《红楼梦》第七七回）

以上各例的"向"均应释为"在"。

5. 又

据袁宾(1990)，"又"在禅录中可用如副词"却"，表示转折。例如：

> 一向随他走，又成我不是。（《祖堂集》卷十，镜清和尚）

即"却成我不是"。

> 师令侍者唤义存(即雪峰也)。存上来，师曰："我自唤义存，汝又来作什么?"存无对。（《景德传灯录》卷一五，德山宣鉴禅师）

意为"汝却来作什么?"这是德山引导雪峰的机语。

> 问："如何是祖师意?"师曰："要道何难!"僧曰："便请师道。"师曰："将谓灵利，又不仙陀。"（同上，卷二二，海会如新禅师）

意谓本以为你灵利，却是不机灵。"仙陀"源于佛教典故，即灵利(参袁宾《禅宗著作词语汇释》"先陀，仙陀"条)。《祖堂集》卷一三，龙潭和尚章记述此内容为："将谓灵利，又却不先陀。""先陀"同"仙陀"，同词异形。"又"、"却"同义连文，表示转折，可资比照。

6. 复

究竟，到底。疑问副词。

> 进曰："云何凡夫有所得，圣人无所得? 得与不得复有何异?"（《祖堂集》卷三，牛头和尚）

> 便造翠微而问师："未审二祖初见达摩当何所得?"翠微答曰："汝今见吾，复何所得?"（同书，卷六，投子和尚）

> 凡参次，有一老人，常随众听法。众人退，老人亦退。忽一日不退，师随问："面前立者，复是何人?"（《禅宗无门关·百丈野狐》）

> 又有近臣问曰："此身从何而来，百年之后复归何处?"（《景德传灯录》卷五，司空本净禅师）

> 问："祖祖相传，复传何事?"（《五灯会元》卷六，九峰道虔禅师）

"复"用为疑问副词，是近代汉语时期常见的义项。《汉语大词典》未收此项，可补。禅籍外用例如：

> 佛言供养最为多，是事精强更不过，若有智人能计算，此人功德复如何?（《敦煌变文集新书》卷二《妙法莲华经讲经文(二)》）

> 下嵩山兮多所思，携佳人兮步迟迟。松间明月长如此，君再游兮复何时?（《全唐诗》卷五一，宋之问，《下山歌》）

二日夜,又奏:"九天之上,星辰日月之间,虚空杳冥之际,亦遍寻访而不知其(指杨贵妃)处。"上(指玄宗)悄然不怿曰:"未归天,复何之矣?"(宋·李昉《太平广记》卷二十,杨通幽)

二、辨别词缀

7. 打

动词前缀,无实义。带前缀"打"的动词多表示人的动作行为。"打"作动词前缀似是唐代新生的语言现象。举例如下:

今日共师兄到此,又只管打睡!(《祖堂集》卷七,岩头和尚)

师因入堂,惩衲子坐睡云:"夫参禅者身心脱落,只管打睡作么?"(《天童山景德寺如净禅师续语录》)

打睡,义即睡。

若到此境界,虽然见似不见,闻似不闻,说似不说,饥即吃饭,困即打眠。(《佛果圆悟禅师碧岩录》卷九,第八八则)

打眠,即睡觉。

往往士大夫,多于不意中,得个瞥地处。却于如意中打失了。(《大慧普觉禅师住径山能仁禅院语录》卷四《答刘宝学(彦修)》。瞥地:省悟。)

若是做工夫,须要时时检点、刻刻提撕,那里是得力处,那里是不得力处,那里是打失处,那里是不打失处。(《禅关策进·东山演禅师送徒行脚》)

打失,意为丢失、失去。

昔药山坐禅次,石头问:"子在这里作甚么?"药山云:"一物不为。"石头云:"恁么则闲坐也。"药山云:"闲坐则为也。"石头然之。看他古人,一个闲坐也奈何他不得。今时学道之士,多在闲坐处打住。(《大慧普觉禅师住径山能仁禅院语录》卷四《答严教授(子卿)》)

成都况是繁华国,打住只因花酒惑。吾师幸是出家儿,肯随龌龊同埋没?(《缁门警训》卷七《范蜀公送圆悟禅师行脚》)

打住,意为止住、滞留。

师既至,逐日打化。遇暂到,即延归院中宿泊,且曰:"容某甲归修供养。"如此三十五年,风雨不易。(《续传灯录》卷二二,慧安慧渊禅师)

打化,指乞化、募化。

石鼓峰头,一场破败。苕溪岸畔,丧尽家风。逢人专好打哄,尽是指西为东。今被人描上纸去,原来是个老秃翁。(《永觉元贤禅师广录》卷二一《自

233

赞》)

　　此土与西天,一队黑漆桶。诳惑世间人,看看灭胡种。山僧不奈何,趁后也打哄。(《五灯会元》卷二十,荐福休禅师)

打哄,意即凑热闹。

　　老僧顷年初住此山。常州许宅有个无著道人,法名妙总。三十岁便打硬修行,遍见诸方尊宿,皆蒙印可。(《大慧普觉禅师住径山能仁禅院语录》卷四《示永宁郡夫人(郑两府宅)》)

打硬,有"坚定,倔强,执拗"的意思。

　　只如适来上座问夺人不夺境一段话,只知册子上念将来,如法答他,又理会不得。问一段未了,又问一段,恰如村人打传口令相似。我今不惜口业,为尔诸人葛藤注解一遍。(《大慧普觉禅师住径山能仁禅院语录》卷四)

打传口令,即"传口令"。喻拘泥于言句问答,或纠缠于公案古则,实际上并不明悟禅法。

《汉语大词典》"打"字条未设此前缀项,其第 38 项谓:"与某些动词结合为复词,表示进行之意。如打扫;打扮;打开;打探。"按《汉语大词典》此种表述对于上举词例具有一定程度的概括性。只是"表示进行之意"是实义,还是虚义(进行态)? 如果是前者,则"打扫、打扮、打开、打探"等应是动宾式的复合词(由词根与词根组成);如果是后者,则"打扫、打扮、打开、打探"中的"打"还是具有前缀性质。从通常的语感来看,似乎以后者为妥。

8. 定当,定取

"定"有分辨、辨识的意思。《五家正宗赞》卷四,雪窦明觉章:

　　无定古今眼,被韩太伯苍鹰当路生擒;立分儒释尊,使李殿院老虎通身汗出。

上下句对仗,以"分"对"定",可以比照。又同章节:

　　(明觉禅师)旧尝典宾大阳,与客论柏树子话,时韩太伯倚旁匿笑。客去,师谓曰:"汝何笑耶?"韩曰:"笑知客有定古今舌,无定古今眼。"(知客:禅林司宾客之接待者。)

意为笑知客有辨别古今之舌,却无辨别古今之法眼。

　　今汝诸人试说个道理看,是如来禅,祖师禅? 还定得么? (《五灯会元》卷十,泰钦法灯禅师)

这里的"定"也是辨识的意思。

"定"与语助词"当"、"取"组成双音词"定当"、"定取",亦为"辨识"之义。这

里的"当"、"取"是后缀,并没有实在的意义。例如:

问:"白云长老、太平禅师,于其中间未审如何辨的?"师云:"偁试定当看。"(《法演禅师语录》卷上)

"辨的",即辨识。前言"辨的",后言"定当",则"定当"意义明确。又如:

沩山令僧驰书并镜至仰山。山接得提起云:"若道是沩山镜,又在仰山手里。若道仰山镜,又是沩山寄来。还有人定当得么?"众无语,遂扑破却。(《汾阳无德禅师颂古代别》卷中)

敢问诸人,只如忠国师为甚么却道:钦师犹被马师惑。即今莫有定当得出底么? 若定当得出,许尔诸人尽是出格道人。其或未然,径山据款结案去也。(《大慧普觉禅师住径山能仁禅院语录》卷一)

"定取"例如:

本只为生死茫茫,识性无自由分,千里万里求善知识,须有正眼,永脱虚谬之见,定取目前生死,为复实有,为复实无? 若有人定得,许汝出头。(《五灯会元》卷五,夹山善会禅师)

"定取"、"定"均是辨识之义。有时,"定"既带"当"又带"取",组成"定当取"。即上例之下文为:

上根之人,言下明道。中下根器,波波浪走。何不向生死中定当取? 何处更疑佛疑祖替汝生死?

义同"定"、"定当"、"定取"。

9. 头

(1)名词后缀,多有表示方位、处所的意味。例如"塔头"、"库头"、"路头"、"明头"、"暗头"等:

师到达摩塔头,塔主云:"长老先礼佛,先礼祖?"(《镇州临济慧照禅师语录》)

居士便大悟,便去库头借笔砚,造偈曰……(《祖堂集》卷一五,庞居士)

"塔头"即达摩法身塔。"库头"为库、库房。

古人不得已,见尔迷却路,为尔作个指路头主人而已,亦无禅道佛法可以传授。(《大慧普觉禅师住径山能仁禅院语录》卷四)

"路头"乃悟入之道路、门径。

于北地行化,或城市,或家间,振一铎曰:"明头来,明头打。暗头来,暗头打。四方八面来,旋风打。虚空来,连架打。"(《五灯会元》卷四,镇州普化禅师)

"明头"、"暗头"分别指明亮处、黑暗处。

　　一日行得五百里,恰到百丈庄头讨吃饭。当时侍者亦下庄头。庄主唤侍者对客。(《祖堂集》卷四,药山和尚)

"庄头"指庄院。

　　突出娑婆世界,一枚真个村头。行脚都无用处,推倒只好做牛。(《如净和尚语录》卷下《自赞》)

"村头"即乡巴佬,粗俗汉。

(2)动词后缀。例如"合头"、"入头"等:

　　夫人学道莫贪求,万事无心道合头。(《景德传灯录》卷二九,龙牙和尚《居遁颂》)

　　多见学者,只言卜度下语要求合头。此岂是要透生死?要透生死,除非心地开通。(《圆悟佛果禅师语录》卷一五)

"合头"谓符合、契合禅法,与禅法相合。

　　入夏来十一日也,还得入头么?(《云门匡真禅师广录》卷中)

　　尔若不相当,且觅个入头路。微尘诸佛尽在尔舌头上,三藏圣教在尔脚跟下。不如悟去好!(同上)

"入头"指省悟、悟入。

(3)副词后缀。例如"竞头"、"争头":

　　若人修道道不行,万般邪境竞头生。(《镇州临济慧照禅师语录》)

　　我若说禅宗,身边要一人相伴亦无,岂况有五百七百众耶?我若东说西说,则争头向前采拾,如将空拳诳小儿,都无实处。(《仰山慧寂禅师语录》)

"竞头"、"争头"均指纷纷,争抢着。

　　若于宗师一言之下,啐地折,曝地断,便是彻头处也。(《大慧普觉禅师住径山能仁禅院语录》卷四)

　　潭州石霜竹岩妙印禅师,作《对月看经》偈曰:未动舌头文彩露,五千余卷一时周。若言待月重开卷,敢保驴年未彻头。(《续传灯录》卷三五,竹岩妙印禅师)

"彻头"指彻底领悟禅法。

(4)形容词后缀。例如"实头"、"虚头"等:

　　凡古人因缘,谓之设权,亦谓之建立实头底。只在不作佛法商量处,凡有问答,一一据实祗对。平常无事,天是天,地是地。露柱是木头,金刚是泥塑。饥来吃饭,困来打眠。更有何事?(《大慧普觉禅师住径山能仁禅院语录》卷

四)

投子古佛,丛林中推其得逸群之辩,得朴实头道用。看其等闲拈掇,不妨世法佛法打成一片。(《圆悟佛果禅师语录》卷四)

人道投子实头,不妨忒杀淳朴。(又,卷一七)

"实头"、"朴实头"即老实,常指于答问时据实应对,隐含禅林提倡的"平常心是道"的意思。

德山云:"什摩处学得虚头来?"师云:"专甲终不自诳。"(《祖堂集》卷七,岩头和尚)

净妙妙时解活计,露堂堂处有家风。须知脱体卓然道,廓落圆通是个宗。诸禅德,心迹俱泯,体上无疮,真实人体也。若不与么,只是虚头汉。(《天童山景德寺如净禅师续语录》)

"虚头"指虚幻。"虚头汉"指虚妄不实者。

三、同行语法

10. 即/则不可

置于转折复句前分句末尾,表示有条件的让步,略相当于"也就算了",并引出下面转折性表述。这是带行业色彩的句型。例如:

三乘十二分教,达磨西来,放过即不可;若不放过,不消一喝。(《云门匡真禅师广录》卷中)

直饶透得法身去,放过即不可;子细检点来,有甚么气息? 亦是病。(《大慧普觉禅师住径山能仁禅院语录》卷四)

诸人若未曾见知识即不可;若曾见作者来,便合体取些子意度,向岩谷间木食草衣。恁么去,方有少分相应。(《景德传灯录》卷一四,三平义忠禅师)

诸人若未曾见知识则不可;若曾见作者来,便合体取些子意度,向幽岩雅峤,独宿孤峰,木食草衣。任摩去,方有少分相应。(《祖堂集》卷五,三平和尚)

兄弟若能如是则不可。未得如此,直须好与。莫取次发言吐气,沉坠却汝无量劫。(又,卷一三,山谷和尚)

南院一期利物,应病与药则不可也;若向衲僧门下,天地悬殊! (《黄龙慧南禅师语录》)

按,据袁宾(2001)《广韵》"即"读"子力切",入声职部,"则"读"子德切",入声德部。两字声、调相同,韵部相近(《广韵》职、德二部"同用")。可见"即"和

"则"在唐宋时代读音很接近,两者在唐宋时期的文献中常见通用,例如:

似即似也,是即未是。(《宏智禅师广录》卷五)

似则似,是则不是。(《祖堂集》卷一七,普化和尚)

同一句禅语,有时用"即",有时用"则",可证。"即"、"则"在口语里实际上是同一个词,写作者因方音差异或写作习惯不同而记成了两个字。

11. 即/则不无

用于转折复句前分句末,对前分句的内容给予让步性的肯定,略相当于"也是可以的",并引出后分句转折性表述。这是带行业色彩的句型。例如:

祖师曰:"说似一物即不中,还假修证不?"对曰:"修证即不无,不敢污染。"(《祖堂集》卷三,怀让和尚)

后二句意谓:修证也是可以的,然而不可污染(此悟心)。

师见僧来,竖起拂子,其僧便喝,师曰:"喝即不无,且道老僧过在什么处?"(《景德传灯录》卷一一,仰山慧寂禅师)

上堂云:"大觉世尊道:我今为汝保任此事终不虚也,汝等当勤精进行此三昧。"师云:"精进即不无,诸人,作么生是三昧?"(《黄龙慧南禅师语录》)

(子湖)与胜光和尚鉏园次,蓦按锹,回视光曰:"事即不无,拟心即差。"(《五灯会元》卷四,子湖利踪禅师)

僧问茱萸:"如何是沙门行?"萸云:"行则不无,有觉即乖。"(《筠州洞山悟本禅师语录》)

坐脱立亡者则不无,要会先师意犹未在。(《虚堂和尚语录》卷九)

12. 即且置/止/致/从,则且置/止/致/从

放在复句前分句末尾,表示排除前分句内容,不作为本复句主题,引出的后分句是主题句,且大多是疑问句。这是带行业色彩的句型。例如:

酱水钱即且置,草鞋钱教什么人还?(《筠州洞山悟本禅师语录》)

镇州萝卜头即且置,庐陵米价作么生?(《黄龙慧南禅师语录》)

这个即且置,那个如何?(《佛果圆悟禅师碧岩录》卷四,第三四则)

有问有答即且置,无问无答时如何?(《五灯会元》卷三,百丈怀海禅师)

通身是眼见不到,通身是耳闻不及,通身是口说不著,通身是心鉴不出。通身即且止,忽若无眼作么生见?无耳作么生闻?无口作么生说?无心作么生鉴?(《佛果圆悟禅师碧岩录》卷九,第八九则)

以拄杖画一画,曰:"这个即且止,宗门事作么生?"(《五灯会元》卷一六,法昌倚遇禅师)

老胡四十九年说梦<u>即且止</u>，僧堂里憍陈如上座为你诸人举觉底，还记得么？（同卷，妙湛尼文照禅师）

离一切相<u>即且致</u>，威音王已前一句作么生道？（《圆悟佛果禅师语录》卷七）

上堂云："不得春风华不开。个个道我会。会<u>即且致</u>，作么生举？"（《明觉禅师语录》卷三）

朝到西天，暮归东土<u>即且致</u>，把断要津一句，作么生道？（《续传灯录》卷六，宝庆子环禅师）

师问曰："有人持莫耶之剑拟取师头时如何？"洞山云："取<u>即且从</u>，赞梨且唤什摩作老僧头？"（《祖堂集》卷八，龙牙和尚）

问僧："张、王、李、赵不是汝本来性，汝本来姓个甚么？"曰："与和尚同性。"师曰："同姓<u>即且从</u>，汝本来姓个甚么？"（《五灯会元》卷一三，含珠审哲禅师）

露柱踔跳入灯笼里<u>即且从</u>他，汝眉毛因甚么却拖在脚跟下？（《续传灯录》卷九，显忠祖印禅师）

浆水钱<u>则且置</u>，草鞋钱教阿谁还？（《祖堂集》卷一六，南泉和尚）

不涉程途<u>则且置</u>，和泥合水一句作么生道？（《圆悟佛果禅师语录》卷二）

金毛狮子<u>则且置</u>，且道作么生是露地白牛？（《佛果圆悟禅师碧岩录》卷十，第九四则）

末后句<u>则且置</u>，只如当头一句又作么生道？（《五灯会元》卷一六，大梅法英禅师）

衲僧家如红炉上一点雪，平地上七穿八穴<u>则且止</u>，不落寅缘又作么生？（《佛果圆悟禅师碧岩录》卷七，第六九则）

若向个里拨转得一线道，便与古佛同参。参<u>则且止</u>，且道参个什么人？（又，卷九，第八九则）

直饶体用两全，争奈当头蹉过。过<u>则且止</u>，放子三十棒又作么生？（《潭州沩山灵祐禅师语录》）

目视云霄<u>则且致</u>，鱼行酒肆一句作么生道？（《圆悟佛果禅师语录》卷一）

僧堂前<u>则且致</u>，望州亭、乌石岭什么处相见？（《宏智禅师广录》卷一）

箭锋相拄<u>则且致</u>，锯解秤锤时如何？（《万松老人评唱天童觉和尚颂古从

容庵录》二,第一七则《法眼毫厘》)

　　古人道:"得逢得遇亦是屈,不逢不遇亦是屈。"不逢不遇时屈则且从,得逢得遇为什摩却是屈?(《祖堂集》卷八,云居和尚)

　　古人道:"这里则易,那里则难。"这里则且从,那里事作摩生?（又,卷一一,保福和尚)

　　厨库三门则且从却,朝花亦谢,树亦无影,日又落,月又暗,尽乾坤大地黑漫漫地,诸人还见么?(《佛果圆悟禅师碧岩录》卷九,第八六则)

第三节　词语考释与修辞有关

一、辨明修辞义

禅录词语常含有修辞色彩,有些词语的修辞色彩已约定俗成,成为语义的组成部分。考释这些词语的语义,理应辨明其修辞意义。

1. 老婆心,老婆心切,老婆禅

禅师接引学人,唯恐其不能领悟,多用言句施设,一片慈悲心肠,称为"老婆心"。按老婆心与不立文字语言、禅机贵在迅疾以及顿悟自心等禅旨并不相合,故常受到批评或讥刺,带有贬抑意味。例如:

　　问:"学人根思迟回,乞师曲运慈悲,开一线道。"师曰:"遮个是老婆心。"(《景德传灯录》卷二一,招庆道匡禅师。遮:即这。)

　　金峰和尚示众云:"老僧二十年前有老婆心,二十年后无老婆心。"时有僧出问:"如何是和尚二十年前有老婆心?"峰云:"问凡答凡,问圣答圣。"僧云:"如何是二十年后无老婆心?"峰曰:"问凡不答凡,问圣不答圣。"(《密庵和尚语录》)

"老婆心切"意谓禅师慈悲心切,多用言句施设启发学人省悟,带有贬抑意味。例如:

　　六祖可谓是事出急家,老婆心切,譬如新荔枝,剥了壳,去了核,送在尔口里,只要尔咽一咽。(《禅宗无门关·不思善恶》)

　　达摩西来,不执文字,直指人心,见性成佛。说个直指,已是迂曲;更言成佛,郎当不少。既是无门,因甚有关? 老婆心切,恶声流布。(同上)

"老婆禅"指苦口婆心、言句啰唆的禅门教法,带有贬抑意味。例如:

近日太平院,禅和多聚散,参底老婆禅,吃底籼米饭。(《法演禅师语录》卷上)

云门好则甚好,奇则甚奇,要且只说得老婆禅。(又,卷中)

若使老汉初为渠,拖泥带水,说老婆禅,眼开后定骂我无疑。(《大慧普觉禅师住径山能仁禅院语录》卷四《答鼓山逮长老》)

2. 列列挈挈(附:跷跷誵誵)

宋代《密庵和尚语录》里屡次使用"列列挈挈"一语:

(1)遂拈拄杖云:"唯有主杖子,列列挈挈,跷跷誵誵,摇头摆尾道:'不是! 不是!'"

(2)蓦拈拄杖云:"拄杖子列列挈挈,善别端倪。"

(3)见个老和尚,列列挈挈,太杀不近人情。

这三个例句反映了"列列挈挈"的两种用法。用于物,形容物体表面凹凸不平,上举1、2例即谓拄杖(多以硬木制成)多节多疤的外形。元明时代成书的《平妖传》第三十一回里有这样一段话:

看的人相挨相挤冷笑道:"没来由,我们倒吃这妇人家耍了。引了这半日,又没甚花巧。裂裂缺缺的捏这几支泥蜡烛,要他何用!"

此例中的"裂裂缺缺"形容泥蜡烛外形不平整,和"列列挈挈"音近义同。实际上"列列挈挈"与"裂裂缺缺"在口语里是同一个词,由于写作者方言读音或用字习惯不尽相同,遂于文献中出现了两种词形。《平妖传》和《密庵和尚语录》的用例不仅可以互作旁证,还说明这是宋元时代活跃在口语中的词儿。

《密庵和尚语录》里第3个例句,"列列挈挈"用于人,形容性格脾气奇特古怪,故下文接以"太杀不近人情"。这个词儿形容物体外表则是凹凸不平,形容人的脾性则是古里古怪、不平和,其词义引申脉络是清晰可寻的。

第3例里的"老和尚"指密庵的老师应庵昙华禅师。密庵谓其师"列列挈挈,太杀不近人情"云云,乃禅家常有的诙谐口吻,实际上是在褒扬昙华禅师深悟禅理,超常出格,祛尽凡情俗念。

"列列挈挈"另有一个同音的写法为"奀奀",《虚堂和尚语录》卷一:

上堂:"始见安居,又逢中夏。孜孜矻矻底,鬼神莫测其由;奀奀底,佛祖辨他不出。报恩门下还有此人么?"

"奀奀"也是指乍看古里古怪,实则奇特出格的灵悟僧人。日本无著道忠对"奀奀"的解释是:"出格汉,顺逆自在也,故佛祖亦辨别渠不得。"(见其《〈虚堂录〉

犁耕》手稿本)这是很确当的。

明代田汝成《西湖游览志余》卷二十五:

> 言人胸次不坦夷,逞独见以忤人者曰"㔟",音如"列挈"。

按"㔟"与"㔟"系同词异写。"言人胸次不坦夷,逞独见以忤人"与上文释"列列挈挈"的第二种用法一致。这条记载告诉我们,除了文献里屡见的叠音形式"列列挈挈"等外,口语里还有非叠音的"列挈"。

上文引《密庵和尚语录》的第 1 例中"跷跷誦誦"也形容物体表面凹凸不平,与"列列挈挈"同义。欧阳修《盘车图》诗:"山石跷聱车碌碌,山势盘斜随涧谷。"其中"跷聱"谓山石高低不平。"聱"字与"誦"在宋代读音相近,文献里常见通用,如《佛果圆悟禅师碧岩录》里"誦讹"一词又写作"聱讹":

> 看这般公案,誦讹在什么处?(卷五,第四五则)

> 且道聱讹在什么处?(卷二,第一五则)

> 且道节角誦讹在什么处?(卷六,第五一则)

> 千变万化,节角聱讹,著著有出身之路。(卷一,第八则)

可见"跷聱"也就是"磽誦",叠音即"跷跷誦誦"。此叠音词在《密庵和尚语录》里还有一处用例:

> 遮些骨头,跷跷誦誦,奇奇特特,他人住处不肯住,他人爱处不肯爱。

这是密庵和尚为一位禅僧尸骨入塔而写的悼念诗。细细揣摩,此例"跷跷誦誦"似兼有如下几层意思:(一)明谓骨殖表面不平整。(二)暗谓该僧生前脾性古怪奇特。(三)实谓该僧超脱凡情,是深领禅旨的"出格汉"。可见"跷跷誦誦"之意义及引申脉络,与上文所说"列列挈挈"相同。

3. 这

禅录中"这 + 名词"的结构形式往往有指斥的修辞意味。略举《祖堂集》用例如下:

> 有时王咏问:"如何得解脱?"师曰:"诸法不相到,当处得解脱。"咏曰:"若然者,即是断,岂是解脱?"师便喝曰:"这汉,我向你道不相到,谁向汝道断?"王咏更无言。(《祖堂集》卷三,慧忠国师)

> 有僧辞,师问:"脚根未跨门限,四目相睹,一生更休去。更招人检点,为复不招人检点?汝若道得,我则提囊煎茶送汝。"无对。师以杖趁出法堂云:"这虚生浪死汉!"(又,卷一三,报慈和尚)

"虚生浪死"即虚度人生,糊涂而死。禅林常用之为斥骂语。

> 相公别问:"如何是戒、定、慧?"师曰:"贫道这里无这个闲家具。"(又,卷

四,药山和尚)

"闲家具"即无用之物,多指无常虚幻事物。

> 座主无对,遂辞出门。师召云:"座主。"座主应喏,师云:"是什摩?"座主无对,师呵云:"<u>这钝根阿师</u>!"(又,卷一四,马祖和尚)

意为这根器愚钝的僧人。

二、省略式词语

省略式词语是通过"省略"辞格造成的词语。开始只是临时的省略用法,须要特定的语境来帮助理解。有些省略形式用多了,便约定俗成为省略式词语。

4. 吹毛(剑)

"吹毛剑"指吹毛可断,极为锋利的剑。例如:

> 汉帝西征陷虏尘,一朝围解议和亲。当时已有吹毛剑,何事无人杀奉春?(《全唐诗》卷六四七,胡曾,《咏史诗·平城》)

禅家多以"吹毛剑"比喻极为锐利之机锋,例如:

> "如何是和尚吹毛剑?"师云:"不假干将铸,出匣透神光。用者如何?"师云:"有怪除妖孽,无生不用磨。"(《汾阳无德禅师语录》卷上)

> 上堂:"谢秉拂。此拂子过如吹毛剑。善用者坐致太平,不善用者伤锋犯手。二林莫有出厩良驹,不劳鞭影底么?"掷下拂子:"看!看!"(《虚堂和尚语录》卷二)

"吹毛",即"吹毛剑"的省称:

> 剑刃上吹毛试之,其毛自断,乃利剑谓之吹毛也。(《佛果圆悟禅师碧岩录》卷十,第一百则)

亦多喻锐利的机锋,例如:

> 化城踏破宝所非留,当阳截断机关,透出百草颠头。挥临济之吹毛,驾慈明之巨舟,头角相似气类相投。全机一喝分宾主,须信渠侬得自由。(《圆悟佛果禅师语录》卷二十《法一书记请赞》)

> 百战场中舞纛旗,将军立处十分危。游人只看锥头利,失却吹毛总不知。(《密庵和尚语录》)

> 天衣怀和尚颂云:维摩不默不良久,据坐商量成过咎。吹毛匣里冷光寒,外道天魔皆拱手。(《佛果圆悟禅师碧岩录》卷七,第六五则)

5. 金毛(狮子)

"金毛"即金毛狮子,喻指佛。以释迦世尊曾为金色师子,为猎师舍身。《贤愚经》卷一三《坚誓师子品》记云："有一师子名蹂迦罗毗，躯体金色。"禅林以"金毛师子"喻指灵利衲僧，机用杰出的悟道者：

> 上堂云："一华开天下春，古佛为甚么不著便？尔若透得，救取天下老宿。忽若有个衲僧出来云：'和尚且自救也。'许伊是金毛狮子。"（《明觉禅师语录》卷二）

"金毛"为"金毛师子"的省略形式，禅录习见：

> 水绕山围狮子窟，赫赫金毛从此出。野犴既死狐兔悲，天下丛林闹聒聒。我来不敢重步行，森严匝匝清风生。三拜无言出门去，烟笛一声牛背横。（《虚堂和尚语录》卷六《石霜慈明大师》）

> 金毛踞地众威全，一喝能令丧胆魂。岳顶峰高人不见，猿啼白日又黄昏。（《人天眼目》卷一《汾阳》）

> 豁然顿明，颂曰："非心非佛亦非物，五凤楼前山突兀。艳阳影里倒翻身，野狐跳入金毛窟。"……遂复至虎丘，海（指佛海）迎之曰："居士见处，止可入佛境界。入魔境界，犹未得在。"公加礼不已，海正容曰："何不道金毛跳入野狐窟？"公乃痛领。（《五灯会元》卷二十，知府葛郯居士）

第三例的"野狐"多是对不合禅法者的责骂语，与"金毛"可相比照。

6. 向道

"向道"犹言对他说，对你说。例如：

> 举，玄沙问镜清："我不见一法为大过患。尔道不见什么法？"清指露柱云："莫是不见者个法么？"沙云："浙中清水白米从尔吃，佛法则未在。"师云："大小镜清被玄沙热瞒。我当时若见，但只向道：灵山授记也未到如此！"（《明觉禅师语录》卷三）

此公案亦见《万松老人评唱天童觉和尚拈古请益录》卷一，第九则《玄沙过患》：

> 雪窦（即明觉）拈云："大小镜清被玄沙热谩。"万松道："切忌以己方人。"雪窦代云："我当时若见，但向他道：灵山授记未到如此！"

第一例用"向道"，第二例用"向他道"，对比之下，"向道"的省略性质很明显。又如：

> 师召大众云："明明向道，尚自不会。岂况盖覆将来！"（《大慧普觉禅师住径山能仁禅院语录》卷四）

这是禅师说法时常用的语句，谓学人不能领悟。在其他禅录中又作"向你道"、"向汝道"：

师有时云:"明明向你道,尚乃不知。岂况盖覆将来!"(《祖堂集》卷一九,陈和尚)

上堂,举,睦州(即陈和尚,陈乃俗姓)示众曰:"汝等诸人未得个入头处,须得个入头处。既得个入头处,不得忘却老僧。明明向汝道,尚自不会。何况盖覆将来!"(《续传灯录》卷二三,法清祖鉴禅师)

可见,"向道"即"向+人称代词+道"的省略形式,使用既多,便成为凝固的双音词。

7. 据合

又问第三人:"适来两人败阙了也,尔堪作个什么?"僧拟议,师便喝云:"过者边!"乃云:"据合一时埋却,且念远来,参堂去!"(《明觉禅师语录》卷二。合:应该。)

"据合"意谓"据此情况,应该……"、"据我看来,应该……",是缩略语。禅录中多"据……见处"的格式语:

据雪窦见处,仰山被沩山一问,直得草绳自缚,死去十分。(《仰山慧寂禅师语录》)

举盘山光境话。英(首座)云:"只如保福与么说话,未免挂人唇齿。"师云:"你作么生?"英作掌势。师云:"自屎不知臭。"英云:"和尚作么生?"师云:"若据我见处,掘个地坑,和你一时埋却,且要天下太平。"(《法昌倚遇禅师语录》卷一)

两相比照,"据合"缩略语的性质很明显。

8. 未在

"未在"指不然,不对,不行。而禅录中使用"未在",多是"未在(禅法)"、"未在(禅机)"的省略形式,指未契合禅法,未领会禅机。例如:

师乃举拂子曰:"曹溪还有这个么?"曰:"非但曹溪,西天亦无。"师曰:"子莫曾到西天否?"曰:"若到即有也。"师曰:"未在,更道!"(《五灯会元》卷五,青原行思禅师)

(谷泉)后省同参慈明禅师。明问:"白云横谷口,道人何处来?"师左右顾视。曰:"夜来何处火,烧出古人坟?"明曰:"未在,更道!"(又,卷一二,大道谷泉禅师)

"未在,更道"意为不对,重新说过。

问:"如何是金刚不坏身?"师曰:"老僧在汝脚底。"僧便喝。师曰:"未在。"僧又喝,师便打。(又,卷一一,南院慧颙禅师)

曰:"今古之道,何处藏身?"师曰:"阇黎作么生?"僧珍重,便出。师曰:"未在。"(又,卷一三,同安威禅师。珍重:道别,告辞。)

问曰:"狭路相逢时如何?"明(指慈明)曰:"你且躲避,我要去那里去。"师归。来日,具威仪,诣方丈礼谢。明呵曰:"未在。"(又,卷一九,杨岐方会禅师)

升座次,有道士出众从东过西,一僧从西过东。师曰:"适来道士却有见处,师僧未在。"(又,卷五,三平义忠禅师)

"未在"与"有见处"相对,指从西过东的禅师未领会禅机。

鼓山赴大王请,雪峰门送。回至法堂,乃曰:"一只圣箭直射九重城里去也。"师曰:"是伊未在。"峰曰:"渠是彻底人。"师曰:"若不信,待某甲去勘过。"(又,卷七,太原孚上座)

雪峰肯定鼓山是"圣箭",孚上座却不同意,"是伊未在"谓其尚未领悟,雪峰则说"渠是彻底人",意为他是彻悟的人。两人意见截然相反,所以孚上座说要去勘验。

未几,云(指白云禅师)至,语师曰:"有数禅客自庐山来,皆有悟入处。教伊说,亦说得有来由。举因缘问伊亦明得,教伊下语亦下得,只是未在。"师于是大疑,私自计曰:"既悟了,说亦说得,明亦明得,如何却未在?"遂参究累日,忽然省悟。(又,卷一九,五祖法演禅师)

前言"未在",后言"忽然省悟","未在"指未省悟,未领会禅机。

9. 将为,将谓,把作

禅录中"将为,将谓,把作"有"当作、以为"义:

监院回举似疏山,山便具威仪,望大岭礼拜叹云:"将为无人,大岭有古佛放光射我此间。"(《大慧普觉禅师住径山能仁禅院语录》卷一)

"将为无人"意谓"以为没有真正的参禅者"。

师因半夏上黄檗,见和尚看经。师云:"我将谓是个人,元来是揞黑豆老和尚。"(《镇州临济慧照禅师语录》)

"将谓……,元来……"是禅录中常见的固定句型,即"以为……,却原来……",两者构成了转折关系,"将谓"有转折复句关联词的作用。

今日师僧才见,通个寒暄,道个万福,把作寻常。及乎指鹿为马,将日作月,抛出陕府铁牛,惊倒嘉州大像,便乃点头咽唾,以为奇特。(《月江(正印)和尚语录》卷上)

"把作寻常"与"以为奇特"是相互比照的对象,"把作"即"以为、当作"。

"将为、将谓、把作"是在"将"、"把"类处置句省略介词宾语的基础上产生的。近代汉语中，有这样一类表示"当作"或"给予"的处置句：

> 我今有一襦，非罗复非绮。借问作何色，不红亦不紫。夏天将作衫，冬天将作被。冬夏递互用，长年只这是。（《全唐诗》卷八零六，寒山，《诗三百三首》）

> 圣人之忠恕自别，不可将做寻常"忠恕"字看。（《朱子语类》卷二七）

> 琵琶可是不堪听。无奈愁人把做、断肠声。（《全宋词》，张枢，《南歌子》）

> 十年磨一剑，霜刃未曾试。今日把赠君，谁有不平事？（明·凌濛初《二刻拍案惊奇》卷一一）

它们的共同特点就是处置介词之后不带宾语，直接带上谓语动词。我们认为这是处置句省略了介词宾语而产生的（参冯春田 2000:565）。这些句子中的"将/把"与动词之间都可以补出省略的宾语"襦"、"忠恕"、"琵琶声"、"剑"。禅录中也常见这样的处置句式：

> 师上堂曰："尽十方世界无一微尘许法与汝作见闻觉知。还信么？然虽如此，也须悟始得，莫将为等闲。不见道，单明自己，不悟目前，此人只具一只眼。还会么？"（《景德传灯录》卷二五，罗汉宣法禅师）

> 更有十年二十年向江湖上走，自号饱参。遍历诸家门户，谓祖师言句自有来由，从上机缘各有浅深。把诸家相似语比类排布，录作大册小册，藏衣单下，不令人见，到处把作宗门玄旨。（《嘉泰普灯录》卷二五，仁王钦禅师）

可以看到，"将为"、"把作"表示的是"将/把……作为……"，都是省略了介词宾语后的结果。介词宾语的经常省略，使得处置介词与谓语动词的结合日趋紧密，并最终凝结为词。

10. 剔起便行

"剔起眉毛便行"、"眉毛剔起便行"比喻领会禅义、应接禅机极为迅捷：

> 上堂，云："胡蜂不恋旧时窠，猛将不在家中死。若是个汉，聊闻举著，剔起眉毛便行。"（《明觉禅师语录》卷二）

> 上堂："宝剑拈来便使，岂有迟疑？眉毛剔起便行，更无回互！"（《五灯会元》卷一九，佛性法泰禅师。回互：犹豫，迟疑。）

第一例指若是个真正的丈夫汉，真正的参禅者，一听到举示，迅疾领会。第二例的意思也是指快速领悟，完全没有迟疑。"剔起眉毛便行"、"眉毛剔起便行"在宋代禅录里经常使用，因为产生了"剔起便行"的简省语：

若是灵利汉,聊闻举著,剔起便行,更不周由者也。(《大慧普觉禅师住径山能仁禅院语录》卷八。周由者也:言句啰唆或行为拖沓。)

作家禅客,聊闻举著,剔起便行。(《佛果圆悟禅师碧岩录》卷八,第七八则)

若是特达英灵底汉,直下向击石火里、闪电光中,才闻举著,剔起便行。(又,卷三,第三十则)

"聊(才)闻举著,剔起便行"与上文"聊闻举著,剔起眉毛便行"的结构与意义完全相同,相比照可以看出两者的关联。又如:

上根利智,剔起便行,不落言诠,不拘机境。(《圆悟佛果禅师语录》卷九)

意为具有上等根器和杰出智慧者,能迅疾领会禅机,不会陷于名词概念的纠缠,不拘泥于虚幻的机缘教化。

禅录中有一系列有关"眉毛、眉须"的行业用语。"剔起便行"简省语的出现反映了"眉"系词语的使用频繁。即便省略了"眉毛",其含义仍然清晰明白,并不妨碍使用与交流。

11. 朝三千,暮八百

问:"如何是第一句?"师云:"袖里金槌。"僧便喝,师云:"朝三千,暮八百。"(《明觉禅师语录》卷一)

实为"朝打三千,暮打八百"的省略说法。"朝打三千,暮打八百"是禅师对僧徒参学失误的斥责语。我们可以通过对比来说明,例如:

师问直岁:"甚处来?"云:"割茆来。"师云:"割得几个祖师?"岁云:"三百个。"师云:"朝三千,暮八百。东家杓柄长,西家杓柄短,又作么生?"岁无语,师便打。(《联灯会要》卷二四,云门文偃禅师。直岁:寺院职事僧,负责管理一年的寺院劳动、杂务。)

"朝三千,暮八百"是对直岁的斥语。此公案亦见《大慧普觉禅师住径山能仁禅院语录》卷三,"朝三千,暮八百"作"朝打三千,暮打八百":

上堂,举,云门问直岁:"今日作甚来?"岁云:"刈茅来。"门云:"刈得几个祖师?"岁云:"三百个。"门云:"朝打三千,暮打八百。东家杓柄长,西家杓柄短,作么生?"岁无语,门拈拄杖便打。

两相对照,省略的形式很明显。又如:

僧问:"古佛出世为一大事因缘。和尚出世当为何事?"师张口吐舌。僧云:"只这个,别更有在?"师曰:"朝三千,暮八百。"(《续传灯录》卷六,凤栖仲

卿禅师）

12. 官不容针

歇后语也是一种省略式词语。《五灯会元》卷一九，杨歧方会禅师：

> 一日，明（指慈明）上堂，师出问："幽鸟语喃喃，辞云入乱峰时如何？"明曰："我行荒草里，汝又入深村。"师曰："官不容针，更借一问。"明便喝。

"官不容针"是"官不容针，私通车马"的省略形式，含有歇后语意味。"官不容针，私通车马"系禅家常语，意谓法律严密，不容丝毫含糊，然以私下人情却大可通融。禅家使用此语，多指接引学人时，可以随机应物，灵活采用多种方便法门。例如：

> 沩山问仰山："石火莫及，电光罔通。从上诸圣，将什么为人？"仰山云："和尚意作么生？"沩山云："但有言说，都无实义。"仰山云："不然。"沩山云："子又作么生？"仰山云："官不容针，私通车马。"（《古尊宿语录》卷五《临济禅师语录之馀》）

> 若向言中取则，句里明机，也似迷头认影。若也举唱宗乘，大似一场寐语。虽然如是，官不容针，私通车马。放一线道，有个葛藤处。（《五灯会元》卷一二，大愚守芝禅师。葛藤：言句解说。）

三、数字修辞

禅录词语中常见数字修辞现象。

13. 西天四七、竺乾四七

"西天四七"指古印度禅宗二十八代祖师。相传自释迦牟尼佛在灵山大会上传付"正法眼藏"（即禅法）给弟子摩诃迦叶，迦叶便成为西天（古印度）禅宗第一祖，递代相传，直至第二十八祖菩提达摩渡海来华，开创东土禅宗。例如：

> 威音王已前也恁么，威音王已后也恁么，三世诸佛也恁么，西天四七、唐土二三也恁么。（《法演禅师语录》卷中）

> 若是个汉，不顾危亡，单刀直入，八臂那咤拦他不住。纵使西天四七、东土二三，只得望风乞命。（《禅宗无门关》自序）

"四七"之间是乘法关系。"西天四七"也说作"竺乾四七"（"竺乾"指天竺，古印度）：

> 是故竺乾四七、东土二三，皆龙象蹴踏，师胜资强。机境言句，动用语默，有上上乘器，格外领略。（《圆悟佛果禅师语录》卷二十《破妄传达磨胎息论》）

竺乾四七例皆迷,震旦二三浑未悟。我说是言非正邪,当机觌面休回互。
(《大慧普觉禅师住径山能仁禅院语录》卷四)

14. 东土二三,唐土二三,震旦二三

"东土二三"指中国禅宗自菩提达摩至慧能的六代祖师。"二三"之间也是乘法关系。例如:

西天四七圣,东土二三祖,鼻孔眼睛总穿在者里。(《明觉禅师语录》卷二)

自是西天四七、东土二三,天下老和尚各各以心传心,相续不断。(《大慧普觉禅师住径山能仁禅院语录》卷一)

亦作"唐土二三"、"震旦二三":

三世诸佛,若无第一义,将什么化度有情? 西天四七,唐土二三,乃至天下老和尚,若无第一义,将什么建立宗风?(《法演禅师语录》卷下)

遂有竺乾四七,震旦二三,续焰联芳,分枝列派。(《建中靖国续灯录》卷一七,惟白佛国禅师)

第八章

禅录词语考释分类示例（下）

第四节　词语考释与文字有关

一、文字校勘

1. 敢破

1994 年日本花园大学禅文化研究所影印的大字本《祖堂集》卷一八，赵州和尚章：

> 有人问老婆：“赵州路什摩处去？”婆云：“蓦底去。”僧云：“莫是西边去摩？”婆云：“不是。”僧云：“莫是东边去摩？”婆云：“也不是。”有人举似师，师云：“老僧自去勘破。”师自去，问：“赵州路什摩处去？”老婆云：“蓦底去。”师归院，向师僧云：“<u>敢破</u>了也。”

据詹绪左（2006）的考察，“敢破”为“勘破”字形之讹误。此则公案，又见于《景德传灯录》卷十赵州从谂禅师章、《联灯会要》卷六赵州从谂禅师章、《五灯会元》卷四赵州从谂禅师章、《五家正宗赞》卷一赵州真际禅师章，以及《古尊宿语录》卷一四《赵州真际禅师语录之余》，均录作“勘破”。禅人之间通过机锋较量考测出对方禅悟之深浅或挫败对方称“勘破”。

2. 惭著，著耻

> 二天请偈，四众抛筹。
>
> 法才极赡，大耳<u>惭著</u>。（《祖堂集》卷三，慧忠国师，引净修禅师赞）

据詹绪左（2006），“惭著”当为“惭羞”的俗写之讹。《泉州千佛新著诸祖师颂》（《大正藏》第 85 册）此句即作“羞”。“著”与“羞”俗写混用，在佛典中即有用例。碛砂藏本《经律异相》卷二三《婆和吒母丧子发狂闻法得道十》(上海古籍出版社,1988):"遥见世尊,即得本心,惭愧著耻。"该卷后附音义:"羞耻,上音修。"核其所从出的《杂阿含经》卷四四,"著"亦作"羞"。可见,"著"乃"羞"字俗写之讹。

无独有偶,大字本《祖堂集》卷一二,育王和尚章:

> 今夜某甲不避着耻,与诸尊者共谈。

这里的"着",国内流行的《祖堂集》两个点校本(岳麓书社1996,中州古籍出版社2001)均录作"著"。《唐五代语言词典》也据此例设立"著耻"条。詹文指出,实际上这里的"着"也是"羞"的俗讹字。此句又见于《景德传灯录》卷二十育王弘通禅师章,及《五灯会元》卷一三育王弘通禅师章,均作"羞耻"。可为参照。

3. 无须锁

> 进云:"正当出与未出时如何?"师云:"无须锁子两头摇。"(《大慧普觉禅师住径山能仁禅院语录》卷一)

> 上堂,举,僧问石霜:"如何是和尚深深处?"霜云:"无须锁子两头摇。"(《宏智禅师广录》卷四)

> 无须锁子八面玲珑,不拨自转南北西东。海神知贵不知价,留向人间光照夜。(《圆悟佛果禅师语录》卷一九)

> 无为国。高卧羲皇上,行歌帝舜时。

> 无星秤。斤两甚分明。

> 无根树。不假东皇力,常开优钵花。

> 无底钵。托来藏日月,放下贮乾坤。

> 无弦琴。不是知音莫与弹。

> 无底船。空载月明归。

> 无生曲。一曲两曲无人会,雨过夜塘秋水深。

> 无孔笛。等闲吹一曲,共赏太平时。

> 无须锁。掣开难动手,合定不通风。又云金槌击不动。

> 无底篮。能收四大海,包括五须弥。(《人天眼目》卷六《十无问答》)

"无须锁"即"无鑐锁"。"须"、"鑐",《广韵》平声虞韵均作"相俞切",同音通假。《汉语大词典》"鑐"字条云:

> 锁簧。《广韵·平虞》:"鑐,锁牡也。"《五灯会元·沩潭祥禅师法嗣·香山道渊禅师》:"击拂子、无鑐锁子,不厌动摇。"

"无鑐锁"、"无须锁"即没有锁簧的锁,是超出通常逻辑的禅家奇特语,隐指

超越情识妄念分别的悟道境界。例如:

　　或曰:"佛教已知,祖教何如?"曰:"祖师门下,杜绝名言。名不立何更多名? 应感随机,其名亦众。有时呼为自己,众生本性故。有时名为正眼,鉴诸有相故。有时号曰妙心,虚灵寂照故。有时名曰主人翁,从来荷负故。有时呼为无底钵,随处生涯故。有时唤作没弦琴,韵出今时故。有时号曰无尽灯,照破迷情故。有时名曰无根树,根蒂坚牢故。有时呼为吹毛剑,截断尘根故。有时唤作无为国,海晏河清故。有时号曰牟尼珠,济益贫穷故。有时名曰无鐍锁,关闭六情故。乃至名泥牛、木马、心源、心印、心镜、心月、心珠,种种异名,不可具录。若达真心,诸名尽晓。昧此真心,诸名皆滞。故于真心,切宜子细。"(《真心直说·真心异名》)

　　上堂:"香山有个话头,弥满四大神洲。若以佛法批判,还如认马作牛。诸人既不作佛法批判,毕竟是甚么道理?"击拂子:"无鐍锁子不厌动摇,半夜枕头要须摸著。"下座。(《续传灯录》卷二五,香山道渊禅师)

二、以字形为喻造出词语

4. 打之绕

像"之"字笔形般绕来绕去,多用来指斥参禅者不能直截悟入。例如:

　　直截简径,广大明白底一段大事,诸人自打之绕,自求葛藤。遂见纷纷纭纭,曲曲屈屈,卒了不下。(《嘉泰普灯录》卷二五,别峰邱禅师)

　　近来学佛人,少见不颠倒。唯务资谈柄,弃大而就小。昧却直截事,外边打之绕。毕竟那一著,何曾得分晓? (《大慧普觉禅师住径山能仁禅院语录》卷四《庄泉伯检察为先安抚请升堂偈》)

5. 八字打开

形容禅师直示玄旨,极其明白,毫无遮蔽。取"八"的字形向外展开为喻。例如:

　　若能知云月是同,溪山各异,便见但知作佛,愁什么众生? 如此,则三玄三要八字打开,五位君臣一笔句下。诸人还见么? 出头天外看,须是个中人。(《圆悟佛果禅师语录》卷三)

　　歇得尽处,无可歇者,即是菩提。胜净明心,不从人得。永嘉大师道:取不得,舍不得,不可得中只么得。岂不是八字打开,两手分付? (《宏智禅师广录》卷五)

　　所以雪窦如此郎当颂道:"打鼓看来君不见",痴人还见么? 更向尔道:

"百花春至为谁开",可谓豁开户牖,与尔一时八字打开了也。及乎春来,幽谷野涧,乃至无人处,百花竞发。尔且道,更为谁开?(《佛果圜悟禅师碧岩录》卷一,第五则)

三、因讹传讹造出词语

6. 专甲,某专甲

禅录中的"某"大抵有两种用法:

①自称之词,相当于"我"。例如:

老人于言下大悟,作礼曰:"某已脱野狐身,住在山后,敢乞依亡僧津送。"(《五灯会元》卷三,百丈怀海禅师)

②代指人名等。例如:

师曰:"我有个同行住岩头,附汝一书去。"书曰:"某书上师兄,某一自鳖山成道后,迄至于今饱不饥。同参某书上。"(《五灯会元》卷七,雪峰义存禅师)

上述"某"也写作"某甲",也是两种用法:

①自称之词,相当于"我"。例如:

僧侍立保福次。福云:"尔得与么粗心?"福拈一块土与僧:"尔抛向门外著!"僧抛了却来云:"甚处是某甲粗心?"(《明觉禅师语录》卷二)

师谓众曰:"我要一人传语西堂,阿谁去得?"五峰曰:"某甲去。"(《五灯会元》卷三,百丈怀海禅师)

②代替人名。例如:

师问僧:"名什么?"僧云:"某甲。"(《筠州洞山悟本禅师语录》)

饶州刺史与师造大藏殿,师与一僧同看殿次,师唤:"某甲!"僧应诺。(《景德传灯录》卷二十,朱溪谦禅师)

唐宋时期,"某"字的俗简体写作"厶",禅录中的"厶甲"就是"某甲":

佛日到,维那不许参和尚。佛日云:"厶甲暂来礼和尚,不宿。"(《祖堂集》卷七,夹山和尚)

值得注意的是,禅录中还可见到"专甲"与"某专甲",这是怎么回事呢?袁宾等(2005)对此作了详细的考证。原来唐宋时期,"厶"既是"某"字的俗简体,又是"专"字的俗简体。辽代僧人行均编集的《龙龛手鉴》平声卷一:

厶,古文音专,某厶也,自是也,厶,擅也。

"厶"与"专"音义皆同("擅"即"专"义),实为同词异写。《龙龛手鉴》大量收录汉魏以来手抄佛经中的俗字简体(参潘重规《〈龙龛手鉴新编〉引言》),"厶"应是"专"的民间俗简体。又,金代韩道昭等编纂的《改并五音类聚四声篇海》亦收录大量俗简字,该书卷五收"篿",谓"之缘切,楚人谓折竹卜曰篿。"又收"竻","音专,竹折"。"篿"辞书多见,"竻"字却十分罕见,它与"篿"音义均同,显然是"篿"的俗简体,是偏旁类推简化的结果。

袁宾等(2005)进一步指出,在同一时代,"厶"同时是"某"、"专"的俗简体,在手工抄录文献的情况下,有些书手将"某甲"的简写"厶甲"误转为"专甲"是完全可能的。而且"专"在"专己、专决、独断专行"等词语中,隐含独自一人之义。名词"专人、专使"等也包含有某一人的意味,这都为"专甲"一词的出现提供了词义方面的联想与支持。同时,文献里一些代替人名的某甲用例,并不是口语的依音记录,而是书面上的文字替代形式,也就说某甲与口头读音缺乏联系,这也为某些书手把"厶甲"误抄作"专甲"提供了可能。"专甲"使用既多,遂成了约定俗成的文献词。例如:

①第一人称代词,略相当于"我":

师云:"……专甲从分襟之后,去苏州花亭县,讨小舡子水面上游戏。于中若有灵利者,教他来专甲处。"(《祖堂集》卷五,华亭和尚)

若觅法,鸡足山中问迦叶。大士持衣在此中,本来不用求专甲。(《景德传灯录》卷三十《一钵歌》)

河东运使郑工部入院茶话次,工部云:"专甲留一偈赠师得否?"(《汾阳无德禅师语录》卷上)

②代替人名:

(曹山)初造洞山法筵,洞山问:"阇梨名什摩?"对曰:"专甲。"(《祖堂集》卷八,曹山和尚)

而"某专甲"则是"某甲"与"专甲"的混合词,目前只发现代替人名的用法,例如:

师迁化时示众曰:"老僧死后,去山下作一头水牯牛,胁上书两行字,云:沩山僧某专甲。与摩时,唤作水牯牛,唤作沩山僧某专甲?若唤作沩山僧,又是一头水牯牛;若唤作水牯牛,又是沩山僧某专甲。汝诸人作摩生?"(《祖堂集》卷一六,沩山和尚)

另外,在敦煌出土文献中也有"某专甲"的用例:

时厶年厶月厶日,慈父母某专甲遗书。(《敦煌资料(第一辑)》五,契约、文书,《遗书样文三件》之一)

某专甲谨立放妻子书。(又,《放妻书样文三件》之一)

第五节 词语考释与禅宗教义有关

有些看似普通的词语,在禅录里却有独特的含义。在解释这些词语时,必须联系禅宗教义,挑明其行业意义。

1. 眼横鼻直,鼻直眼横

眼睛是横着的,鼻子是竖着的,喻指事物自然的、极为平常的状态。禅家强调认识"眼横鼻直"寓有认识本来面目(即本心本性)之意。例如:

眼横鼻直村僧,肚里浑无一窖。两奉诏旨住持,添得丛林热闹。若论直指单传,正是睡梦未觉。(《密庵和尚语录·禅人请赞》。此诗用禅家常有的自嘲语气,写出一位彻悟的禅僧。)

佛法本无玄妙,只要汝诸人各各知道眼横鼻直便休。(《天如惟则禅师语录》卷一)

即是未得便休,且莫等闲放过,也须向冷地里猛著精神,自家摸索看。忽然摸著鼻直眼横,却来露个消息。(同上)

人人鼻直眼横,日日昼明夜暗。诸佛不出世,祖师不西来,佛法遍天下,谈玄口不开。(《楚石梵琦禅师语录》卷三)

2. 饥来吃饭,困来即眠

禅家提倡"平常心是道"的一种说法,与自心是佛,人人具足,无须刻意苦行修炼、做作多事与不必执著言句知解等禅家观点有密切联系,反映出禅宗不同于其它佛教宗派的特点。具体用例中的文字或稍有不同。例如:

有源律师来问:"和尚修道,还用功否?"师曰:"用功。"曰:"如何用功?"师曰:"饥来吃饭,困来即眠。"(《景德传灯录》卷六,大珠慧海禅师)

不如无事休歇去。饥来吃饭,睡来合眼。愚人笑我,智乃知焉。(《镇州临济慧照禅师语录》)

净裸裸,赤洒洒。万象森罗无缝罅,平怀的实镇巍然。饥来吃饭,困来眠。(《圆悟佛果禅师语录》卷五)

3. 热即取凉,寒即向火

同上。具体用例中的文字、词序或稍有不同。例如:

僧问:"如何是平常心?"师云:"要眠即眠,要坐即坐。"僧云:"学人不

会。"师云:"热即取凉,寒即向火。"(《景德传灯录》卷十,长沙景岑禅师)

问:"丹霞烧木佛意旨如何?"师曰:"寒即围炉向猛火。"僧曰:"还有过也无?"师曰:"热即竹林溪畔坐。"(同上,卷二一,心印水月禅师)

倘或透生死,明寒暑。融动静,一去来。直得意遣情忘,如痴似兀,然后乃可饥则吃饭,健则经行,热则乘凉,寒则向火。(《圆悟佛果禅师语录》卷四)

大丈夫汉,眼里有筋,皮下有血,二六时中,只守闲闲地,饥则吃饭,困则打眠,寒则向火,热则乘凉。上无诸佛可仰,下无众生可度。人与非人,性相平等。(《密庵和尚语录》)

4. 遇茶吃茶,遇饭吃饭

有人举问中招庆:"古人有言:直得金星现,归家始到头。如何是金星现?"庆云:"我道直得金星现,也未是到头在。"僧云:"作摩生?"庆云:"遇茶吃茶,遇饭吃饭。"(《祖堂集》卷一一,惟劲和尚)

亦作"遇饭吃饭,遇茶吃茶"。例如:

若是得底人,终不言我知我会。遇饭吃饭,遇茶吃茶。终日只守闲闲地。盖他胸中无许多波咤计校。所以道,心若无事,万法一如。(《圆悟佛果禅师语录》卷一三)

举,赵州问南泉:"如何是道?"泉云:"平常心是道。"……(颂曰:)遇饭吃饭,遇茶吃茶。千重百匝,四海一家。解却黏,去却缚。言无言,作无作。廓然本体等虚空,风从虎兮云从龙。(同书,卷一九)

5. 啰唻哩,啰啰哩

禅录中的"啰唻哩、啰啰哩"语很早就引起学者的注意并加以研究。日本僧人无著道忠(1653—1744)和我国香港学者饶宗颐(1993)等及相关辞书《宋元语言词典》、《汉语大词典》、《禅宗大词典》等均对此语作过详略不一的考探训释。

无著道忠在对"啰啰哩"的考释中说:

《虚堂和尚语录·兴圣录》:"上堂,举,杨岐示众:'薄福住杨岐,年来气力衰。寒风凋败叶,犹喜故人归。啰啰哩,拈起死柴头,且向无烟火。'"《古尊宿语录》卷十九《杨岐录》作"啰唻哩"。《正字通》丑上"啰",注曰:罗来啰,呼孔切,洪上声。罗啰,歌也。《通雅》曰:罗啰犹来罗。《云溪友议》曰:元公赠刘采春曰:选词能唱望夫歌。即罗啰曲也。金陵有罗啰楼,陈后主建。宋以后俗曲有《来罗词》。又言:采春女周德华,罗啰之歌不及其母。晋庾楷镇历阳,人歌曰:重罗黎,重罗黎。即来罗之声也。(见《葛藤语笺》"啰啰哩"

条）

按无著道忠在另两部著作《〈虚堂录〉犁耕》卷一和《〈五家正宗赞〉助桀》卷九内也有对"啰啰哩"的笺注，未出上引内容，兹不转录。

饶宗颐（1993）谓："今俗语谓纠缠不清为啰哩啰唆。宋人词原作'啰哩哩啰'。是语乃从讴歌而来，俗谓之'唱啰哩'。"龙潜庵《宋元语言词典》"哩啰"条释语："曲中和声，无义。亦作'哩罗哩'。"《汉语大词典》于"哩"字下收"哩啰哩"条，释语为："歌曲衬字，无义。"袁宾《禅宗词典》"啰啰哩"条释语："歌诗吟咏中用来调整节奏或补足音节的感叹语，带口语色彩。"

以上各家的研究，对于我们认识历史上的"啰唻哩、啰啰哩"语显然是很有帮助的，然尚未能挑明、阐说此语在唐宋禅录里的重要用法，即常常隐代悟道歌、禅法歌，也就是说，"啰唻哩、啰啰哩"是禅家常用的行业隐语。袁宾《"啰啰哩"考》从以下几个方面论证了"啰唻哩、啰啰哩"的禅家隐语用法。

首先，禅录里"啰啰哩"语最常见、也最值得重视的是隐代用法。例如：

不是如来禅，亦非第一义，更说甚衲僧巴鼻！争如撒手悬崖，去却药忌，且唱个啰啰哩哩。参！（《圆悟佛果禅师语录》卷八）

既已"撒手悬崖，去却药忌"，即进入了彻悟境界，他们所唱的也是妙法歌、悟道歌。"啰啰哩哩"是用来隐代禅道歌、悟道歌的。更为重要的是，此种隐代用法已不是偶一为之的修辞手段，也不是某个禅僧的个人语言习惯，而是几代僧师反复使用，被众多禅僧了解、接受并沿用的语言事实。这种语言事实是具有约定俗成性质的。例如：

茶陵郁山主……一日乘驴度桥，一踏桥板而堕，忽然大悟，遂有颂云："我有神珠一颗，久被尘劳关锁，今朝尘尽光生，照破山河万朵。"因兹更不游方。师乃白云端和尚得度师，云有赞曰："百尺竿头曾进步，溪桥一踏没山河。从兹不出茶川上，吟啸无非啰哩啰。"（《五灯会元》卷六，茶陵郁山主）

"我有神珠一颗……"是禅林脍炙人口的悟道歌。白云守端是郁山主的门生，赞诗描写其师入悟的全过程，末句"啰哩啰"正是隐指这首悟道歌。按守端系北宋杨岐派著名禅师，他的法偈用语是具有代表性、权威性，具有影响力的，因而也具有规范性。这也反映了"啰啰哩"隐语的重要性。僧徒参悟时也使用"啰啰哩"语：

令滔首座久参沩潭，潭因问：……"子未出家时作个甚么？"师曰："牧牛。"潭曰："作么生牧？"师曰："早朝骑出去，晚后复骑归。"潭曰："子大好不会！"师于言下大悟，遂成颂曰："放却牛绳便出家，剃除须发著袈裟。有人问

我西来意,拄杖横挑啰哩啰。"(《五灯会元》卷一五,令滔首座)

第二,从语法角度看,"啰啰哩"隐语可以充当句中的谓语、宾语成分(参上举例),还可以独立成句:

> 无孔笛,再三吹。哩哩㘉,㘉㘉哩! (《古尊宿语录》卷二九《龙门佛眼和尚语录》)

这表明隐语"啰啰哩"受到其他词语的同化影响,已逐渐适应禅僧语言的语法系统,具备了多种语法功能。

第三,宋代文人参禅成风,带有浓重禅宗行业色彩的"啰啰哩"语,在禅录之外的文献中也见使用。例如:

> 掌握千差都照破,石霜这汉难关锁,水出高源酬佛陀。哩棱逻,须弥作舞虚空和。(《全宋词》,李彭,《渔歌十首·慈明》)

"哩棱逻"隐代慈明禅师道法之歌。

> 人间旦暮自四时,玄中消息不推移。觌面相呈知不知? 知时自唱啰啰哩。(又,张继先,《度清宵·结语》)

这是北宋著名的道士张继先(三十代天师)的词作,用"啰啰哩"隐代悟歌。这是佛、道之间词语的通用借用,是常见的现象,该词中的"玄"、"觌面相呈"也是禅录里的常用词语。

最后,"啰啰哩"隐语有时还用来隐代还乡歌、归家歌。禅家倡导"直指人心"、"见性成佛",即关照自性、本心,禅录中常喻之为"自家田园、自家田地、自家桑梓、自家城廓",因而将悟道喻为"还乡、归家"。因此,"啰啰哩"的这两种隐代用法是有密切关联的。也正是如此,有些"啰啰哩"语用例在隐代还乡歌、归家歌的同时,往往兼寓得旨归根、达本还源的比喻义:

> 上堂:"薄福住杨岐,年来气力衰。寒风凋败叶,犹喜故人归。啰唻哩! 拈上死柴头,且向无烟火。"(《嘉泰普灯录》卷三,杨岐方会禅师)

杨岐派祖师方会和尚的这首偈诗可能是此种用法较早的例子。故人归来,禅师唱起"啰唻哩",充满了归乡的温暖与快乐。下文"拈上死柴头,且向无烟火"却又分明是祛除情识分别的悟道境界,则此"啰唻哩"又隐含着对于流浪之心回归本源的印可、祝贺或呼唤。这种双重隐代在语言修辞上可称为双关辞格,在禅门施设上则体现了杨岐派的家风特点:在启悟学人识见本心的召唤声里,融进人间浓浓的归乡情。事实上,宋代禅录里"啰啰哩"语的使用频率,确以杨岐派禅僧为高,正是此种家风特点的体现。

袁宾最后总结:

禅籍内外的用例,直接间接地表明宋代"啰啰哩"语和以还乡为主题的歌诗关系密切:或充当咏叹语,或隐代还乡曲;在禅录里,世俗意义的还乡常和返本归源的悟道思想互为表里地联结起来,使此语具有双重隐代含义;在禅僧频繁使用此语的实践中,有时淡化了世俗的还乡意义,"啰啰哩"便成了带有行业色彩的隐语,用来隐代禅道歌、悟道歌了。这是我们对此语隐代意义形成过程的认识。

6. 侬等指示代词

在第四章,我们已经讨论过"侬,阿侬,侬家,我侬,渠侬"等是五代、北宋时临安、浙右一带的方言词。须要注意的是,这一组带方言色彩的人称代词在禅录中常常带有特殊的行业意义,常隐指真如法身,本来面目。试举数例如下。

圆裹无外,十方世界是个伽蓝。平等无差,一切众生皆侬眷属。(《宏智禅师广录》卷四)

阿侬千眼通身是,善应无方处处真。且作么生是处处真底事? 还会么? 益州附子,怀州牛膝。(同上,卷一)

上堂:"步入道场,影涵宗鉴。粲粲星,罗霁夜。英英花,吐春时。木人密运,化机丝毫不爽。石女全提,空印文彩大彰。且道不一不异、无去无来,合作么生体悉? 的的纵横皆妙用,阿侬元不异中来。"(《续传灯录》卷二四,保宁兴誉禅师)

问:"侬家自有同风事,如何是同风事?"师良久。(《黄龙慧南禅师语录》卷一。良久:沉默。)

侬家活计本天然,刹刹尘尘见普贤。犀角一星蟾影透,神珠九曲蚁丝穿。觉非渐次亡棱缝,幻自消镕得混圆。妙应通身无向背,古菱花不染娆妍。(《宏智禅师广录》卷八《次韵真歇和尚圆觉经颂·普贤菩萨章》)

上堂云:"孤筇长作水云游,底事而今放下休。一点破幽明历历,十分合体冷湫湫。暗中须透金针穴,转处还藏玉线头。劫外家风兹日辨,渠侬真与我侬俦。"(同上,卷四)

当阳显正眼,包括三千大千。渠侬无舌头,演出龙宫海藏。现成受用触处逢原,遍界家风取之左右。(《圆悟佛果禅师语录》卷七)

虚而通,用而冲。默游量外,直照环中。云水一身癖,家风四壁空。相逢有知己,点指识渠侬。(《宏智禅师广录》卷七)

高高山上立,深深海底行。道人行立处,尘世有谁争? 无间功不立,渠侬尊贵生。(《禅林僧宝传》卷九,云居简禅师)

师曰："某甲参见石头来。"曰："见石头得何意旨？"师指庭前鹿曰："会么？"曰："不会。"师曰："渠侬得自由。"（《五灯会元》卷三，杨岐甄叔禅师）

"渠侬"一词中的"渠"本来也是第三人称代词，如：

明昧两岐与尔一时扫却，直教个个如师子儿，吒呀地哮吼一声，壁立千仞。谁敢正眼觑著？觑著即瞎却渠眼。（《景德传灯录》卷一三，风穴延沼禅师）

在禅录中也常指本来面目，真如法身，例如：

是尔如今与么听法底人，作么生拟修他、证他、庄严他？渠且不是修底物，不是庄严得底物。若教他庄严，一切物即庄严得。（《镇州临济慧照禅师语录》）

师问云岩："作什摩？"对曰："担水。"师曰："那个尼？"对曰："在。"师曰："你来去为阿谁？"对曰："替渠东西。"师曰："何不教伊并头行？"对曰："和尚莫谩他。"（《祖堂集》卷四，药山和尚）

切忌从他觅，迢迢与我疏。我今独自住，处处得逢渠。渠今正是我，我今不是渠。应须与么会，方始契如如。（《瑞州洞山良价禅师语录》）

7. 諙讹

有些禅录词语具有多项行业义，我们应当理清多项行业义之间的关系。

"諙讹"亦作"殽讹，聱讹，譊讹，詨讹"等，这是由于语音差异或抄写者书写习惯的不同，而产生的不同词形。如此多的同音或近音词形，也反映了这是一个活跃于禅僧口语中，使用频率较高的词语。"諙讹"在禅录中既有通用的口语意义，又有禅语的特殊意义，是典型的带有行业色彩的口语词。"諙讹"在禅录中有多项行业意义，以下我们据袁宾（2002），作一个简单的梳理。除举例外，我们一般写作"諙讹"。

"諙讹"的本意为混淆讹误，这是禅录及其以外文献中通用的义项，例如：

拟将有限身心向无限中用，如将方木逗圆孔，多少諙讹！（《五灯会元》卷一三，云居道膺禅师）

直须见得透顶彻底，和会得来总是一家里事，更无如许殽讹等见解，方能为一切人去粘解缚，出钉拔楔。（《嘉泰普灯录》卷二五，仁王钦禅师）

所云二女者，乃天帝之二女，非尧二女也，諙讹久矣。（明·袁中道《东游日记》）

第一例出自《五灯会元》，亦见《景德传灯录》卷一七，云居道膺禅师章，"諙讹"作"差讹"。这两种成书年代不同的灯录，常见这样的同义词替换现象，可助勘辨词义。第二例"敨讹"即"誵讹"。据《广韵》平声肴韵:"敨,涸敨,杂也,和也,乱也。胡茅切。"涸敨即混淆,"敨"应是该词的本字。其余多种字形均应是同音或近音借字。"誵讹"词形出现较多,然"誵"字不见于《说文》《广韵》,《集韵》所载仅有一义:"誵,言不恭谨。何交切。"与讹误义无关。而"何交切"与上引"敨"字"胡茅切"同音(均为匣母肴韵平声),"誵"、"敨"系同音通假。字形多用"誵",与"讹"字言旁影响有关,是偏旁同化的结果。

禅录中的"誵讹"有多项引申意义,以及独特的行业意义。首先,禅录中"誵讹"有"疑问,疑惑,疑难"义,例如:

东山和尚忌晨,上堂:"……聊设小供,诸人且道先师还来也无? 若道来,入灭十余年,如何见得来底道理? 若道不来,又用设斋作什么? 道来也有跤讹,道不来也有跤讹,若为得无跤讹去? 还知得么?"(《古尊宿语录》卷二七《龙门佛眼和尚语录》)

复举,黄檗因临济上山问讯,住数日乃辞,檗云:"汝破夏来,何不终夏去?"济云:"暂来问讯。"檗便打令其去。济行数里,疑其事再回终夏。师拈云:"临济当时若一去不回,使黄檗悬鼓待槌,方有些衲僧气息。无端再回终夏,依旧盐落酱里。且道誵讹在什么处?"(《虚堂和尚语录》卷九)

第一例"跤讹"即"誵讹"。"跤",虚交切(据《集韵》),是"誵"的近音借字。

其次,"誵讹"引申亦有深密、玄妙义,例如:

你道德山是胜是负? 沩山恁么是胜是负? 雪窦著语云:"勘破了也!"是他下工夫,见透古人謷讹极则处,方能恁么,不妨奇特。(《佛果圆悟禅师碧岩录》卷一,第四则。极则:至极妙理。)

洞山老人甚是奇特。虽然如是,只行得三步四步,且不过七跳八跳。且道,譊讹在什么处? 老僧今日不惜眉毛,一时布施。(《杨岐方会禅师语录》卷一)

殊不知佛祖一机一境一言一句,本无誵讹亦无奇特,又无深奥且无隐藏,总是诸人日用常行底事。(《天如惟则禅师语录》卷二)

第一例"謷讹"即"誵讹",《佛果圆悟禅师碧岩录》"謷、誵"通用,如"节角誵讹"一语(卷一第七则)亦写作"节角謷讹"(卷一第四则)。第二例"譊讹"也是近音借字,"譊"字在宋代有"馨幺切"的读音(《集韵》),另《祖庭事苑》卷二"譊讹"条亦谓"譊当作誵"。

"誵讹"有时也指"深密禅旨,玄妙禅机":

因请升座,设三十余问,皆佛祖誵讹险节关棙,学者罕到之处。师随机开

答,辞旨深奥,议论超诣。始大叹服。(《续传灯录》卷二八,瞎堂远禅师。关
棙:禅机玄妙之处,悟道之关键。)

　　诸人且道,这里合下得什么语,免得他笑,又免得雪峰行棒赶出? 这里<u>誵
讹</u>若不亲证亲悟,纵使口头快利,至究竟透脱生死不得。(《佛果圆悟禅师碧
岩录》卷七,第六六则)

禅旨幽玄深密,难以参究,因而产生困难疑惑,而至疑至难恰可逼近玄妙禅
旨。此义与"誵讹"本义"混淆讹误"密切相关。禅家许多机语、施设在常人看来
似乎混淆讹误,甚至颠覆逻辑,但这恰是禅林机锋所在。如"云中生石笋,火里出
青莲"、"南山起云,北山下雨"这类的奇特语句,即可称为"誵讹"言句,它们所体
现的正是禅家祛除分别妄心的禅悟境界。所以,"誵讹"此种行业义的产生,与禅
宗教义的特殊性有着很大的关联。

　　而从另外的角度来看,禅僧在参禅过程中,最易被言句义理等表象迷惑,陷入
其中不可自拔。这样的"混淆讹误"所导致的结果,就是禅僧在参禅过程中的过分
"依倚",是禅家所反对的。由此,"誵讹"也就可引申指"依倚":

　　不与一法作对,正体迢然;万象不能覆藏,神机历掌。望州亭、乌石岭、僧
堂前相见,已涉<u>誵讹</u>;不是心、不是佛、不是物,已拖泥带水。到这里上根利智
剔起便行,不落言诠,不拘机境,直下向文彩未彰已前,一时坐断。(《圆悟佛
果禅师语录》卷九)

"誵讹"是参禅过程中所依凭的种种表象言句,如下文所说的"言诠"、"机
境"、"文彩"均属此列。又如:

　　师乃云:"一句绝<u>誵讹</u>,千里万里无消息。一尘含法界,千重百匝太周
遮。"(同上,卷一三)

　　师云:"平常无事好,特地作<u>誵讹</u>。"(《宏智禅师广录》卷五)

第一例"绝誵讹"犹言一空依傍。第二例"特地"即特意做作,与禅家所倡导
的"平常"相对立,是禅家所反对的参习方式。"特地"、"作誵讹"均是有所依凭,
非本色禅人所为。

　　由"誵讹"多项意义的引申发展情况来看,禅录词语行业语义的产生,不仅受
通常的词义引申规律的制约,而且受到禅宗特殊教义的重要影响。对禅录词语多
项引申义的梳理有助于我们更好地认识禅录词语的发展演变。

　　8. 好不著便
《五灯会元》卷一四,香山尼佛通禅师章:

　　遂宁府香山尼佛通禅师,因诵莲经有省。往见石门,乃曰:"成都吃不得

也,遂宁吃不得也。"门拈拄杖打出,通忽悟曰:"荣者自荣,谢者自谢。秋露春风,好不著便。"门拂袖归方丈,师亦不顾而出。由此道俗景从,得法者众。

孟庆章《"好不"肯定式出现时间新证》(载《中国语文》1996年2期)认为例中"好不"是肯定式用法,如此则"好不著便"义即甚著便、很著便。这是可以商榷的。引文中四句四言诗是佛通禅师的悟道偈,大意谓悟者乃自心悟;若舍却自心,向外寻求悟道门径(用"秋露春风"为喻),是很不契合禅法的。"好不著便"意思应是甚不著便、很不著便,是对"秋露春风"的否定语,这才符合禅宗的悟道观。"不著便"本是个唐代口语词,有"没得到便宜,不走运,不切时机"等意思(参《唐五代语言词典》该条),因禅林经常使用,至宋代已带上行业语色彩(佛通于北宋末在世,参《中国佛教人名大辞典》"佛通"条),多用作对不合禅法者及其言行的斥责语,其例如:

> 粗心不改,又是要吃棒,这僧从头到尾不著便。(《佛果圆悟禅师碧岩录》卷五,第四二则)

> 住后上堂:"说佛说祖,正如好肉剜疮;举古举今,犹若残羹馊饭;一闻便悟,已落第二头;一举便行,早是不著便。"(《五灯会元》卷二十,慧通清旦禅师)

> 上堂云:"六祖能大师,是个大痴汉。后代儿孙多,展转生惑乱。子细好思量,白云不著便。"(《法演禅师语录》卷中。按"白云"系法演禅师之法号,此例及下例均为禅师讥斥自己不合禅法。)

> 山僧今日向诸人面前说家门,已是不著便;岂可更去升堂入室、拈槌竖拂、东呵西棒、张眉努目,如痫病发相似。不惟屈枕上座,况亦孤负先圣。(《缁门警训》卷七《芙蓉楷禅师小参》)

若将"好不著便"理解作甚著便、很著便,那便成了对"秋露春风"的肯定之辞,与佛通悟道偈的主旨正相违背。

又按,孟庆章先生将上述"好不著便"作为肯定式"好不"出现于宋代的两个语证之一,另一个语证是:

> 过了梅花,纵有春风,不如早还。正燕泥日暖,草绵别路;莺朝烟淡,柳拂征鞍。黎岭天高,建溪雷吼,归好不知行路难。龟山下,渐青梅初熟,卢橘犹酸。(《全宋词》,陈经国,《沁园春·送陈起莘归长乐》)

此例亦可商榷。这是作者送同乡归乡之作,词中"归好"的"好"是个助词,用于句末,表示劝说语气,是唐宋时期常见的口语助词(参《唐五代语言词典》"好"字条)。"归好"犹谓归去吧,正与上文"不如早还"相应。"归好不知行路难"应读作"归好、不知行路难"（后句意谓不在乎行路难）。若读作"归、好不知行路难"（肯定式"好不"是不能分开的双音词），则成破句，不符合《沁园春》词调上阕第十句的通常节律。上述语义的"归好"屡见于宋词，可作佐证，其例如：

> 何处，围艳冶、红烛画堂，博簺良宵午。谁念行人，愁先芳草，轻送年华如羽。自别短檠不睡，空索彩桃新句。便归好，料鹅黄，已染西池千缕。（《全宋词》，吴文英，《喜迁莺·福山萧寺岁除》）

> 直面雨轻风峭，极目水空烟渺。家在武陵溪，无限壑讪峰诮。归好，归好，睡足一江春晓。（《全宋词》，向滈，《如梦令，书百方观音寺壁》）

第六节　词语考释与佛经、佛教及社会文化有关

1. 于（V + 于 + 宾/补）

禅录中有一类"于"，置于动词之后，然并无实在意义，其后多跟宾语或补语，形成"V + 于 + 宾/补"的形式。例如：

> 经于无量劫，不得其边际。（《联灯会要》卷一七，径山宗杲禅师）

> 昨蒙和尚舍罪，今虽出家苦行，终难报于深恩，其唯传法度生乎。（又，卷三，江西志彻禅师）

> 我此岳神也，能生死于人。（《五灯会元》卷二，嵩岳元珪禅师）

第三例意谓能使人生，使人死。动词表示使动意义，"于"也无实在意义。这种用法的"于"早在唐代以前的汉译佛经中就很常见。例如：

> 尔时太子，自手执刀，割于头髻，剔除须发，身著袈裟。（《佛本行集经》卷二十，观诸异道品第二四）

> 道中值五百贼，杀于商主，夺彼宝物。（《杂阿含经》卷二三）

> 彼鬼神作是念：我是佛弟子，受持禁戒，不杀害众生。我今不能杀害于王。（又，卷二五）

> 时舍利弗……即升虚空，身中出火，即自烧身，取于涅槃。（《大方便佛报恩经》卷五）

> 彼转轮王有于如是白色象宝，自然具足。（《起世因本经》卷二）

2. 闹蓝，闹篮

据袁宾《"啰啰哩"考·再释"闹蓝"》，"闹蓝"本义指喧闹多事的寺院，例如：

> 本无个面目，突出六十七。今汝强图貌，顶门欠三只。七处入闹蓝，近来

稍宁谧。若更打葛藤,岂有休歇日?(《圆悟佛果禅师语录》卷二十《禅人写真求赞》)

这是圆悟克勤禅师六十七岁(1129 年,南宋建炎三年)时写的描真赞,亦即肖像诗。"七处入闹蓝"指此前先后主持的七座"闹蓝"。"蓝"是梵语伽蓝的简称,即佛寺。"闹"为喧闹多事之义。克勤乃宋代著名禅僧,曾先后住持成都昭觉、金陵蒋山、镇江金山等寺院,均系丛林巨刹。作为这类大型寺院的住持方丈,可以想见其事务之繁忙冗杂。"闹蓝"与"宁谧"相对照,前者是住持寺院时之写照,后者为退隐后的感受。"闹蓝"又作"闹篮",如:

四明太守以雪窦命师主之,师辞以偈曰:"闹篮方喜得抽头,退鼓而今打未休。莫把乳峰千丈雪,重来换我一双眸。"(《五灯会元》卷一八,万年昙贯禅师。抽头:抽身,脱身。)

这是禅师晚年的诗偈。昙贯刚退出某寺院方丈的职务,四明太守即邀其住持名刹雪窦寺,禅师以此诗拒绝了邀请。"闹篮"即"闹蓝",篮、蓝同音混用。"伽蓝"本系梵语译音,同音字替换,是习见的现象。如《古尊宿语录》卷八《汝州省山念和尚语录》章即有"伽篮"的字形:"问:'既是清净伽篮,为什么打鱼鼓吃饭?'""闹蓝(篮)"抽头等类说法禅录多见,多系退隐禅僧的口吻。

今朝正月已半,是处灯火缭乱。满城罗骑骈阗,交互往来游玩。文殊走入闹篮中,普贤端坐高楼看。且道观音在甚么处?震天椎画鼓,聒地奏笙歌。(《五灯会元》卷一九,大沩法泰禅师)

这里的"闹篮"仍指喧闹多事的寺院,但以元宵佳节为背景,"闹篮"一词着重强调喧闹、热闹之义,寺庙、寺院的含义有所淡化。宋代城市经济发达,元宵节更是十分热闹。《东京梦华录》卷六《(正月)十六日》记载有元宵节时北宋都城汴京诸寺的盛况:

于是贵家车马,自内前鳞切,悉南去游相国寺。寺之大殿前设乐棚,诸军作乐。两廊有诗牌灯云:"天碧银河欲下来,月华如水照楼台。"并"火树银花合,星桥铁锁开"之诗。其灯以木牌为之,雕镂成字,以纱绢幂之于内,密燃其灯,相次排定。资圣阁前安顿佛牙,设以水灯,皆系宰执、戚里、贵近占设看位。最要闹:九子母殿及东西塔院,惠林,智海,宝梵,竞陈灯烛,光彩争华,直至达旦。其余宫观寺院,皆放万姓烧香,如开宝、景德、大佛寺等处,皆有乐棚,作乐燃灯。

这正可以为《五灯会元》"闹篮"用例提供佐证。

袁宾师进一步指出,宋元时期的一般文学作品里也使用"闹蓝(篮)",但作为禅籍以外的一般世俗文献,寺院的含义更加彻底地虚化、淡化,喧闹成为强调的重点。也就是说,"闹蓝"引申指喧闹多事的场合,词义范围有所扩大。以下是宋元文献中的例子(转引自王瑛《诗词曲语词例释》(增订本)附录《诗词曲语词存疑录》"闹篮,劳蓝"条):

> 休诧穿杨妙手,乘早闹篮抽脚,谁拙又谁才? 束起楼兰剑,归钓子陵台。(《全宋词》,李曾伯,《水调歌头·幕府有和再用韵》)

> 花愁色胆,其中识破,就里曾参。雨云情到底皆虚泛,可暂休贪。撮艳处从今怕揽,闹篮中情愿妆憨。这其间实心谈,一任傍人笑俺,再不将风月话儿谈。(《全元散曲》,刘时中,《满庭芳·自悟》)

从禅录的"闹蓝(篮)抽身"到"闹篮抽脚"、"闹篮妆憨",可以看出两种含义之间的关联。宋元之际,士大夫参禅学佛之风兴盛,文人儒士与佛僧关系甚密。而禅家"闹蓝"抽身的作法与说法,正好契合文人士大夫"急流勇退"、"明哲保身"的思想情结。因此,出现这样的引申用法是可以理解的。又如,南宋洪迈《容斋随笔》卷一五《朱藏一诗》:

> 政和末,老蔡以太师鲁国公总治三省,年已过七十,与少宰王黼争权相倾。朱藏一在馆阁,和同舍《秋夜省宿》诗云:"老火未甘退,稚金方力征。炎凉分胜负,顷刻变阴晴。"两人门下士互兴谮言,以为嘲谤。其后黼独相,馆职多迁擢,朱居官如故,而和人《菊花》诗云:"纷纷桃李春,过眼成枯萎。晚荣方耐久,造物岂吾欺?"或又谮于黼,以为怨愤。是时,士论指三馆为闹蓝。

奸臣当道,相互倾轧,朝政衰颓,即便是清静的中央馆阁也暗流涌动,不得安宁。"士论指三馆为闹蓝",意谓三馆清闲之地如今也成了喧闹之地,是非之地。同时也隐含了应该"闹蓝抽身"之意。

3. 啄生

《祖堂集》卷一六,南泉和尚章:

> 僧见雀儿啄生,问师:"为什摩得与摩忙?"师便脱鞋打地一下。僧云:"和尚打地作什摩?"师云:"趁雀儿。"

有些语法研究著作把此例"啄生"的"生"看作唐代新生后缀(如《近代汉语语法史研究综述》,商务印书馆,2005:105),认为"啄生"是带缀动词。我们认为这种看法是不妥当的。"啄生"实为动宾结构,义为啄食虫儿。虫蚁草木,佛家皆称"众生",常简作"生",例如:

> 无虫之地既行,有草之阶岂往,□□护命护生,长益含灵无量。(《敦煌变文集新书》卷四《秋吟一本(一)》)

常以复素为漉袋,遇汲有虫,投诸井坎,时号护生井。(《宋高僧传》卷二七《僧竭传》)

杜荀鹤《题宗上人旧院》诗:"啄生鸦忆啼松栐,接果猿思啸石崖。"(《全唐诗》卷六九二)此为"啄生"语证。

4. 传口令,打传口令

禅录里时见"传口令"一语,亦作"打传口令"("打"系动词前缀,无实义),例如:

自无辨邪正底眼,蓦地撞著一枚杜撰禅和,被他狐媚。如三家村里传口令,口耳传授,谓之过头禅,亦谓之口鼓子禅。把他古人糟粕,递相印证。一句来一句去,末后我多得一句时,便唤作赢得禅了也。(《大慧普觉禅师住径山能仁禅院语录》卷四《示徐提刑(敦济)》)

只如适来上座问夺人不夺境一段话,只知册子上念将来,如法答他,又理会不得。问一段未了,又问一段,恰如村人打传口令相似。我今不惜口业。为尔诸人葛藤注解一遍。(同卷)

岂况汝等诸处更道,这个是平实语,这个是差别门庭,这个是关梷巴鼻,这个是道眼根尘。递相教习,如七家村里人传口令相似。有什么交涉?(《续传灯录》卷二一,荐福道英禅师)

例中的"口令"就是酒令,是酒席上轮流念诵诗句或绕口令以助酒兴的一种游艺,盛行于唐宋时代(参王昆吾1995)。唐·牛僧孺《玄怪录》卷二:

于是紫绥铺花茵于庭中,揖让班坐。坐中设犀角酒樽,象牙杓,绿罽花觯,白琉璃盏,醪醴馨香,远闻空际。……翘翘录事独下一筹,罚蔡家娘子曰:"刘姨夫才貌温茂,何故不与他五道主使,空称纠判官,怕六姨姨不欢,深吃一盏。"蔡家娘子即持杯曰:"诚知被罚,直缘刘姨夫年老眼暗,恐看五道黄纸文书不得,误大神伯公事。饮亦何伤。"于是众女郎皆笑倒。又一女郎起,传口令,仍抽一翠簪,急说,须传翠簪,翠簪过令不通即罚。令曰:"鸢老头脑好,好头脑鸢老。"传说数巡,因令紫绥下坐,使说令,紫绥素吃讷,令至,但称"鸢老鸢老"。女郎皆笑,曰:"昔贺若弼弄长孙鸢侍郎,以其年老口吃,又无发,故造此令。"

通过此则记载,可以了解当时酒宴上众人传念口令的热闹情景。禅家用"传口令、打传口令"来比喻有些禅僧拘泥于言句的问答往来,只图一场热闹,实际上并未悟道。酒令的词句或摘自诗词,或来自民间的熟语、绕口令等,"三家村里老婆"、"七家村里人"、"俗人"也模仿富家此习,实际上多不明诗句之意,或口齿不清,愈传愈误,终至俗不堪耐。禅家屡用"三家村里老婆"、"七家村里人"、"俗人"等语,讽刺、斥责之义十分明显。

《汉语大词典》"口令"条的解释是"一种口头暗号",书证即上引《大慧语录》卷四"恰如村人打传口令相似"例。此释误。

结　语

　　禅宗语言是一个复杂的整体,禅录词语有着丰富的来源及多样的形态,雅语文言、白话口语、各类典故、特色词语等等充斥其中,让人眼花缭乱、目不暇接。我们从禅录词语的特性、来源、方言色彩、特色词语、历史变化以及考释方法等方面进行了有益的探索,较为宏观地揭示了禅录词语的面貌。

　　禅录词语既有世俗文化的背景,又有与生俱来的佛教背景。基于此,在传统的文献考证和字词训诂的基础上,我们应该积极探索跨学科的综合研究,以多元化的学术视野观照禅录词语研究,以期更加接近禅录语言的本质,更加深入系统地解读禅录语言。

　　不断创新是唐宋禅宗最引人瞩目的精神风采,也是该宗取得辉煌的历史成功的重要原因。五代时期同安察禅师在他的《十玄谈·尘异》诗中曾大声咏唱:

　　丈夫皆有冲天志,莫向如来行处行!(《景德传灯录》卷二九)

　　我们研究唐宋禅录也应具备努力创新的精神风采。

参考文献

北京大学中文系语言教研室编,汉语方言字汇(第二版),北京:语文出版社,2007.

(宋)陈彭年等,宋本广韵(影印本),北京:中国书店,1982.

(释)慈怡主编,佛光大辞典,北京:书目文献出版社,1989.

邓文宽,敦煌本《六祖坛经》"獦獠"刍议,《敦煌吐鲁番学耕耘录》,台北:新文丰出版公司,1996.

丁福保,佛学大辞典,上海:上海书店,1991.

丁福保,六祖坛经笺注(第二版),台北:新文丰出版公司,1984.

(宋)丁度等,集韵,上海:上海古籍出版社,1985.

范春媛,禅籍谚语研究,南京:南京师范大学博士学位论文,2007.

冯春田,近代汉语语法研究,济南:山东教育出版社,2000.

符准青,现代汉语词汇,北京:北京大学出版社,1985.

郭朋,坛经校释,北京:中华书局,1983.

(陈)顾野王,原本玉篇残卷,北京:中华书局,1985.

何继军,《祖堂集》中"那"的隐指用法,《修辞学习》,2008(6).

何小宛,"迎取"释义商榷,《学语文》,2005(1).

何小宛,由"行"有"嫁"义说开去,现代语文,2005(7).

何小宛,禅录词语释义商补,《中国语文》,2009(3)

何小宛,禅籍谚语的语言特性,《现代语文》,2014 年 11 月下旬刊(语言研究).

何小宛,谈《禅宗大词典》的编修,《辞书研究》,2015(2).

黄灵庚,《五灯会元》词语札记,《浙江师范大学学报》(社会科学版),1999(3).

季羡林,禅与文化·论释迦牟尼,北京:中国言实出版社,2006.

江蓝生、曹广顺,唐五代语言词典,上海:上海教育出版社,1997.

蒋礼鸿,敦煌变文字义通释(增补定本),上海:上海古籍出版社,1997.

蒋绍愚,《祖堂集》词语试释,《中国语文》,1985(2).

蒋绍愚、曹广顺主编,近代汉语语法史研究综述,北京:商务印书馆,2005.

鞠彩萍,禅籍点校匡补,《语言科学》,2005(3).

雷汉卿,日本无著道忠禅学研究著作整理与研究刍议,《汉语史研究集刊》第十六辑,成都:巴蜀书社,2013.

李行健、折敷濑兴,现代汉语方言词语的研究与近代汉语词语的考释,《中国语文》,1987(3).

梁晓虹,禅宗词语辨析(一),《禅学研究》第三辑,南京:江苏古籍出版社,1998.

梁晓虹,佛教与汉语史研究——以日本资料为中心,上海:上海古籍出版社,2008.

柳田圣山撰,董志翘译,无著道忠的学术贡献,禅籍俗语言研究会编《俗语言研究》创刊号,东京:日本花园大学禅文化研究所发行,1993.

吕叔湘,近代汉语指代词,上海:学林出版社,1985.

龙潜庵,宋元语言词典,上海:辞书出版社,1985.

罗竹风主编,汉语大词典,上海:汉语大词典出版社,2001.

蒙默,《坛经》中"獦獠"一词的读法——与潘重规先生商榷,《中国文化》,1995(11).

孟庆章,"好不"肯定式出现时间新证,《中国语文》,1996(2).

潘重规,敦煌写本《六祖坛经》中的"獦獠",《中国文化》,1994(9).

钱乃荣,上海方言,上海:文汇出版社,2007.

饶宗颐,说和声的啰哩喻与哩啰连,《饶宗颐史学论著选》,上海:上海古籍出版社,1993.

任继愈主编,佛教大辞典,南京:江苏古籍出版社,2002.

入矢义高撰,蔡毅、刘建译,禅语散论——"干屎橛""麻三斤",《俗语言研究》第二期,1995.

入矢义高监修、古贺英彦编著,禅语辞典,东京:思文阁出版,1991.

入矢义高,邢东风(译),无著道忠的禅学,《佛学研究》,1998.

芮逸夫,僚为仡佬试证,《国立中央研究院历史语言研究所集刊》(第20册),上海:商务印书馆,1948.

孙锡信,近代汉语语气词,北京:语文出版社,1999.

谭伟,《祖堂集》字词考释,南京师范大学文学院学报,2003.

谭伟,《祖堂集》语词考释,《汉语史研究集刊》第七辑,成都:巴蜀书社,2004.

谭伟,从用典看禅宗语言的复杂性,《汉语史研究集刊》第九辑,成都:巴蜀书社,2006.

谭伟,《祖堂集》文献语言研究,成都:巴蜀书社,2005.

唐作藩,上古音手册,南京:江苏人民出版社,1982.

王昆吾,唐代酒令艺术:关于敦煌舞谱、早期文人词及其文化背景的研究,上海:东方出版中心,1995.

王闰吉,"獦獠"的词义及其宗教学意义,《汉语史学报》第十三辑,上海:上海教育出版社,2013.

王闰吉,《禅录词语释义商补》商补,《中国语文》,2011(9).

王瑛,诗词曲语词例释(增订本),北京:中华书局,1986.

无著道忠,禅林象器笺,《现代佛学大系》第七种,台北:弥勒出版社,1982.

无著道忠,禅林句集辨苗,载《禅语辞书类聚》第一册,日本花园大学禅文化研究所,1991.

无著道忠,禅林方语,载《禅语辞书类聚》第一册,日本花园大学禅文化研究所,1991.

无著道忠,宗门方语,载《禅语辞书类聚》第一册,日本花园大学禅文化研究所,1991.

无著道忠,《虚堂录》犁耕,载《禅语辞书类聚》第二册,日本花园大学禅文化研究所,1990.

无著道忠,《五家正宗赞》助桀,载《禅语辞书类聚》第二册,日本花园大学禅文化研究所,1991.

无著道忠,葛藤语笺,载《禅语辞书类聚》第二册,日本花园大学禅文化研究所,1992.

(汉)许慎撰,(清)段玉裁注,说文解字注,上海:上海古籍出版社,1988.

(日)盐见邦彦,日本江户后期的汉语俗语研究,河北师范学院学报,1993(2).

严耀中,论占卜与隋唐佛教的结合,《世界宗教研究》,2002(4).

严耀中,魏晋南北朝时期的占卜谶言与佛教,《史林》,2000(4).

杨曾文,宋元禅宗史,北京:中国社会科学出版社,2006.

杨曾文,唐五代禅宗史,北京:中国社会科学出版社,1999.

衣川贤次,《禅籍的校雠学》(中国俗文化研究,第一辑),中国俗文化研究国际学术研讨会论文集,2002.

于谷,禅宗语言和文献,南昌:江西人民出版社,1995.

袁宾,《五灯会元》词语释义,《中国语文》,1986(5).

袁宾,《五灯会元》词语续释,《语言研究》,1987(2).

袁宾,说疑问副词"还",《语文研究》,1989(2).

袁宾,禅宗著作词语汇释,南京:江苏古籍出版社,1990.

袁宾,禅宗著作里的两种疑问句——兼论同行语法,《语言研究》,1992(2).

袁宾,近代汉语概论,上海:上海教育出版社,1992.

袁宾,禅语译注,北京:语文出版社,1999.

袁宾,《大唐三藏取经诗话》成书时代与方言基础,《中国语文》,2000(6).

袁宾,唐宋禅录语法研究,《觉群·学术论文集》第一辑,北京:商务印书馆,2001.

袁宾,"啰啰哩"考(外五题),《中国禅学》第一卷,北京:中华书局,2002.

袁宾、段晓华、徐时仪、曹澂明,宋语言词典,上海:上海教育出版社,1997.

袁宾、何小宛,"P……相V"型被动句,《语言科学》,2007(4).

袁宾、何小宛,论佛经中的"这"是近指词"这"的字源,《语言科学》,2009(2).

袁宾、何小宛,敦煌文献语言的三个重要特性,《艺术百家》,2009(3).

袁宾、徐白,近代汉语语法札记,禅籍俗语言研究会编《俗语言研究》第五期,东京:日本花园大学禅文化研究所发行,1998.

　　袁宾、康健主编,禅宗大词典,武汉:崇文书局,2010.

　　袁宾、张秀清,禅录词语"专甲"与"某专甲"源流考释,《中国语文》,2005(6).

　　曾昭聪、刘玉红,汉译佛经修辞研究的回顾与前瞻,《修辞学习》,2008(5).

　　詹绪左,《祖堂集》词语研究,上海:上海师范大学博士学位论文,2006.

　　张新民,敦煌写本《坛经》"獦獠"辞义新解,《贵州大学学报》,1997(3).

　　张文冠,"吃嗹"补释,《汉语史研究集刊》第十六辑,成都:巴蜀书社,2013.

　　张子开,禅宗语言的种类,《宗教学研究》,2008(4).

　　章培恒,百回本《西游记》是否吴承恩所作,《社会科学战线》,1983(4).

　　(释)震华,中国佛教人名大辞典,上海:上海辞书出版社,1999.

　　中国复旦大学,日本京都外国语大学;许宝华,宫田一郎主编,汉语方言大词典,北京:中华书局,1999.

　　中国社会科学院语言研究所词典编辑室编,《现代汉语词典》(第5版),北京:商务印书馆,2007.

　　周裕锴,禅宗语言,杭州:浙江人民出版社,1999.

　　周裕锴,禅宗语言研究入门,上海:复旦大学出版社,2009.

　　汉籍全文检索系统(二),陕西师范大学历史文化学院,2002.

　　CBETA电子佛典(2008),中华电子佛典协会.

引书目录

（隋）达摩笈多译，《起世因本经》，大正藏第 1 册。

（刘宋）法贤译，《佛说帝释所问经》，同上。

（刘宋）求那跋陀罗译，《杂阿含经》，大正藏第 2 册。

（隋）阇那崛多译，《佛本行集经》，大正藏第 3 册。

（后汉）失译，《大方便佛报恩经》，同上。

（元魏）慧觉等译，《贤愚经》，大正藏第 4 册。

（后秦）鸠摩罗什译，《大庄严论经》，同上。

（后秦）鸠摩罗什译，《妙法莲华经》，大正藏第 9 册。

（唐）般若译，《华严经》，大正藏第 10 册。

（北凉）昙无谶译，《大方广三戒经》，大正藏第 11 册。

（刘宋）慧严等加，《大般涅槃经》，大正藏第 12 册。

（后秦）鸠摩罗什译，《佛垂般涅槃略说教诫经》，同上。

（后秦）鸠摩罗什译，《维摩诘所说经》，大正藏第 14 册。

（唐）般剌蜜帝译，《首楞严经》，大正藏第 19 册。

（梁）法云述，《妙法莲华经义记》，大正藏第 33 册。

（梁）法云撰，《法华义疏》，同上。

（隋）灌顶撰，《大般涅槃经玄义》，大正藏第 38 册。

（隋）章安顶撰，《大般涅槃经疏》，大正藏第 38 册。

（唐）元康撰，《肇论疏》，大正藏第 45 册。

（唐）慧然集，《镇州临济慧照禅师语录》，大正藏第 47 册。

（日）慧印校，《筠州洞山悟本禅师语录》，同上。

（明）圆信、郭凝之编，《瑞州洞山良价禅师语录》，同上。

（日）慧印校，《抚州曹山元证禅师语录》，同上。

（宋）守坚集，《云门匡真禅师广录》，同上。

（明）圆信、郭凝之编，《潭州沩山灵佑禅师语录》，同上。

（明）圆信、郭凝之编，《仰山慧寂禅师语录》，同上。

（明）圆信、郭凝之编，《金陵清凉院文益禅师语录》，同上。

（宋）楚圆集，《汾阳无德禅师语录》，同上。

（宋）楚圆集，《汾阳无德禅师颂古代别》，同上。

（宋）楚圆集，《汾阳无德禅师歌颂》，同上。

（宋）惠泉集，《黄龙慧南禅师语录》，同上。

（宋）仁勇等编，《杨岐方会和尚语录》，同上。

（宋）才良等编，《法演禅师语录》，同上。

（宋）惟盖竺编，《明觉禅师语录》，同上。

（宋）绍隆编，《圆悟佛果禅师语录》，同上。

（宋）宗昊撰，《大慧普觉禅师住径山能仁禅院语录》，同上。

（宋）道谦编，《大慧普觉禅师宗门武库》，同上。

（宋）崇岳等编，《密庵和尚语录》，同上。

（宋）妙源编，《虚堂和尚语录》，同上。

（宋）宗法编，《宏智禅师广录》，同上。

（宋）文素编，《如净和尚语录》，同上。

（宋）义远编，《天童山景德寺如净禅师续语录》，同上。

（宋）重显颂、克勤著，《佛果圆悟禅师碧岩录》，大正藏第 48 册。

（宋）正觉颂、元行秀评，《万松老人评唱天童觉和尚颂古从容庵录》，同上。

（宋）无门慧开撰，《禅宗无门关》，同上。

（宋）智昭编，《人天眼目》，同上。

（元）宗宝编，宗宝本《坛经》，同上。

（唐）裴休编，《黄檗山断际禅师传心法要》，同上。

（唐）裴休编，《黄檗断际禅师宛陵录》，同上。

（唐）玄觉撰，《禅宗永嘉集》，同上。

（唐）圭峰宗密撰，《禅源诸诠集都序》，同上。

（宋）延寿撰，《宗镜录》，同上。

（高丽）知讷撰，《真心直说》，同上。

（元）永中补、（明）如卺续补，《缁门警训》，同上。

（明）云栖盅宏辑，《禅关策进》，同上。

（宋）志磐撰，《佛祖统纪》，大正藏第 49 册。

（元）念常集，《佛祖历代通载》，同上。

（宋）觉岸编，《释氏稽古略》，同上。

（唐）佚名撰，《历代法宝记》，大正藏第 51 册。

（宋）道原编，《景德传灯录》，同上。

（明）居顶编，《续传灯录》，同上。

（唐）道世撰，《法苑珠林》，大正藏第53册。

（唐）净觉撰，《楞伽师资记》，大正藏第85册。

（清）呆翁行悦编，《列祖提纲录》，卍续藏第64册。

（宋）善卿编，《祖庭事苑》，同上。

（清）智祥述，《禅林宝训笔说》，同上。

（清）三山来撰，《五家宗旨纂要》，卍续藏第65册。

（明）大韶撰，《千松笔记》，同上。

（南宋）法应集、（元）普会续集，《禅宗颂古联珠通集》，同上。

（元）智境、道泰等编，《禅林类聚》，卍续藏第67册。

（宋）正觉拈古、（元）行秀评唱，《万松老人评唱天童觉和尚拈古请益录》，同上。

（宋）赜藏主集，《古尊宿语录》，卍续藏第68册。

（宋）晦堂师明编，《续古尊宿语要》，卍续藏第68册。

（明）林弘衍编，《雪峰真觉禅师语录》，卍续藏第69册。

（宋）子文编，《佛果圆悟真觉禅师心要》，同上。

（宋）月庵善果编，《开福道宁禅师语录》，同上。

（宋）守诠等编，《应庵昙华禅师语录》，同上。

（宋）法宏、道谦编，《大慧普觉禅师语录》，同上。

（宋）善开等编，《松源崇岳禅师语录》，卍续藏第70册。

（宋）妙俨等编，《无明（慧）性和尚语录》，同上。

（宋）宗会、智折等编，《佛鉴禅师语录》，同上。

（宋）妙恩等编，《绝岸和尚语录》，同上。

（宋）觉此编，《环溪惟一禅师语录》，同上。

（宋）自悟等编，《希叟（绍昙）和尚广录》，同上。

（元）善遇编，《天如惟则禅师语录》，同上。

（宋）住显等编，《石溪（心月）和尚语录》，卍续藏第71册。

（宋）云居编，《月江（正印）和尚语录》，同上。

（元）继祖等编，《昙芳守忠禅师语录》，同上。

（宋）元浩等编，《古林（清茂）和尚语录》，同上。

（宋）梵迁编，《古林（清茂）和尚拾遗偈颂》，同上。

（元）一志等编，《了庵（清欲）和尚语录》，同上。

（元）祖光、昙绍、良彦等编，《楚石梵琦禅师语录》，同上。

（明）弘干、弘裕合编，《无异（元来）禅师广录》，卍续藏第72册。

（明）为霖道霈编，《永觉元贤禅师广录》，同上。

（唐）智严编，《玄沙师备禅师广录》，卍续藏第73册。

（宋）宗密录，《法昌倚遇禅师语录》，同上。

（明）憨山德清撰，《憨山老人梦游集》，同上。

（宋）李遵勖撰，《天圣广灯录》，卍续藏第 78 册。

（宋）希叟绍昙撰，《五家正宗赞》，同上。

（宋）惟白编，《建中靖国续灯录》，同上。

（宋）晦翁悟明集，《联灯会要》，卍续藏第 79 册。

（南宋）雷庵正受编，《嘉泰普灯录》，同上。

（宋）慧洪撰，《禅林僧宝传》，同上。

（宋）庆志撰，《补禅林僧宝传》，同上。

（宋）祖琇撰，《僧宝正续传》，同上。

（明）瞿汝稷集，《指月录》，卍续藏第 84 册。

（日）汉兴祖芳校订，《曹溪大师别传》，卍续藏第 86 册。

中国佛教丛书·禅宗编，江苏古籍出版社，1993。

中国佛教思想资料选编，中华书局，1983—1990。

杨曾文编校，《神会和尚禅话录》，中华书局，1996。

周绍良编著，《敦煌写本坛经原本》，文物出版社，1997。

（南唐）释静、筠编撰，《祖堂集》，大韩民国海印寺版，日本京都花园大学禅文化研究所影印本，1994。

（南唐）释静、筠编撰，吴福祥、顾之川点校，《祖堂集》，岳麓书社，1996。

（南唐）释静、筠编撰，张华点校，《祖堂集》，中州古籍出版社，2001。

（南唐）释静、筠编撰，孙昌武、衣川贤次、西口芳男点校，《祖堂集》，中华书局，2007。

柳田圣山，《祖堂集索引》，京都大学人文科学研究所，1980—1984。

《祖堂集索引》，日本花园大学禅文化研究所，1994。

妙单、文雄点校，《景德传灯录》，成都古籍书店，2000。

（宋）普济著，苏渊雷点校，《五灯会元》，中华书局，1984。

（宋）赞宁撰，范祥雍点校，《宋高僧传》，中华书局，1987。

黄征、张涌泉校注，《敦煌变文校注》，中华书局，1997。

潘重规，《敦煌变文集新书》，文津出版社，1994。

任半塘，《敦煌歌辞总编》，上海古籍出版社，1987。

郑世刚点校，《湘山野录》，中华书局，1984。

《十三经注疏》（影印本），中华书局，1980。

《列子集释》，中华书局，1979。

《老子译注》，中华书局，2008。

《庄子今注今译》，商务印书馆，2007。

《荀子集解》，上海：商务印书馆，民国 18 年（1929）。

《吕氏春秋》,中华书局,2007。

《史记》,中华书局,1975。

《汉书》,中华书局,1962。

《三国志》,中华书局,1959。

《旧唐书》,中华书局,1975。

《全唐诗》,中华书局,1960。

《全唐文》,上海古籍出版社,1990。

《全唐五代词》,中华书局,1999。

《欧阳修全集》,中华书局,2001。

《艺文类聚》,中华书局,1965。

《北史》,中华书局,1974。

《隋书》,中华书局,1973。

《玄怪录》,中华书局,1982。

《因话录》,中华书局,1985。

《隋唐嘉话》,中华书局,1979。

《唐摭言》,上海古籍出版社,1978。

《开元天宝遗事》,中华书局,2006。

《全宋词》,中华书局,1965。

《新唐书》,中华书局,2000。

《二程集》,中华书局,2004。

《朱子语类》,中华书局,1986。

《太平广记》,上海古籍出版社,1990。

《能改斋漫录》,上海古籍出版社,1979。

《避暑录话》,中华书局,1985。

《老学庵笔记》,中华书局,1979。

《淮海集》,四部丛刊本。

《青箱杂记》,中华书局,1985。

《独醒杂志》,上海古籍出版社,1986。

《东京梦华录》,中华书局,1982。

《容斋随笔》,上海古籍出版社,1996。

《宋元平话集》,上海古籍出版社,1990。

《全元散曲》,中华书局,1964。

《元曲选》,中华书局,1958。

《元曲选外编》,中华书局,1959。

《元本琵琶记校注》,上海古籍出版社,1980。

《董解元西厢记》,人民文学出版社,1986。

《永乐大典戏文三种校注》,中华书局,1979。

《六十种曲》,中华书局,1958。

《紫钗记》,人民文学出版社,1982。

《二刻拍案惊奇》,上海古籍出版社,1983。

《今古奇观》,上海古籍出版社,2005。

《古今小说》,上海古籍出版社,1990。

《石点头》,上海古典文学出版社,1957。

《梼杌闲评》,人民文学出版社,2006。

《水浒传》,上海古籍出版社,2004。

《平妖传》,上海古典文学出版社,1956。

《西湖游览志余》,上海古籍出版社,1980。

《儒林外史》,上海古籍出版社,1990。

《歧路灯》,中华书局,2004。

《浮生六记》,书目文献出版社,1993。

《明珠缘》,漓江出版社,1994。

《施公案》,上海古籍出版社,2005。

《红楼梦》,人民文学出版社,1973。

《二十年目睹之怪现状》,人民文学出版社,1959。

《醒世姻缘传》,中华书局,2005。

《儿女英雄传》,上海古籍出版社,2001。

《孽海花》,人民文学出版社,2006。

《东游日记》,上海古籍出版社,2005。

《风筝误》,上海古籍出版社,1985。

《朱自清散文选集》,百花文艺出版社,1986。

《四世同堂》,人民文学出版社,1998。